Tatverhalten und Täterpersönlichkeit von Sexualdelinquenten

Anja Niemeczek

Tatverhalten und Täterpersönlichkeit von Sexualdelinquenten

Der Zusammenhang von Verhaltensmerkmalen und personenbezogenen Eigenschaften

Anja Niemeczek
Halle (Saale), Deutschland

Dissertation zur Erlangung des Doktorgrades der Philosophischen Fakultät I der Martin-Luther-Universität Halle-Wittenberg, Halle (Saale) 2014, u.d.T.: Anja Niemeczek: Was wir tun, zeigt, wer wir sind – Der Zusammenhang von Merkmalen der Tatbegehung und personenbezogenen Eigenschaften bei einem Sexualdelikt

ISBN 978-3-658-07393-0   ISBN 978-3-658-07394-7 (eBook)
DOI 10.1007/978-3-658-07394-7

Die Deutsche Nationalbibliothek verzeichnet diese Publikation in der Deutschen Nationalbibliografie; detaillierte bibliografische Daten sind im Internet über http://dnb.d-nb.de abrufbar.

Springer VS
© Springer Fachmedien Wiesbaden 2015
Das Werk einschließlich aller seiner Teile ist urheberrechtlich geschützt. Jede Verwertung, die nicht ausdrücklich vom Urheberrechtsgesetz zugelassen ist, bedarf der vorherigen Zustimmung des Verlags. Das gilt insbesondere für Vervielfältigungen, Bearbeitungen, Übersetzungen, Mikroverfilmungen und die Einspeicherung und Verarbeitung in elektronischen Systemen.

Die Wiedergabe von Gebrauchsnamen, Handelsnamen, Warenbezeichnungen usw. in diesem Werk berechtigt auch ohne besondere Kennzeichnung nicht zu der Annahme, dass solche Namen im Sinne der Warenzeichen- und Markenschutz-Gesetzgebung als frei zu betrachten wären und daher von jedermann benutzt werden dürften.

Springer VS ist eine Marke von Springer DE. Springer DE ist Teil der Fachverlagsgruppe Springer Science+Business Media.
www.springer-vs.de

Inhalt

1	Einleitung und Problemstellung		15
2	Phänomen der Sexualdelinquenz		17

    2.1   Sexuelle Devianz und Paraphilie 17
    2.2   Sexualstrafrecht 21
    2.3   Statistische Eckdaten und empirische Erkenntnisse zur Häufigkeit von
           Sexualkriminalität 22
           2.3.1   Daten aus dem Hellfeld 22
           2.3.2   Ergebnisse aus Dunkelfeldstudien 25

    2.4   Opfer von Sexualdelinquenz 27
    2.5   Rückfälligkeit 29
    2.6   Ätiologie der Sexualdelinquenz 32
           2.6.1   Evolutionstheoretische Konzepte 32
           2.6.2   Biologische Ansätze 33
           2.6.3   Feministische Theorien 33
           2.6.4   Lerntheorien 34
           2.6.5   Kognitiv-behaviorale Ansätze 35
           2.6.6   Integrative und Multivariate Theorien 36
           2.6.7   Zusammenfassung der ätiologischen Konzepte 38

    2.7   Das Phänomen der Sexualdelinquenz im Resümee 39

3   Entwicklung der Kriminalprognose und der Täterprofilerstellung 41

    3.1   Historischer Abriss 41
           3.1.1   Einzelne kriminalpsychologische Ansätze vor 1970 41
           3.1.2   Internationale Entwicklung seit 1970 44
           3.1.3   Operative Fallanalyse in Deutschland 47

    3.2   Praktische Relevanz der Täterprofilerstellung 48
    3.3   Zusammenfassung zur Entwicklungsgeschichte der Täterprofilerstellung 50

4   Erkenntnisse der verhaltensorientierten Sexualstraftäterforschung 51

    4.1   Verhalten des Täters und Opfermerkmale bei Vergewaltigungen und sexueller
           Nötigung 51
    4.2   Täterverhalten und Merkmale der Opfer bei sexuellem Kindesmissbrauch 58
    4.3   Merkmale des Tatgeschehens und der Opfer bei sexuell assoziierten
           Tötungsdelikten 60
    4.4   Zusammenfassung der Erkenntnisse nationaler und internationaler
           Profilingforschung 65

5   Erkenntnisse der persönlichkeitsorientierten Sexualstraftäterforschung 69

    5.1   Soziodemographie und Delinquenzbelastung 69
    5.2   Lebenssituation im Zeitraum der Tatbegehung 72
    5.3   Persönlichkeit und Psychopathologie von Sexualstraftätern 74
           5.3.1   Einzelbefunde aus der Persönlichkeitsforschung 74
           5.3.2   Einstellungsforschung 76
           5.3.3   Psychopathologie 79

5.4		Zusammenfassung der Ergebnisse persönlichkeitsorientierter Sexualstraftäterforschung	83
6		**Tätertypologien zu strafrechtlich relevantem Sexualverhalten**	**87**
	6.1	Frühe Typisierungen	87
	6.2	Typologie nach Knight und Prentky	89
	6.3	Typologie nach Rehder	91
	6.4	Behandlungsorientierte Typologie	93
	6.5	Verhaltensbasierte Typologien	94
	6.6	Zusammenfassung der verschieden Typisierungsansätze	95
7		**Zusammenfassung und Entwicklung der Fragestellung**	**97**
8		**Methoden und Durchführung**	**101**
	8.1	Fragestellung und Hypothesen	101
	8.2	Untersuchungsplan und Datenerhebung	102
	8.3	Stichprobenbeschreibung	104
	8.4	Erhebungsinstrumente	105
		8.4.1 Inhaltsanalyse	107
		8.4.2 Schriftliche Befragung	110
		8.4.3 Mündliche Befragung	114
	8.5	Statistische Auswertungsmethoden	121
		8.5.1 Deskriptive Statistik	122
		8.5.2 Zusammenhangsanalysen	122
		8.5.3 Strukturgleichungsmodellierung	123
9		**Ergebnisse**	**131**
	9.1	Interne Konsistenz der verwendeten Messinstrumente	131
	9.2	Deskriptive Ergebnisanalyse	132
		9.2.1 Soziodemographische Merkmale	132
		9.2.2 Kriminologische Merkmale	135
		9.2.3 Normalpsychologie	135
		9.2.4 Psychopathologische Merkmale	138
		9.2.5 Lebensumstände im Zeitraum der Tatbegehung	140
		9.2.6 Spezifisches Täterverhalten	141
		9.2.7 Opfermerkmale	144
	9.3	Bivariate Zusammenhangsanalysen	145
		9.3.1 Bivariate Zusammenhänge verschiedener Personeneigenschaften	145
		9.3.2 Bivariate Zusammenhänge verschiedener Verhaltensweisen während des Tatgeschehens	145
		9.3.3 Bivariate Zusammenhänge zwischen Personenmerkmalen und Verhaltensweisen während der Tat	146
		9.3.4 Zusammenfassung der bivariaten Zusammenhänge	148
	9.4	Ergebnisse der Strukturgleichungsmodellierung	149
		9.4.1 Modell 1 Persönlichkeit und Einstellungen	152
		9.4.2 Modell 2 Soziobiographie und Lebensumstände	154
		9.4.3 Gesamtmodell 1 aus Personenmerkmalen und Merkmalen der Lebensumstände zum Zeitpunkt der Tat	156

Inhalt

	9.4.4	Modifiziertes Gesamtmodell 2	159
9.5		Zusammenfassung und Beantwortung der Hypothesen	162
10	**Diskussion**		**167**
	10.1	Kritische Würdigung der Befunde	167
	10.2	Methodenkritik	179
	10.3	Fazit und praktische Implikation	184
	10.4	Ausblick für weitere empirische Arbeiten	185

11 Literaturverzeichnis **187**
Anhang I – Auswertungsgrundlage der Aktenanalyse **201**
Anhang II – Empirische Erkenntnisse anderer Autoren **207**
Anhang III – Ergebnistabellen **211**
Anhang IV –Testergebnisse zu den Fallbeispielen **257**

Tabellenverzeichnis

Tabelle 1.	Überblick über die zentralen Befunde nationaler und internationaler Täterverhaltensforschung.	66
Tabelle 2.	Überblick über die zentralen Befunde der persönlichkeitsorientierten Sexualstraftäterforschung.	84
Tabelle 3.	Übersicht zu den im Fragebogen eingesetzten Verfahren mit dazugehörigen Beispielitems.	117
Tabelle 4.	Zusammensetzung der Belastungsfaktoren der Primär- und Sekundärsozialisation.	119
Tabelle 5.	Übersicht über die herangezogenen Gütekriterien.	127
Tabelle 6.	Schulische und berufliche Ausbildung.	133
Tabelle 7.	Häufigkeit der Belastungsfaktoren in der Primär- und Sekundärsozialisation.	134
Tabelle 8.	Mittelwerte und Standardabweichungen der Globalfaktoren des 16-PF-R (Sten-Werte) sowie das Ergebnis der t-Tests unter Angabe des Signifikanzniveaus.	136
Tabelle 9.	Mittelwerte und Standardabweichungen der Ambivalenter Sexismus Skalen, sowie das Ergebnis des t-Test unter Angabe des Signifikanzniveau.	137
Tabelle 10.	Mittelwerte und Standardabweichungen der STAXI-Skalen (Stanine-Werte) sowie das Ergebnis der t-Tests unter Angabe des Signifikanzniveaus.	137
Tabelle 11.	Häufigkeiten, theoretisch möglicher maximaler Summenwert, Mittelwerte und Standardabweichungen der dimensionalen Diagnosen der einzelnen Persönlichkeitsstörungen und Störungscluster.	139
Tabelle 12.	Auftrittshäufigkeit der einzelnen Verhaltensmerkmale in der Gesamtstichprobe (N = 126) mit der Zuordnung zu den Ober- und Subkategorien des Tatverhaltens.	142
Tabelle 13.	Gütekriterien des Gesamtmodells 1 und des modifizierten Gesamtmodells 2.	162
Tabelle 14.	Zusammenfassung der Ergebnisse der Hypothesentestung in den vier aufgestellten Strukturgleichungsmodellen.	164
Tabelle 15.	Kodierungsvorschrift, die bei der Inhaltsanalyse der Gutachten und Urteile zum Einsatz gekommen ist.	201
Tabelle 16.	Übersicht der zentralen Befunde aller zitierten Studien zum Tatverhalten.	207
Tabelle 17.	Gegenüberstellung der Tatverhaltensdimensionen der vorliegenden Arbeit mit den Befunden ausgewählter anderer Autoren.	209
Tabelle 18.	Einteilung und Beschreibung der Störungscluster der Persönlichkeitsstörungen nach DSM-IV (Davison & Neale, 2002).	209
Tabelle 19.	Kinder und Vordelinquenz.	211
Tabelle 20.	Partnerschaft und Familienstand.	211
Tabelle 21.	Haftsituation zum Zeitpunkt der Befragung.	211
Tabelle 22.	Interne Konsistenzen (Cronbachs α) der verwendeten Skalen.	212
Tabelle 23.	Verteilung des Pädophilie-Scores und Beantwortung der einzelnen Items.	215
Tabelle 24.	Strukturmatrix der explorativen Faktorenanalyse der Sozialisationsvariablen.	215
Tabelle 25.	Strukturmatrix der explorativen Faktorenanalyse der Lebensumstände im Zeitraum der Tatbegehung.	216

Tabelle 26.	Strukturmatrix der explorativen Faktorenanalyse der Persönlichkeits- und Einstellungsvariablen.	216
Tabelle 27.	Strukturmatrix der explorativen Faktorenanalyse der Tatverhaltensvariablen.	217
Tabelle 28.	Gütekriterien der Modelle 1 und 2.	218
Tabelle 29.	Ergebnisse der Strukturgleichungsmodellierung zum Modell 1 Persönlichkeit und Einstellungen.	218
Tabelle 30.	Standardisierte totale Effekte der Strukturgleichungsmodellierung zum Modell 1 Persönlichkeit und Einstellungen.	220
Tabelle 31.	Standardisierte direkte Effekte der Strukturgleichungsmodellierung zum Modell 1 Persönlichkeit und Einstellungen.	222
Tabelle 32.	Standardisierte indirekte Effekte der Strukturgleichungsmodellierung zum Modell 1 Persönlichkeit und Einstellungen.	224
Tabelle 33.	Ergebnisse der Strukturgleichungsmodellierung zum Modell 2 Soziobiographie und Lebensumstände.	226
Tabelle 34.	Standardisierte totale Effekte der Strukturgleichungsmodellierung zum Modell 2 Soziobiographie und Lebensumstände.	227
Tabelle 35.	Standardisierte direkte Effekte der Strukturgleichungsmodellierung zum Modell 2 Soziobiographie und Lebensumstände.	229
Tabelle 36.	Standardisierte indirekte Effekte der Strukturgleichungsmodellierung zum Modell 2 Soziobiographie und Lebensumstände.	230
Tabelle 37.	Ergebnisse der Strukturgleichungsmodellierung zum Gesamtmodell 1.	232
Tabelle 38.	Standardisierte totale Effekte der Strukturgleichungsmodellierung zum Gesamtmodell 1.	234
Tabelle 39.	Standardisierte direkte Effekte der Strukturgleichungsmodellierung zum Gesamtmodell 1.	236
Tabelle 40.	Standardisierte indirekte Effekte der Strukturgleichungsmodellierung zum Gesamtmodell 1.	238
Tabelle 41.	Ergebnisse der Strukturgleichungsmodellierung zum modifizierten Gesamtmodell 2.	240
Tabelle 42.	Standardisierte totale Effekte der Strukturgleichungsmodellierung zum modifizierten Gesamtmodell 2.	242
Tabelle 43.	Standardisierte direkte Effekte der Strukturgleichungsmodellierung zum modifizierten Gesamtmodell 2.	244
Tabelle 44.	Standardisierte indirekte Effekte der Strukturgleichungsmodellierung zum modifizierten Gesamtmodell 2.	245
Tabelle 45.	Bivariate Korrelationstabelle.	247
Tabelle 46.	Ergebnisse in den eingesetzten Verfahren zur Persönlichkeits- und Einstellungsmessung der Probanden der Fallbeispiele.	257

Abbildungsverzeichnis

Abbildung 1.	Überblick über Teilbereiche sexuell abweichenden Verhaltens und deren Strafbarkeit.	19
Abbildung 2.	Daten aus der PKS und der Strafverfolgungsstatistik zum Anteil von Sexualstraftaten und -tätern an den Gesamtstraftaten und zum Anteil der letztendlich inhaftierten Delinquenten.	24
Abbildung 3.	Graphische Ergebnisdarstellung der Smallest Space Analyse von Canter (Nach Mokros, 2006, S. 135).	52
Abbildung 4.	Klassifikation von Missbrauchstätern nach Knight & Prentky (Nach Brand, 2006, S. 24).	89
Abbildung 5.	Klassifikationssystem für Vergewaltigter von Knight und Prentky (Nach Musolff & Hoffmann, 2006, S. 110).	90
Abbildung 6.	Erhebungsmethoden und damit erfasste Tat- und Tätermerkmale.	106
Abbildung 7.	Ober- und Subkategorien des spezifischen Täterverhaltens.	109
Abbildung 8.	Primär- und Globalfaktorstruktur des 16-PF-R (Nach Schneewind & Graf, 1998, S. 7).	110
Abbildung 9.	Schematische Darstellung eines Strukturgleichungsmodells mit Messmodellen und Strukturmodell (Nach Weiber & Mühlhaus, 2010, S. 39). Latente Variablen sind durch Ellipsen, manifeste Variablen durch Rechtecke und Messfehler durch Kreise repräsentiert.	124
Abbildung 10.	Strukturmodell Persönlichkeit und Einstellungen.	153
Abbildung 11.	Strukturgleichungsmodell Soziobiographie.	155
Abbildung 12.	Gesamtmodell 1.	158
Abbildung 13.	Modifiziertes Gesamtmodell 2.	161
Abbildung 14.	Verteilung der Summenscores der Persönlichkeitsstörungen aus Cluster A. Prozentangaben der Probanden, die den jeweiligen Summenscore innerhalb einer Diagnose erreicht haben.	213
Abbildung 15.	Verteilung der Summenscores der Persönlichkeitsstörungen aus Cluster B. Prozentangaben der Probanden, die den jeweiligen Summenscore innerhalb einer Diagnose erreicht haben.	214
Abbildung 16.	Verteilung der Summenscores der Persönlichkeitsstörungen aus Cluster C. Prozentangaben der Probanden, die den jeweiligen Summenscore innerhalb einer Diagnose erreicht haben.	214

Zusammenfassung

Diese Untersuchung geht der Frage nach, inwieweit sich Zusammenhänge zwischen Persönlichkeits- und Einstellungsmerkmalen, Lebensumständen sowie Verhaltensweisen bei der Begehung eines Sexualdelikts identifizieren lassen. Dieser Fragestellung kommt sowohl im Rahmen polizeilicher Ermittlungsarbeit als auch für die therapeutische Intervention eine praktische Bedeutung zu. Die dazu gewonnenen Erkenntnisse basieren auf der Befragung von 126 im sachsen-anhaltinischen Vollzug untergebrachten Sexualstraftätern, sowie auf einer umfassenden Analyse der zugehörigen Bundeszentralregister, Gutachten und Urteile. Die damit gewonnenen Daten wurden sowohl univariaten wie auch multivariaten Analysen unterzogen. Kern der Auswertungen bildet die Modellierung einer Strukturgleichung, die sowohl Persönlichkeits- und Einstellungsaspekte wie auch Merkmale der Lebenssituation im Zeitraum der Tatbegehung sowie Tatverhaltenselemente beinhaltet. Im Ergebnis wird die Schlussfolgerung gezogen, dass sich homosexuell orientierte von heterosexuell orientierten Tätern sowohl hinsichtlich ihrer Eigenschaften wie auch in der Tendenz bezüglich ihrer Verhaltensweisen unterscheiden lassen. Die Gruppe homosexuell orientierter Täter, die im Rahmen der vorgelegten Arbeit identifiziert werden konnte, ist vor allem durch selbstunsichere und ängstlich-vermeidende Wesenszüge zu beschreiben. Diese Täter attackierten ausschließlich kindliche Opfer. Im Vergleich zu heterosexuell orientierten Tätern nutzten sie eher ein Vertrauensverhältnis zum Opfer aus und zeigten während des Übergriffs mehr romantisierende sexuelle Verhaltensweisen. Täter die innerhalb der vorliegenden Analyse den heterosexuell orientierten Delinquenten zuzuordnen sind, zeichnen sich durch Impulsivität, Unkontrolliertheit und Aggressivität aus. Heterosexuell orientierte Täter begingen sexuelle Übergriffe sowohl auf erwachsene wie auch auf kindliche Opfer. Diese Übergriffe waren im Vergleich zu homosexuellen Tätern eher von Gewalt geprägt. Aus diesen Befunden ergeben sich einige praktische Implikationen für eine gruppenspezifischere Ausgestaltung therapeutischer Interventionen. Die erzielten Ergebnisse können die Befunde anderer Autoren zum Tatverhalten in einigen Teilen replizieren und in anderen Teilbereichen zur Erweiterung der Erkenntnisse beitragen. Dennoch wäre es wünschenswert, die Charakterisierung hetero- und homosexuell orientierter Täter an größeren Stichproben weiter auszudifferenzieren.

1 Einleitung und Problemstellung

Die Begehung von Straftaten und deren Ursachen haben seit jeher das Interesse der Öffentlichkeit geweckt und üben zum Teil auch Faszination aus. Innerhalb der Bandbreite möglicher Delikte werden Taten gegen die sexuelle Selbstbestimmung und insbesondere Sexualmorde wie kaum ein anderer Deliktsbereich von der Öffentlichkeit mit besonderer Aufmerksamkeit bedacht. Das spiegelt sich auch darin wider, dass Sexualstraftaten und sexuell motivierte Tötungsdelikte hinsichtlich ihrer Auftretenshäufigkeit durch die Bevölkerung deutlich überschätzt werden (Baier et al., 2011). Vor allem wegen der unmittelbaren Schädigung der Opfer und der Intensität dieser Opferschäden wird keine andere Gruppe von Straftaten als gröberer Verstoß gegen geltende moralische und gesellschaftliche Normen verstanden und als Ausdruck besonderer Verwerflichkeit und Gefährlichkeit bewertet. Insbesondere Berichterstattungen über laufende Fahndungen sind von intensiven Emotionen geprägt. Dies gipfelt oftmals in etikettierenden Namensschöpfungen für besonders verwerfliche Verbrechen. So wurde beispielsweise ein Serienvergewaltiger, der sich durch das Fenster Zugang zu den Wohnungen seiner Opfer verschaffte, von der Presse zum „Balkonmonster" getauft (Rückert, 2005). Es ist bei weitem nicht nur die mediale Darstellung von Tat und Täter, die die öffentliche Meinung und das gesellschaftliche Sanktionsbedürfnis prägen, nicht zuletzt sind es auch parolenhafte Äußerungen aus der Politik, wie die vielzitierte Forderung eines vormaligen Bundeskanzlers aus dem Jahr 2001: „Sexualstraftäter – wegschließen für immer" (Rückert, 2005), die auf die Meinungsbildung Einfluss nehmen. Diese Situation übt oftmals einen immensen Druck auf die Ermittlungsbehörden aus. Die Herausforderung besteht darin, dem durch Emotionen verursachten Bedürfnis der Bevölkerung nach Bestrafung des Täters nachzukommen und gleichzeitig eine nüchterne Bearbeitung der Faktenlage zu gewährleisten. Zusätzlich werden die ermittelnden Beamten sowohl von persönlichen Überzeugungen wie auch von wissenschaftlich anerkannten Erklärungsansätzen zur Entstehung von sexueller Gewalt geprägt. Die Bandbreite an bestehenden Ätiologien ist zum Teil Ausdruck der Faszination an sexuell assoziierten Gewalt- und Tötungsdelikten und zum Teil der Versuch mit unvoreingenommenen Blick Charakteristika und Wirkbeziehungen von Tat und Täter herauszuarbeiten.

In der Praxis der Kriminalprognose besteht in vielen Fällen die zentrale Fragestellung darin, einer Tat den entsprechenden Täter zuzuordnen.

Im deutschsprachigen Raum fand dieses Thema vor allem mit der Entwicklung der Operativen Fallanalyse (OFA) Beachtung. Die Operative Fallanalyse als vergleichsweise junger Bereich der modernen polizeilichen Ermittlungsarbeit widmet sich in ihrem zentralen Element der Täterprofilerstellung und dem Zusammenhang von Verhalten und Persönlichkeit. Dern (2000, S. 538) beschreibt die Täterprofilerstellung als „ein Verfahren, bei dem ein unbekannter Täter hinsichtlich seiner Persönlichkeits- und Verhaltensmerkmale so beschrieben wird, dass er von anderen Personen signifikant zu unterscheiden ist".

Die fundamentalen Überlegungen der Täterprofilerstellung bilden die Basis der übergeordneten Fragestellung der vorliegenden Arbeit, inwiefern ein Zusammenhang zwischen Verhalten und Persönlichkeit besteht. Im Konkreten soll dieser Zusammenhang anhand des Verhaltens beim Begehen eines Sexualdelikts und den Persönlichkeits- und Einstellungsmerkmalen sowie anderen Eigenschaften des Täters untersucht werden. Des Weiteren ist von Interesse, welche Verbindung sich zu gängigen Typisierungen ziehen lassen. Ein Großteil der aktuellen empirischen Arbeiten zu dieser Straftätergruppe beschäftigt sich mit der Beschreibung von Tätermerkmalen, Typisierungsversuchen, Behandlungskonzepten und der Erfassung psychopathologischer Konstrukte. Gerade in deutschsprachigen Untersuchungen wird der Zusammenhang von personenbezogenen Merkmalen mit Geschehnissen während der Tat nur selten betrachtet.

Die folgende Abhandlung gibt einen Überblick über die bisherige Erkenntnislage und über die bisher veröffentlichten Beiträge verschiedener theoretischer Strömungen zum Thema. Des Weiteren werden die zentralen Befunde bisheriger Forschung herausgearbeitet und in ein Modell zum Zusammenwirken von soziobiographischen, psychologischen, psychopathologischen Merkmalen und Verhaltensweisen während des Tatgeschehens integriert. Diese theoretische Modellierung wird im Rahmen der vorgelegten Arbeit auch hinsichtlich ihrer empirischen Anwendbarkeit geprüft.

2 Phänomen der Sexualdelinquenz

Im Folgenden werden zunächst einige relevante Begrifflichkeiten, die häufig innerhalb des Themenbereiches der Sexualdelinquenz zur Sprache gebracht werden, erläutert. Im Anschluss wird auf die rechtlichen Grundlagen eingegangen. Auf Basis dieser juristischen Definition von sexueller Devianz, die die Grundlage der vorgelegten Arbeit bildet, werden Häufigkeiten und Merkmale der Opfer berichtet. Abschließend werden ätiologische Konzepte verschiedener theoretischer Strömungen überblicksartig dargelegt.

2.1 Sexuelle Devianz und Paraphilie

Ein von der Norm abweichendes sexuelles Verhalten kann auf verschiedenen Dimensionen bewertet werden. Dieses Verhalten kann sowohl von klinischer, strafrechtlicher als auch zivilrechtlicher Relevanz sein.

Im klinischen Kontext spielen häufig die Begriffe sexuelle Devianz oder Deviation eine Rolle und beschreiben ein von der Norm abweichendes Verhalten, sie setzen jedoch keine strafrechtliche Relevanz voraus. Die Kernaussage hierbei ist lediglich, dass das gezeigte Verhalten von dem abweicht, was in der Gesellschaft häufig oder üblich ist bzw. als normal angesehen wird (Fiedler, 2004). Eine Abweichung von der Norm kann sowohl statistisch als auch aufgrund von moralischen Bewertungen vorliegen. Unter deviante sexuelle Verhaltensweisen fallen beispielsweise Transvestismus und Transsexualität (Bancroft, 1985). Dabei liegt zwar häufig eine klinische oder zivilrechtliche, aber keine strafrechtliche Relevanz vor. Sexuelle Deviation wird erst dann strafrechtlich bedeutsam, wenn eine andere Person gegen ihren Willen einbezogen wird. Unter rechtsverletzende Handlungen fallen auch Taten, die an Personen begangen werden, die nicht dazu in der Lage sind, ihr Einverständnis zu äußern (z. B. Kinder, Abhängige, Behinderte).

Ein weiterer oftmals auch Synonym verwendeter Begriff ist die Perversion. Dieser Terminus stammt aus den eher traditionellen Lehren der Psychiatrie und bezeichnet dort die Abweichung des Geschlechtstriebes von der Norm, die Triebstörung und die Abnormalität des sexuellen Verhaltens (Bleuler, 1983). Parallelen zum Begriffsverständnis der sexuellen Devianz bestehen darin, dass bei einer Perversion ebenfalls keine strafrechtliche Relevanz vorliegen muss.

Ausgangspunkt bei dieser Begrifflichkeit ist ein zugrunde gelegtes medizinisch-biologisches Krankheitsmodell. In den Klassifikationssystemen der Weltgesundheitsorganisation (WHO) und der Amerikanischen Psychiatrischen Vereinigung (APA), der ICD-10 und dem DSM-IV, findet sich der Begriff der Perversion nicht mehr. Stattdessen ist die Rede von „sexuellen Funktionsstörungen", „Störungen der Geschlechtsidentität" oder „Paraphilien" (Saß, Wittchen, Zaudig & Houben, 2003).

In der forensischen Lehre der Gegenwart hat sich der Begriff der Paraphilie durchgesetzt. Beim Vorliegen einer Paraphilie besteht die größte Gefahr, dass es zu einer das Strafrecht verletzenden Handlung kommt. Studien, die das Auftreten von Paraphilien in Stichproben von verurteilten Sexualstraftätern untersucht haben, kommen zu dem Ergebnis, dass 58 % (McElroy et al., 1999) zum Teil sogar 74 % (Dunieth et al., 2004) der untersuchten Sexualdelinquenten diese Diagnose erfüllen. Ein Hauptkriterium dafür ist, dass „wiederkehrende intensive sexuell erregende Phantasien, sexuell dranghafte Bedürfnisse oder Verhaltensweisen, die sich im allgemeinen auf [...] das Leiden oder die Demütigung von sich selbst oder eines Partners oder Kindern oder anderen nicht einwilligenden oder nicht einwilligungsfähigen Personen beziehen" (Saß, Wittchen, Zaudig & Houben, 2003, S. 625) vorliegen. Die Entstehung von Paraphilien ist weitgehend ungeklärt, am plausibelsten erscheint gegenwärtig ein Zusammenwirken von biologischen und psychischen Faktoren in kritischen Zeitperioden (Berner, 2012). Aus psychodynamischer Perspektive liegt einer Störung der Sexualpräferenz die Angst vor normaler Sexualität zu Grunde. Das führt dazu, dass Abwehrmechanismen in Form von Paraphilien entwickelt werden, die das Ich vor verdrängten Ängsten schützen (Hautzinger & Thies, 2008). Nach der Theorie von Money (1986) ist davon auszugehen, dass eine Triade aus biologischen und psychischen Faktoren sowie deren Einwirken in kritischen Zeitperioden, z. B. Pubertät oder Adoleszenz entscheidend für die Entwicklung von sexuellen Vorstellungswelten ist.

Unter dem Begriff der Paraphilie ist eine Bandbreite an klinischen Phänomenen subsumiert, die in unterschiedlich starkem Ausmaß Schäden beim Opfer verursachen können. Zu den unproblematischen Paraphilien zählen der Fetischismus und Transvestismus, welche auch eher nicht als sexuelle Störungen betrachtet werden sollten. Zunehmend problematischer wird es im Falle des Voyeurismus, des Exhibitionismus und des Frotteurismus, bei diesen Paraphilien treten Opferschäden im begrenzten Maße auf. Anders verhält es sich beim sexuellen Masochismus, sexuellen Sadismus und der Pädophilie, diese zählen zu den sehr gefahrenvollen Paraphilien (Fiedler, 2004). Diese sexuell abweichenden Praktiken sind als sehr risikoreich und gefährlich für die eigene und die Gesundheit anderer zu beurteilen. Zudem kommt eine strafrechtliche Dimension hinzu, wenn die sexuellen Impulse an Personen ausagiert werden, die nicht mit diesen Praktiken einverstanden sind. Besondere Beachtung ist in diesem Zusammenhang den pädosexuellen Handlungen zu schenken. Unter diesem Teilaspekt der gefahrenvollen Paraphilien wird zunächst jede Form der sexuellen Beziehung zwischen einem Erwachsenen und einem Kind im gesetzlichen Schutzalter verstanden (Pfäfflin, 2009). Die Konstellationen, die das Zustandekommen einer solchen sexuellen Beziehung ermöglichen, sind mannigfaltig: wechselseitige Liebesbeziehungen, Gelegenheitshandlungen von sozialen Außenseitern, gewaltlose Verführungen von Kindern durch Erwachsene oder auch sehr gewalthaltige Attacken. Im Allgemeinen ist davon auszugehen, dass je größer die Altersdifferenz zwischen kindlichem Opfer und erwachsenem Täter ist, desto abweichender von normaler Sexualität ist die Beziehung zwischen Täter und Opfer und desto pathologischer ist die Persönlichkeit des erwachsenen Täters (Pfäfflin, 2009).

Von einer Pädophilie ausschließlichen Typus (Fiedler, 2004) oder einer Kernpädophilie (Nedopil, 2000) spricht man nur dann, wenn eine ausschließliche Fixierung auf junge kindliche Körper vorliegt, die nicht selten mit der Tendenz zur Vergegenständlichung des kindlichen Körpers und fetischistischen Zügen einhergeht (vgl. Abbildung 1).

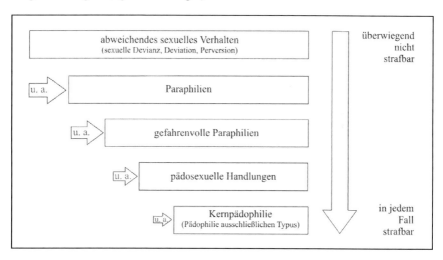

Abbildung 1. Überblick über Teilbereiche sexuell abweichenden Verhaltens und deren Strafbarkeit.

Zumeist stehen aggressive Akte gegenüber Kindern nicht im Zentrum der Pädophilie (Nedopil, 2000). Neuropathologische Untersuchungen können eine signifikante rechtsseitige Volumenverkleinerung der Amygdala bei pädophilen Straftätern nachweisen (Schiltz et al., 2009). Diese neurologische Veränderung wird mit einer gesteigerten Libido und somit mit einer häufig diskutierten Hypersexualität pädophiler Straftäter in Verbindung gebracht. Die Steigerung des sexuellen Interesses könnte sich wiederum in einer großen Opferzahl niederschlagen. Eine typologische Unterscheidung pädophiler Täter nimmt unter anderem Beier (1995) vor. Es werden jugendliche, sexuell unerfahrene Täter; dissoziale Täter; Täter mit pädophiler Hauptströmung (Kernpädophilie); Täter mit pädophiler Nebenströmung und schwachsinnige Täter unterschieden. Wobei in einer von Beier (1995) durchgeführten Aktenanalyse die Täter mit pädophiler Neben- oder Hauptströmung den größten Anteil hatten. Schätzungen zufolge ist einer von 20 Kindesmissbrauchern pädophil (Hall & Hall, 2009). Es gilt jedoch zu bedenken, dass die Prävalenz von Personen mit Pädophilie nur sehr schwer zu beurteilen ist, da nur die wenigsten Betroffenen sich freiwillig in eine Behandlung begeben oder bei Ärzten und ähnlichen Anlaufstellen über pädophile Interessen oder Phantasien berichten.

Weder sexuelle Deviation, Perversionen noch Paraphilien müssen strafrechtliche Normen verletzen. Im Umkehrschluss ist auch zu berücksichtigen, dass nicht jedem Sexualdelikt eine sexuelle Deviation oder Paraphilie zugrunde liegen muss. Ein Sexualdelikt definiert sich, unabhängig von möglicherweise zugrunde liegenden psychologischen oder psychiatrischen Störungen, lediglich aus dem Begehen eines Tatbestandes aus dem Bereich der „Straftaten gegen die sexuelle Selbstbestimmung" Abschnitt 13 des Strafgesetzbuches (StGB). Es handelt sich damit um die Bewertung eines beobachtbaren Verhaltens. Somit muss dem sexuellen Missbrauch eines Kindes beispielsweise keine Pädopohilie im Sinne einer Kernpädophilie zugrunde liegen, dennoch stellt es ein deviantes Sexualverhalten dar und fällt gleichzeitig unter die strafrechtlichen Bestimmungen nach Abschnitt 13 StGB. Demnach ist auch nicht davon auszugehen, dass Sexualstraftäter per se Auffälligkeiten in klinischen Dimensionen aufweisen.

Innerhalb der vorgelegten Arbeit werden Sexualstraftäter ausschließlich auf Basis eines Gesetzverstoßes definiert. Alle Untersuchungsteilnehmer dieser Arbeit sind aufgrund eines Verstoßes gegen die sexuelle Selbstbestimmung nach Abschnitt 13 StGB auffällig geworden. Moralische Wertungen oder gesellschaftliche Normen, die über die gesetzliche Grundlage hinausgehen, finden dabei keine Beachtung und werden nicht berücksichtigt.

2.2 Sexualstrafrecht

Das Strafgesetzbuch bestimmt, welche Verhaltensweisen als strafbare Handlungen im Sinne des Gesetzgebers anzusehen sind und schafft damit die Grundlage für die Bestrafung von Gesetzesbrechern. Das Sexualstrafrecht wird durch den 13. Abschnitt dieses Gesetzbuchs repräsentiert. Es ist zu berücksichtigen, dass dieser Abschnitt eine große Bandbreite an Rechtsverstößen umfasst. Hierunter finden sich sowohl die Paragraphen, die Vergewaltigung und Kindesmissbrauch unter Strafe stellen als auch Sexualstraftaten, die eher eine erwerbsmäßige Motivation vermuten lassen wie beispielsweise Zuhälterei (§ 181a StGB) oder Ausbeutung von Prostituierten (§ 180a StGB). Taten bei denen von einer erwerbsmäßigen Motivation auszugehen ist, werden in dieser Arbeit nicht berücksichtigt.

In den vergangenen Jahrzehnten hat das Sexualstrafrecht einige Wandlungen durchlaufen. Waren die Jahre von 1969 bis Ende der 80er Jahre noch von Entkriminalisierung und Liberalisierung geprägt, so ging der Trend ab Anfang der 90er Jahre des letzten Jahrhunderts hin zu einer Verschärfung des Sexualstrafrechts (Dünkel, 2005; Brüggemann, 2013).

Die erste Phase dieser Entwicklung war eher von der Abschaffung verschiedener Straftatbestände gekennzeichnet wie beispielsweise Abschaffung der Strafbarkeit des Ehebruchs, der Homosexualität oder auch der Erschleichung des Beischlafs. Außerdem unternahm man 1973 (4. StRG 1973) eine umfangreiche Umgestaltung des 13. Abschnitts des StGB, damit ging unter anderem die Umbenennung dieses Gesetzabschnitts von „Verbrechen gegen die Sittlichkeit" in „Straftaten gegen die Sexuelle Selbstbestimmung" einher. Die zweite Phase beinhaltet Erweiterungen bestehender gesetzlicher Bestimmungen in zwei großen Reformetappen. Aus den Reformen zwischen 1992 und 1997 resultiert vor allem eine Neukriminalisierung verschiedener Handlungen. Die Gesetzesänderungen aus diesem Zeitraum umfassen beispielsweise die Ausdehnung der Geltung des § 176 (sexueller Missbrauch von Kindern) auch für Auslandstaten Deutscher, um dem so genannten Sextourismus begegnen zu können (27. StÄndG 1993), den einheitlichen Schutz männlicher und weiblicher unter 16-Jähriger vor sexuellen Missbrauch (29. StÄndG 1994), oder auch die Aufnahme von Vergewaltigung in der Ehe als Straftatbestand (33. StÄndG 1997). Ebenso wurden Vergewaltigung und sexuelle Nötigung seit 1997 zu einem einheitlichen Tatbestand zusammengefasst. Die Reformen nach 1997 sind vor allem von einer verschärften Bestrafung der Verstöße gegen diesen 13. Abschnitt des StGB gekennzeichnet. Strafverschärfungen gab es beispielsweise im Bereich der sexuellen Gewalt gegen Kinder und gegen widerstandsunfähige Personen. Die Mindeststrafen für diese Deliktbereiche wurden angehoben und der Vorbehalt der Sicherungsverwahrung wurde eingeführt. Außerdem wurde der minderschwere Fall gestrichen. Ferner wurde das Einwirken auf Kinder durch pornographische Schriften und das Anbieten von Kindern für sexuelle Missbrauchshandlungen in das Strafgesetzbuch mit aufgenommen (Bundesministerium des Inneren & Bundesministerium der Justiz, 2006).

Die jüngste Änderung der Rechtsgrundlage betrifft die Stärkung der Rechte von Opfern sexuellen Missbrauchs (Bundesgesetzblatt, 2013). Der Beginn der Verjährungsfrist wurde vom 18. Lebensjahr des Opfers auf das 21. Lebensjahr verschoben und erlischt bei schweren Missbrauchsdelikten frühestens mit dem 41. Lebensjahr des Opfers. Mit dieser in diesem Jahr in Kraft getreten Gesetzesänderung reagiert der Gesetzgeber auf Forderungen verschiedener Opferverbände, die vor allem im Zusammenhang mit der großen Zahl bekannt gewordener Missbrauchsfälle in der Katholischen Kirche und dem Odenwald-Gymnasium aufgetreten sind.

2.3 Statistische Eckdaten und empirische Erkenntnisse zur Häufigkeit von Sexualkriminalität

Im Folgenden werden einige Daten zur Häufigkeit von Sexualdelikten berichtet. Es wird sowohl auf die Taten im Hellfeld wie auch auf Erkenntnisse der Dunkelfeldforschung eingegangen. Außerdem werden Merkmale der Opfer dieser Delikte dargestellt. Abschließend werden die Befunde der Prognoseforschung und zur Rückfallhäufigkeit von Sexualstraftätern zusammengefasst.

2.3.1 Daten aus dem Hellfeld

Ein Verhalten kann für die Gesellschaft nur dann als Kriminalität sichtbar werden, wenn es der formellen oder informellen sozialen Kontrolle, wie beispielsweise Nachbarschaftskontrolle unterzogen wird. Im Besonderen dann, wenn formelle soziale Kontrollen in Form der Instanzen des Justizsystems zum Einsatz kommen, wird ein Verhalten als kriminell erkennbar. Die Häufigkeit dieser Hellfeldtaten wie auch deren Veränderungen über die Jahre werden in Kriminalstatistiken dokumentiert. Die Informationsgrundlage der Kriminalstatistik bilden Protokolle der einzelnen Ermittlungs- und Bearbeitungsschritte der Polizei, der Staatsanwaltschaft, der Gerichte und des Strafvollzuges (Kunz, 2004).

Die Polizeiliche Kriminalstatistik (PKS) erfasst die von der Polizei als Straftat bearbeiteten Vorgänge sowie die ermittelten Tatverdächtigen. Im Unterschied dazu erfasst die Strafverfolgungsstatistik nicht die zur Anzeige gebrachten Fälle, sondern Personen, die aufgrund eines Gesetzesverstoßes vor Gericht standen, es werden sowohl die Aburteilungen als auch die Verurteilungen dokumentiert. Abgeurteilte sind alle Personen, deren Strafverfahren durch Urteil,

Phänomen der Sexualdelinquenz 23

Einstellungsbeschluss oder auch Freispruch rechtskräftig abgeschlossen ist. Von Verurteilten spricht man hingegen nur dann, wenn gegen den Angeklagten nach allgemeinem Strafrecht eine Strafe verhängt wurde.

Zur Veranschaulichung der Kriminalitätsbelastung, die durch Straftaten gegen die sexuelle Selbstbestimmung entsteht, werden die Zahlen der beiden beschriebenen Hellfeldstatistiken aus dem Erhebungsjahr der vorgelegten Arbeit herangezogen. Laut PKS (Bundeskriminalamt, 2010) betrug im Jahr 2009 der Anteil der Straftaten gegen die sexuelle Selbstbestimmung an den gesamt verübten Straftaten 0.8 %. Das entspricht etwa 49 000 Fällen. Betrachtet man diese Zahl im Detail, fällt auf, dass allein Vergewaltigung und sexueller Missbrauch aus der gesamten Palette an Straftaten, die unter diesen Abschnitt des StGB fallen, über die Hälfte der registrierten Fälle ausmachen. Der Anteil von Vergewaltigungsdelikten und sexueller Nötigung (§§ 177 Abs. 2, 3 und 4, 178 StGB) lag im Jahr 2009 bei 0.1 % an der Gesamtkriminalität. Die Aufklärungsquote lag laut PKS bei diesem Delikt bei 81.6 %. Das ist ein Anstieg um fast acht Prozentpunkte seit dem Jahr 1970. Bei etwa 0.4 % aller registrierten Fälle handelt es sich um sexuelle Missbrauchsdelikte nach §§ 176, 176a, 176b, 179, 182 StGB. Bei sexuellem Missbrauch von Kindern liegt die Aufklärungsquote bei 83.5 % im gesamten Bundesgebiet. Im Falle von sexuellem Missbrauch von Schutzbefohlenen unter Ausnutzung einer Amtsstellung oder eines Vertrauensverhältnisses ist die höchste Aufklärungsquote mit einem Anteil von 96.6 % zu verzeichnen.

Sexualstraftäterforschung konzentriert sich vor allem auf männliche Täter, weil diese mit einem Anteil von 94 % der Tatverdächtigen bei Straftaten gegen die sexuelle Selbstbestimmung die übergroße Mehrheit darstellen. Bei Morden im Zusammenhang mit Sexualdelikten wird das ungleiche Geschlechterverhältnis innerhalb dieser Deliktgruppe noch deutlicher, im Berichtsjahr 2009 waren alle Tatverdächtigen männlich.

Aus der Strafverfolgungsstatistik 2009 (Statistisches Bundesamt, 2010) ist zu entnehmen, dass in diesem Jahr 39 109 Fälle von Straftaten gegen die sexuelle Selbstbestimmung (§§ 174 - 184e) aufgeklärt werden konnten und der weiteren Strafverfolgung zugeführt wurden. Davon kam es insgesamt zu 7 104 Verurteilungen. In circa 61 % der Fälle wurden Freiheitsstrafen ausgesprochen aber nur etwa jede Dritte dieser ausgesprochenen Freiheitsstrafen wurde auch vollzogen.

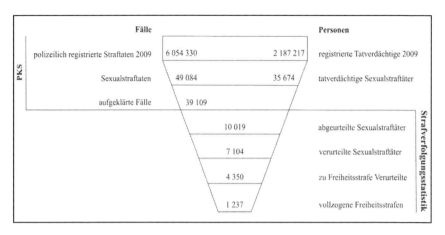

Abbildung 2. Daten aus der PKS und der Strafverfolgungsstatistik zum Anteil von Sexualstraftaten und -tätern an den Gesamtstraftaten und zum Anteil der letztendlich inhaftierten Delinquenten.

Wie der aktuellsten PKS (Bundeskriminalamt, 2013) zum Berichtsjahr 2012 zu entnehmen ist, lässt sich ein leicht ansteigender Trend bei den Fällen des sexuellen Kindesmissbrauches (§§ 176, 176a, 176b StGB) verzeichnen. Im Vergleich zum Vorjahr ist hier ein Anstieg von 1.4 % zu konstatieren. Ob sich dieser Anstieg auch in den Verurteilungen niederschlägt, ist zu diesem Zeitpunkt nicht zu sagen, da die aktuellen Statistiken hierzu noch nicht vorliegen. Insgesamt ist in den vergangenen zehn Jahren anhand der Zahlen aus dem Hellfeld allerdings ein leicht rückläufiger Trend bezüglich der Delikte gegen die sexuelle Selbstbestimmung zu beobachten.

Wie Abbildung 2 verdeutlicht, handelt es sich bei der in dieser Untersuchung betrachteten Gruppe um das Ergebnis eines deutlichen Selektionsprozesses. Die Täter, die letztlich inhaftiert werden, sind nur ein geringer Teil aller Sexualstraftäter. Da jedoch davon auszugehen ist, dass die Schwere oder Häufigkeit der Delikte bei den inhaftierten Tätern deutlich höher ist als bei denen, die beispielsweise zu Bewährungsstrafen verurteilt wurden, sollten innerhalb dieser Gruppe der Sexualstraftäter Abweichungen und Besonderheiten in Persönlichkeitsfacetten, Einstellungsmerkmalen und Verhaltensweisen am deutlichsten zum Vorschein kommen.

Bei Betrachtung der berichteten Häufigkeiten sind jedoch auch einige Kritikpunkte an den amtlichen Statistiken zu berücksichtigen. Zur PKS ist anzumerken, dass die Zahl polizeilich registrierter Straftaten in einem hohen Maß vom Anzeigeverhalten der Bevölkerung, polizeilichen Kontrollen und auch der statistischen Erfassung abhängt. Im Allgemeinen ist davon auszugehen, dass sich die Anzeigebereitschaft mit der Schwere der Tat erhöht (Bickel, 2003). Eine Ausnahme bilden hier jedoch Sexualdelikte, da sich diese häufig im sozialen Nahfeld ereignen. Es ist zu erwarten, dass die Bereitschaft, eine Straftat zur Anzeige zu bringen, herabgesetzt ist, wenn beispielsweise Abhängigkeitsverhältnisse zwischen Täter und Opfer existieren.

Bei der Strafverfolgungsstatistik handelt es sich zwar um eine vollständige Erfassung aller Abgeurteilten und Verurteilten, jedoch können Ungenauigkeiten und Fehler bei der Datenerhebung in den Strafvollstreckungsbehörden entstehen. Beispielsweise bei der Zuordnung zu einer tatcharakterisierenden Deliktgruppe, wenn mehrere sehr divergierende Straftaten abgeurteilt wurden. Mit Ungenauigkeiten ist vor allem bei Angaben zu rechnen, die nicht für andere Zwecke als der statistischen Erhebung von Interesse sind.

Die Vergleichbarkeit von PKS und Strafverfolgungsstatistik ist nur bedingt gegeben. Zum einen kommt es häufig zu zeitlichen Verschiebungen der Aburteilung der registrierten Fälle, das heißt nicht jede im Jahr 2013 registrierte Straftat wird auch im selben Jahr der Strafverfolgung zugeführt. Zum anderen können Abweichungen in den benannten Straftatbeständen entstehen, da die PKS lediglich den Tatverdacht wiedergibt und sich die Strafverfolgungsstatistik auf die strafgerichtliche Entscheidung bezieht. Es ist beispielsweise möglich, dass im Laufe der Strafverfolgung eine Umbewertung des Tatvorwurfs von Mord hin zu Vergewaltigung mit Todesfolge geschieht. Trotz dieser Ungenauigkeiten können diese beiden Statistiken herangezogen werden, um den Selektionsprozess der sich letztlich in Haft befindlichen Sexualstraftäter in der Tendenz abzubilden.

2.3.2 Ergebnisse aus Dunkelfeldstudien

Die beschriebenen Hellfeldstatistiken bilden jedoch nur einen Ausschnitt der Kriminalitätsbelastung ab. In diesem Deliktbereich ist nach wie vor von einem hohen Dunkelfeld auszugehen (Brand, 2006). Gerade Straftaten, die mit einen massiven Eindringen in die Intimsphäre der Opfer verbunden sind, werden häufig aus Scham oder falscher Schuldgefühle tabuisiert und verschwiegen. Forschung zur Aufhellung des Dunkelfeldes trägt dazu bei, sich der realen Fall- und Opferzahlen anzunähern. Jedoch bringt auch dieser Untersuchungsansatz zur Ermittlung von Prävalenzen einige Probleme mit sich. Es kann nicht kontrolliert werden, ob die Straftaten sich tatsächlich in der berichteten Art und Weise ereignet haben oder ob möglicherweise Verharmlosungs- oder Dramatisierungstendenzen vorliegen. Inwiefern die strafrechtliche Bewertung des betreffenden

Ereignisses, welche in vielen Fällen durch die Opfer vorgenommen wird, korrekt ist, kann auch nur eingeschränkt überprüft werden (Kunz, 2004). Frühe Dunkelfeldforschung basierte noch auf Schätzungen und Hochrechnungen kriminalistischer Daten oder persönlicher Erfahrungen aus dem Berufsalltag von Kriminalisten. Da diese Methoden jedoch den wissenschaftlichen Ansprüchen an Überprüfbarkeit und Repräsentativität nicht genügten, setzte sich seit den 60er Jahren Dunkelfeldforschung mittels Bevölkerungsumfragen durch (Kunz, 2004). Hierbei bedient man sich der Täter- und Opferbefragung. Im Gegensatz zu den USA und einigen europäischen Ländern werden in Deutschland noch keine periodischen Opferbefragungen bei national repräsentativen Stichproben durchgeführt (Bundesministerium des Innern & Bundesministerium der Justiz, 2006).

Eine der größten schriftlichen Befragungen im Dunkelfeld in Deutschland wurde im Rahmen einer Studie des Kriminologischen Forschungsinstituts Niedersachsen (KFN) 1992 realisiert (Wetzels & Pfeiffer, 1995). In dieser repräsentativen Befragung bejahten 14.5 % der insgesamt 2 104 Frauen die Frage, ob sie schon einmal mit Gewalt oder unter Androhung von Gewalt gegen ihren Willen zum Beischlaf oder beischlafähnlichen Handlungen gezwungen wurden, oder, ob versucht wurde das zu tun. Von den Befragten gaben 5.7 % an, bis zu ihrem 18. Lebensjahr Opfer einer versuchten oder vollendeten Vergewaltigung oder sexuellen Nötigung geworden zu sein. Ungefähr drei Viertel der berichteten Sexualdelikte ereigneten sich im sozialen Nahbereich. Von diesen Vergewaltigungen und sexuellen Nötigungen durch Mitglieder des eigenen Haushalts wurden laut dieser Studie nur 6.7 % angezeigt (Wetzels & Pfeiffer, 1995). Es ist davon auszugehen, dass innerfamiliäre Delikte vor allem aus Scham oder Furcht eher verschwiegen werden (Wetzels, 1997; Drajer, 1990).

Erkenntnisse zum Dunkelfeld jüngeren Datums liegen von der gleichen Forschungsgruppe aus dem Jahr 2011 vor (Stadler, Bieneck & Pfeiffer, 2012). Die ersten Ergebnisse aus dieser jüngsten Dunkelfeldbefragung weisen darauf hin, dass von einem Rückgang sexuellen Kindesmissbrauchs mit Körperkontakt auszugehen ist. Während 1992 noch 9.6 % der weiblichen und 3.2 % der männlichen Befragten von einem sexuellen Missbrauch mit Körperkontakt bis zu ihrem 16. Lebensjahr berichteten, verringerte sich dieser Anteil fast zwanzig Jahre später auf 7.4 % der befragten Frauen und 1.5 % der befragten Männer. Die Autoren konnten außerdem eine erhöhte Anzeigebereitschaft für diese Delikte feststellen und führen das auf die Wirkung von zahlreichen Sensibilisierungs- und Präventionskampagnen zurück. Dieser Umstand führt trotz rückläufiger Prävalenzen zu einer erhöhten Wahrnehmung sexueller Missbrauchsdelikte im Hellfeld. Auch US-amerikanische und europäische Dunkelfeldstudien können einen Rückgang von Kindesmissbrauchsdelikten konstatieren (Finkelhor, Turner, Ormond & Hamby, 2010; Laaksonen et al., 2011). Große Aufmerksamkeit erhielt auch eine schweizerische Dunkelfeldstudie, in der 1997 insgesamt 21 347 Armeerekruten im Alter von 20 Jahren zu selbsterfahrener und ausgeübter sexueller Gewalt befragt wurden. Wenn auch auf das Staatsgebiet der Schweiz begrenzt und durch die Rekrutenprüfung selektiert, liefert diese Studie mit 80 % Befragten dieser Alterskohorte einen repräsentativen Einblick in das Dunkelfeld der Sexual- und Gewaltdelikte (Haas, 2001; Hass & Killias, 2000). Es zeigte sich, dass insgesamt fast 14 % der Befragten in den letzten zwölf Monaten vor der Rekrutenprüfung irgendeine Form strafrechtlich relevanter sexueller Handlungen begangen hatten. Den größten Anteil haben dabei Belästigungen, wie Exhibitionismus, sexualisierte Gesten oder jemanden gegen seinen Willen küssen. Erstaunlich ist jedoch, dass Penetrationen häufiger vorkommen als Verhaltensweisen, die zwar über eine Belästigung hinausgehen, im Vergleich zur Penetration des Opfers jedoch als weniger schwer einzustufen sind (Haas & Killias, 2000). Als Vergewaltiger konnten 30 Männer ausgemacht werden, die mindestens 75 Personen innerhalb des vergangenen Jahres viktimisierten und nicht polizeilich bekannt wurden. Die Autoren schließen daraus, dass sexuelle Gewalt gegenüber Frauen oftmals direkt zum Geschlechtsverkehr führt. Unabhängig vom Schweregrad wurden über die Hälfte der Übergriffe auf persönlich bekannte Frauen begangen, in einem Drittel waren (Ex-) Partner(innen) die Opfer, um unbekannte Personen handelte es sich bei 20 % der sexuellen Übergriffe. Kinder waren lediglich in einem Prozent der Fälle betroffen. Im Unterschied zu Daten aus dem Hellfeld ist der Anteil von männlichen Opfern vergleichsweise hoch, jeder zehnte Täter gab an, eine männliche Person attackiert zu haben (Haas & Killias, 2000).

Empirische Versuche, das Dunkelfeld aufzuhellen, greifen häufig auf Opferbefragungen zurück. Die von Haas und Killias vorgelegte Befragung von Tätern sexueller Gewalt ist in dieser Größenordnung einmalig im europäischen Raum. Es erscheint demnach notwendig, mehr Erkenntnisse zu sammeln, die einen Hinweis darauf geben, ob Personenmerkmale identifizierbar sind, die eine polizeiliche Registrierung begangener Taten wahrscheinlicher machen.

2.4 Opfer von Sexualdelinquenz

Im allgemeinen Verständnis werden Sexualdelikte mit männlichen Tätern und weiblichen Opfern assoziiert. Diese weit verbreitete Annahme ist auch nicht völlig von der Hand zu weisen. Der Polizeilichen Kriminalstatistik für das Erhebungsjahr der vorliegenden Arbeit 2009 ist zu entnehmen, dass 92.8 % der Opfer weiblichen Geschlechts sind. Am häufigsten sind dabei Erwachsene im

Alter von 21-60 Jahren (48.2 %) betroffen, gefolgt von jugendlichen Opfern (25.1 %), und Kindern in 10.2 % der Fälle. Diese Verteilung bestätigen auch zahlreiche empirische Studien (z. B. Fergusson & Mullen, 1999; Bange, 1992). Betrachtet man die Delikte dieses Abschnitts des Strafgesetzbuches differenziert, fällt auf, dass der Anteil männlicher Opfer steigt, wenn man die Fälle von sexuellem Missbrauch von Schutzbefohlenen (20.2 %) oder sexuellen Missbrauch von Kindern (24.4 %) betrachtet. Die Altersverteilung männlicher Opfer unterscheidet sich zudem auch von der Altersstruktur weiblicher. Der größte Anteil männlicher Opfer von sexuellen Übergriffen ist jünger als 14 Jahre (Bundesministerium des Innern & Bundesministerium der Justiz, 2006).

Die Beziehung zwischen Opfern von Sexualdelikten und den Tatverdächtigen lässt sich laut dieser Statistik vornehmlich als Bekanntschaft (31.7 %) beschreiben. In etwa einem Viertel der Fälle sind Tatverdächtiger und Opfer (25.9 %) verwandt. In jedem fünften zur Anzeige gebrachten Fall (19.9 %) bestand keinerlei Vorbeziehung zwischen den Beteiligten.

Eine umfassende empirische Untersuchung zu den Merkmalen der Opfer von Sexualdelikten legte Baurmann bereits 1996 vor. Er betonte u. a., dass eine isolierte Betrachtung von Opfer- und Täteralter wenig Aussagekraft zur Konstellation der Tat enthält und dem Altersunterschied zwischen Täter und Opfer eine wesentlich größere Bedeutung beizumessen ist. Bei angezeigten Sexualdelikten aus den Jahren 1969 bis 1972 waren Altersdifferenzen von neun bis 14 Jahren stärker vertreten, als dies in Relation zur Gesamtbevölkerung zu erwarten gewesen wäre. Altersdifferenzen von mehr als 20 Jahren kamen hingegen vergleichsweise selten vor (Baurmann, 1996). In dieser Untersuchung ergaben derartige Tatkonstellationen, dass für die Gruppe der zehn bis 13-Jährigen besonders Tatverdächtige im Alter von elf bis 22 Jahren eine Gefahr darstellen. Im Falle von einer 18-jährigen Frau geht hingegen das größte Gefahrenpotential für sexuelle Angriffe von 18- bis 27-jährigen Männern aus.

Nach Finkelhor und Baron (1986) lassen sich im Besonderen für die Opferwerdung bei sexuellem Missbrauch eine Reihe spezifischer Risikofaktoren ermitteln. Die Autoren analysierten insgesamt zwölf Studien hinsichtlich der beschriebenen Opfermerkmale. Die zentralen Aspekte, die das Risiko erhöhen, Opfer eines sexuellen Missbrauchs zu werden, sind: weibliches Geschlecht und präpubertäres Alter zwischen zehn und 13 Jahren. Hinsichtlich der Lebenssituation der Opfer kristallisierten sich als weitere Risikofaktoren Eheprobleme der Eltern, Zusammenleben mit einem Stiefvater, eine schwache Bindung zu den Eltern und die Abwesenheit der Mutter heraus.

2.5 Rückfälligkeit

Den amtlichen Rechtspflegestatistiken sind nur begrenzt Informationen über die Rückfälligkeit von Sexualstraftätern zu entnehmen. Aus diesem Grund wurden bereits frühzeitig empirische Studien zu dieser Erkenntnislücke durchgeführt. Überwiegend handelt es sich dabei jedoch um Untersuchungen sehr kleiner und zudem hochselektiver Stichproben. Außerdem ist zu berücksichtigen, dass das Verständnis von Rückfälligkeit oder Einschlägigkeit deutlich zwischen den einzelnen Studien variiert. Für die Definition des Begriffs Einschlägigkeit besteht die größte Varianz. Autoren mit einem sehr engen Verständnis dieser Begrifflichkeit sprechen nur dann von einem einschlägigen Rückfall, wenn es sich um das erneute Begehen des exakt gleichen Straftatbestandes handelt. Im Fall einer Vergewaltigung einer erwachsenen Frau, würde dieser engen Definition zufolge, nur dann von einem einschlägigen Rückfall gesprochen werden, wenn es nach der Haftentlassung abermals zu einer Vergewaltigung eines erwachsenen, weiblichen Opfers kommt. Autoren mit einer eher weiten Auffassung des Begriffs der Einschlägigkeit würden in diesem Fall das Begehen jedweder Tat aus dem 13. Abschnitt des StGB als einen einschlägigen Rückfall registrieren, zum Beispiel auch einer exhibitionistischen Handlung. Eine Folge dieser unterschiedlichen Auffassungen ist, dass die Ergebnisse der Studien zur Rückfallhäufigkeit zum Teil stark voneinander abweichen.

Eine der ersten umfassenden Studien wurde von Baumann, Maetze und Mey (1983) vorgelegt. Die Autoren untersuchten die Legalbewährung von insgesamt 1 077 männlichen Strafgefangenen aus Nordrhein-Westfalen, darunter eine Gruppe von 140 Sexualstraftätern. Aufgrund der Fragestellung der Untersuchung ergab sich eine Stichprobe, die eine mittlere Kriminalitätsbelastung aufweist. Die Legalbewährung wurde für einen Beobachtungszeitraum von fünf bis sechs Jahren mit Hilfe der Bundeszentralregisterauszüge ermittelt. Für die Gruppe der Sexualstraftäter, für die keine weitere Differenzierung erfolgte, wurde eine allgemeine Rückfälligkeit von 46 % und eine einschlägige Rückfälligkeit von 13 % ermittelt. Womit diese Teilgruppe die geringste Rückfallquote aller Deliktgruppen dieser Untersuchung aufwies. Ebenfalls in den 80er Jahren untersuchten Berner und Karlick-Bolten (1986) 326 Sexualstraftäter aus dem österreichischen Straf- und Behandlungsvollzug. Bei einem Katamnesezeitraum von fünf Jahren ermittelten die Autoren eine deutlich höhere allgemeine (55 %) und auch einschlägige Rückfallquote (22 %). Mit dem Ziel, Prognosekriterien zu erarbeiten, untersuchte Beier (1995) 510 Sexualstraftäter, die zwischen 1945 und 1981 begutachtet worden waren. Beier berücksichtigte neben den Angaben aus den Bundeszentralregisterauszügen auch die Selbstauskünfte der Untersuchten und ermittelte für einen durchschnittlichen Katamnesezeitraum von 19 Jahren eine einschlägige Rückfallquote von 25 bis 50 %, je nach

Anlassdelikt. Für sexuelle Gewalttäter ergab sich beispielsweise eine einschlägige Rückfallquote von 30 %, wobei über die Hälfte der berücksichtigten Rückfälle im Dunkelfeld lag. Rösler (1997) befasste sich ausschließlich mit jugendlichen und heranwachsenden Sexualdelinquenten, die in den Jahren zwischen 1959 und 1983 einer Begutachtung unterzogen wurden. Die Legalbewährung der 91 Jugendlichen und Heranwachsenden wurde anhand der Bundeszentralregisterauszüge ermittelt, wobei der Beobachtungzeitraum mit einer Spanne von sechs bis 34 Jahren stark variierte. Bei insgesamt 15 % wurde eine erneute Sexualstraftat registriert.

Zu den aktuelleren Arbeiten zählt eine Untersuchung von Rehder (2001), der 245 Sexualstraftäter aus dem Regelvollzug, darunter 158 Vergewaltiger, unter Zugrundelegung eines Katamnesezeitraums von fünf Jahren untersuchte. Rehder differenzierte in erneut ausgeübte Aggressions- und Sexualdelikte. Es kam in 12 % der Fälle zu erneuten Sexualstraftaten und in 17 % zu erneuten aggressiven Delikten. Ebenfalls jüngeren Datums und auf einer sehr großen Stichprobe basieren die Ergebnisse zur Legalbewährung von Elz (2001, 2002). In dieser Studie wurden die Strafakten von insgesamt 780 Personen analysiert, die alle 1987 wegen der Begehung eines Sexualdelikts verurteilt wurden. In einem sechsjährigen Beobachtungszeitraum wurden für 19 % der sexuellen Gewaltstraftäter und 22 % der Kindesmissbraucher erneute einschlägige Delikte registriert. Wobei eine genauere Analyse der Rückfälligkeit in Abhängigkeit der Täter-Opfer-Beziehung ergab, dass lediglich 6 bis 7 % der innerfamiliären Missbrauchstäter bzw. gewalttätigen Beziehungstäter, jedoch jeder Vierte der außerfamiliären Kindesmissbraucher bzw. jeder Dritte der sexuellen Gewalttäter mit fremdem Opfer eine erneute einschlägige Tat begingen.

Um die Aussagekraft einzelner empirischer Untersuchungen zu erhöhen und den Einfluss möglicher Fehlerquellen zu reduzieren, ist es sinnvoll Meta-Analysen heranzuziehen. Für den internationalen Raum liegt eine Meta-Evaluation von 61 Rückfallstudien aus sechs Ländern vor (Hanson & Bussière, 1998; Hanson & Morton-Bourgon, 2004), die allerdings keine Studie aus Deutschland berücksichtigt. Die Autoren können auf Grundlage einer Gesamtstichprobe von 23 000 Sexualstraftätern für einen Beobachtungszeitraum von vier bis fünf Jahren eine einschlägige Rückfallquote von etwa 14 % ermitteln. Für die Subgruppe der sexuellen Gewalttäter ergab sich eine etwas höhere Rückfälligkeit (19 %), die sexuellen Missbrauchstäter wiesen eine etwas geringere Rückfallquote auf (13 %).

Die zum Teil stark voneinander abweichenden Ergebnisse können nur wenig zufriedenstellend sein. Hilfreicher erscheint es hingegen, konkrete rückfallrelevante Merkmale zu betrachten. Elz (2001, 2002) konnte hinsichtlich der täterbezogenen Risikomerkmale ein junges Alter beim Begehen der ersten

Sexualtat, eine abgebrochene Schulausbildung und der Mangel einer Partnerschaft zum Tatzeitpunkt identifizieren. In Bezug auf Tatmerkmale stellten sich eine geringe Altersdifferenz zwischen Täter und Opfer, das Vorhandensein männlicher Opfer, mehrere Opfer, nicht ausgeführter Geschlechtsverkehrs und nicht vorhandener Rauschmitteleinfluss als bedeutsame Rückfallprädiktoren heraus. Nowara (2001) stellt zudem heraus, dass es sich bei diesem Merkmal zum Teil auch um relevante Unterschiede zwischen einschlägig und nicht einschlägig rückfälligen Tätern handelt. Einschlägig rückfällige Täter waren beim Begehen des Bezugsdelikts jünger, haben häufiger weibliche und männliche Opfer, greifen häufiger fremde Opfer an und üben auch häufiger Gewalt bei der Tat aus.

Auch andere Autoren sehen in der Berücksichtigung von Tatverhaltenskomponenten einen bedeutsamen prognostischen Zugewinn zu herkömmlichen Prognoseinstrumenten (Dahle, Biedermann, Gallasch-Nemitz und Janka, 2010). Dahle und Kollegen analysierten das Tatverhalten von 612 Sexualstraftätern hinsichtlich rückfallprognostischer Gesichtspunkte. Es stellten sich 20 Variablen des Tatverhaltens als prognostisch bedeutsam heraus, wovon zwölf letztlich von den Autoren als Modell zur Vorhersage eines einschlägigen Rückfalls akzeptiert wurden. Berücksichtigt werden sowohl Elemente des Tatanlaufs, des eigentlichen Tatgeschehens als auch des Nachtatverhaltens. Dazu zählen unter anderem ein „überredender Kommunikationsstil", eine „vertrauensbildende Kontaktaufnahme" oder das Begehen von „ungewöhnlichen Tathandlungen am Opfer mit erniedrigendem Charakter".

Hinsichtlich der Rückfallgeschwindigkeit ist sich die Forschungsgemeinschaft weitestgehend darüber einig, dass in den ersten ein bis zwei Jahren die Rückfallgefahr am größten ist und demnach die meisten Rückfälle auch in diesem Zeitraum geschehen (Elz, 2002; Egg, 2003; Elz, 2005; Brand, 2006; Rotermann, Köhler & Hinrichs, 2009). Bei diesen Angaben ist jedoch auch zu beachten, dass die meisten Forschergruppen die Legalbewährung der Untersuchten lediglich über einen Zeitraum von maximal fünf bis sechs Jahren beobachten. Einige Autoren berichten auch einige Jahre nach der Entlassung aufgrund des Bezugsdelikts von einer erneuten Häufung von Straftaten (Rösler, 1997, Stadtland et al., 2006).

Die zentralen Erkenntnisse der berichteten Rückfallforschung im Bereich der Sexualkriminalität bestehen darin, dass die Rückfallgefahr in den ersten 24 Monaten am größten ist und von zahlreichen Faktoren abhängt. Besonders relevant scheint die Täter-Opfer-Beziehung, das Alter des Täters, das Geschlecht des Opfers und die Beeinflussung durch Rauschmittel zu sein. Die größte Gefährdung geht demnach von sehr jungen Tätern aus, die fremde Opfer beiderlei Geschlechts attackierten und dabei nicht unter dem Einfluss von berauschenden Substanzen standen. Der Art der Kontaktaufnahme zum Opfer und dem Umgang mit dem Opfer während der Tat wird ebenfalls prognostische Bedeutsamkeit zugeschrieben. Im Fokus steht hierbei vor allem der Kommunikationsstil des Täters.

2.6 Ätiologie der Sexualdelinquenz

Zu den Ursachen und Entstehungsbedingungen sexuell devianten Verhaltens existieren zahlreiche Theorien. Dementsprechend wird deutlich, dass es „die Ursache" nicht gibt, sondern eher ein komplexes Bedingungsgefüge anzunehmen ist. Im Folgenden werden die einzelnen Erklärungsansätze überblicksartig zusammengefasst.

2.6.1 Evolutionstheoretische Konzepte

Evolutionsbasierte Theorien beziehen sich in erster Linie auf Vergewaltigungen und lassen Missbrauchsdelikte weitestgehend außer Acht. Im Wesentlichen beinhaltet dieser Ansatz die Annahme, dass Vergewaltigungen ein Relikt unserer unzivilisierten Vorfahren sind. Danach haben Männer das Interesse möglichst häufig oberflächlichen sexuellen Kontakt zu wechselnden Sexualpartnerinnen zu haben, um die Chance zu erhöhen, eine möglichst große Zahl von Nachfahren zu zeugen (Thornhill & Palmer, 2000). Nach den Autoren ist die Investition des Mannes zur Arterhaltung relativ gering, sie besteht lediglich in einem kurzen Geschlechtsakt. Hingegen wird von Frauen ein größerer Beitrag zur Erhaltung der Art gefordert: Gestation, Entbindung, Stillzeit und letztlich die Erhaltung und Betreuung des Nachkommen bis zu dessen Geschlechtsreife. Als Resultat lässt sich bei Frauen und Männern ein unterschiedliches Interesse an sexuellen Kontakten beobachten. Aufgrund der höheren Investition müssen Frauen mit ihren Ressourcen haushalten und sind daher eher nicht daran interessiert, mit jedem beliebigen männlichen Partner für Nachwuchs zu sorgen. Vergewaltigungen sind somit das Ergebnis einer Mangelsituation, die eintritt, wenn es nicht genügend Frauen gibt, mit denen Männer den „arterhaltenden" Geschlechtsakt vollziehen können. Ellis (1991) geht sogar davon aus, dass aus evolutionstheoretischer Sicht sexuell aggressive Täter einen reproduktiven Vorteil gegenüber Männern haben, die nicht vergewaltigen. Außerdem stellt dieses Verhalten Ellis (1991) zufolge eine extreme Reaktion derjenigen Männer auf den natürlichen Selektionsdruck dar, die nur schwer freiwillige Sexualpartnerinnen finden. Resümierend kann man festhalten, dass aus Sicht der Evolutionstheoretiker Vergewaltigungen eine funktionale Bedeutung für die Weitergabe der eigenen Gene und der Sicherung von Nachkommen zukommt.

2.6.2 Biologische Ansätze

Biologische Erklärungsansätze diskutieren vor allem die Auswirkung des Testosteronspiegels auf Sexualkriminalität. Unter Sexualkriminalität werden im Rahmen dieses Ansatzes vornehmlich Vergewaltigungen verstanden. Aufgrund des hohen Gewaltanteils bei Vergewaltigungen lassen sich hier Parallelen zu biologischen Annahmen in der Aggressionsforschung ziehen. Einen starken Zusammenhang des Testosteronspiegels und Aggression konnten unter anderem Chance, Brown, Dabbs und Casey (2000) zeigen. Auch Raine (1997) fand, dass die gewalttätigsten Täter das höchste Niveau an Testosteron aufwiesen. Da es sich hierbei lediglich um korrelative Zusammenhänge handelt, beweisen diese Befunde jedoch nicht, dass ein hoher Testosteronspiegel eine Ursache aggressiven Verhaltens ist. Auch vor dem Hintergrund, dass bei gesunden Männern der Sexualtrieb eher nicht mit dem Hormonspiegel korreliert und dieser somit auch nicht durch einen erhöhten Testosteronspiegel verstärkt wird (Pinel, 2001), sollten diese Befunde eher kritisch betrachtet werden.

Andere biologische Ansätze gehen von einem Zusammenhang von Sexualkriminalität oder kriminellen Verhalten im Allgemeinen mit Faktoren wie Geburtskomplikationen oder Störungen im Neurotransmittersystem aus. Die Befundlage ist zwar nicht einheitlich, aber einige Studien konnten vor allem Auswirkungen von Dopamin und Serotonin zeigen. Dabei wird die Bedeutung eines erhöhten Dopaminspiegels und eines zu niedrigen MAO-A-Spiegels für das Zeigen von sexuell abweichenden Verhalten diskutiert (Hohlfeld, 2002).

2.6.3 Feministische Theorien

Dieser Ansatz thematisiert vor allem soziale Beziehungsgefüge zwischen den Geschlechtern. Vergewaltigungen werden als Fortführung beziehungsweise Resultat von gesellschaftlich und historisch verwurzelten Traditionen angesehen. Vornehmlich die finanzielle Abhängigkeit der Frauen verleiht den Männern im Umkehrschluss eine entsprechende Machtposition (Maschwitz, 2000). Ellis (1991) stellt die Annahme, dass Frauen als ungleiche Partner betrachtet werden, als wesentlich für die feministische Theorienbildung dar. Die Frau wird als Besitz angesehen und Vergewaltigung resultiert daraus, dass sich der Mann in einer besitzergreifenden und beherrschenden Art und Weise verhält. Ellis selbst leitet aus diesen Annahmen unter anderem die Hypothese ab, dass Vergewaltiger sich von Nicht-Vergewaltigern in ihrer Einstellung zur Gleichstellung der Geschlechter unterscheiden. Demnach sind Vergewaltiger weniger an der Gleichstellung interessiert und billigen oder praktizieren häufiger Gewalt gegen Frauen. Der Fokus der genannten feministischen Ansätze liegt auf der Verbindung von Vergewaltigung und der Macht-Dominanz-Beziehung zwischen den

Geschlechtern. Brownmiller zieht aus ihren Analysen über Vergewaltigungen das Fazit, dass Männer niemanden vergewaltigen, die/der sich in der gleichen Machtposition befindet (zitiert nach Enders, 1990). Ebenso resultiert sexueller Missbrauch aus einem männlichen Herrschaftsbedürfnis gegenüber Schwächeren, diesem Deliktbereich wird in den feministischen Theorien jedoch keine größere Beachtung geschenkt.

Theorien von Macht und Kontrolle, Ärger und Hass basieren auf ähnlichen Annahmen wie die zuvor beschriebenen feministischen Theorien. Es wird ebenso vor allem das Phänomen der Vergewaltigung diskutiert. Schorsch (1986) nennt Demonstration von männlicher Macht, aber auch Wut und Hass als Erklärung für sexuell aggressives Verhalten. Das Tatmotiv sei demnach „die Rache an der Frau". Fraglich ist jedoch, inwiefern bei dem einzelnen Täter derartige Hintergründe zu finden sind.

2.6.4 Lerntheorien

Unter dem Begriff der Lerntheorien werden die Theorien des klassischen und operanten Konditionierens und die soziale Lerntheorie nach Bandura zusammengefasst. Im Sinne der klassischen Konditionierung nach Pawlow werden frühe sexuelle Erregungen (unkonditionierte Reaktion) mit der Situation (neutraler Stimulus) in Verbindung gebracht, in der diese Erregungen auftreten. Sexuell abweichendes Verhalten ist demnach auf immer wiederkehrende Situationen zurückzuführen, in denen manuelle Stimulation (unkonditionierter Stimulus) mit sexuell devianten Erfahrungen oder mit devianten Beziehungsgefügen (konditionierter Stimulus) einhergeht und sexuelle Erregung (konditionierte Reaktion) erzeugt. Diese Konditionierungssituationen können eigene sexuelle Missbrauchserfahrungen sein, bei denen das Kind eine rein physiologische Erregung erlebt und gleichzeitig mit sexueller Gewalt oder anderen sexuell abweichenden Reizen in der Umwelt konfrontiert ist (Lehmann zitiert nach Steller, Dahle & Basqué, 1994).

Das Belohnungs- und Bestrafungsmuster spielt für die spätere Ausformung der sexuellen Deviation eine entscheidende Rolle. Das entsprechende Verhalten kann durch eine Belohnung verstärkt oder durch negative Konsequenzen unterdrückt werden, beispielsweise kann das angenehme Gefühl der sexuellen Erregung als positive Verstärkung fungieren. Es wird jedoch nicht als zwingend notwendig angesehen, dass der Verstärker einen sexuellen Charakter hat (Marneros, 2000). Eine Extremform des konditionierten Sexualverhaltens stellt das zwanghafte kriminelle Ausleben der Sexualität dar.

Nach Bandura wird sexuelle Deviation durch das Beobachten und Imitieren von Modellpersonen erlernt (Bandura, 1979). Folgt auf dieses durch Beobachtung erworbene Verhalten eine Verstärkung, verfestigen sich die entsprechenden Verhaltensmuster. Nach Ellis (1991) begünstigt die Gesellschaft eine Verfestigung möglicher Modelllernprozesse durch Rollenklischees und der Vermittlung von Einstellungen, wie die Erlangung von Anerkennung durch Aggression gegenüber Frauen. Die beschriebenen Lernprozesse bieten sowohl für die Entstehung von Vergewaltigungen als auch für sexuelle Missbrauchstaten Erklärungspotential.

2.6.5 Kognitiv-behaviorale Ansätze

Im Zentrum kognitiv-verhaltensorientierter Ansätze stehen kognitive Stile, die die Ursache für die Ausbildung und Aufrechterhaltung sozial abweichender Sexualität bilden. Kernstück dieser kognitiven Verzerrungen sind Denkmuster, die das kriminelle Verhalten rechtfertigen, beschönigen oder das Opfer für die Tat verantwortlich machen. Dieser Ansatz kann sowohl zur Erklärung von Vergewaltigungsdelikten als auch sexuellen Missbrauchstaten herangezogen werden.

Das Vier-Ursachen-Modell von Schneider (1999) ist ein Beispiel für kognitive Theorien. Demnach können im Vorfeld von Sexualdelikten abweichende Sexualphantasien, in denen Vergewaltigungsszenen oder Sexualität mit Kindern eine Rolle spielen, auftreten. Werden entsprechende Bilder in Masturbationsphantasien eingebunden, kann durch die selbst herbeigeführte Erregung eine konditionierte Verknüpfung der gewalthaltigen Vorstellungen und Sexualität entstehen. Darauf folgend fungieren kognitive Verzerrungen als aufrechterhaltender Faktor, indem sie in Form von irrationalen Ideen, Gedanken oder Einstellungen dem Opfer entstehende Schäden verharmlosen oder sogar leugnen. Vor allem wenn der Sexualstraftäter in einem Umfeld aufwächst, dass Viktimisierung von Frauen und Kindern billigt, übernimmt er diese frauen- und kinderfeindlichen Komponenten seines sozialen Umfeldes und setzt sie selbst als Rechtfertigungsstrategien ein. Frühe Missbrauchserfahrungen oder eine gestörte Eltern-Kind-Beziehung können ebenfalls ursächlich für eine eingeschränkte Bindungsfähigkeit oder negative Einstellungen zum anderen Geschlecht sein. Daraus kann unter anderem resultieren, dass die Verantwortung für die Tat dem Opfer zugeschoben wird. Dem Sexualstraftäter fehlen zudem weitgehend ein angemessenes Selbstwertgefühl und eine wirksame Selbstwertkontrolle. Seine Affekt- und Impulskontrolle sind häufig mangelhaft, was dazu führt, dass der Täter beispielsweise in Stresssituationen Gefühle wie Wut, Ärger und Zorn nur schlecht zurückhalten kann. Sexualdelinquente haben Persönlichkeitsprobleme, die sich auf defizitäre Entwicklungs- und Sozialisationsprozesse zurückführen lassen. Neben sozialen Fähigkeiten können auch die Empathiefähigkeit oder das Bindungsvermögen beeinträchtigt sein. Als Resultat daraus kann es zum Beispiel vorkommen, dass Frauen als bedrohlich empfunden werden.

Dieser theoretischen Ausrichtung ist die Voraussetzungstheorie zur Bedingtheit des sexuellen Missbrauchs von Kindern nach Finkelhor (1984) ebenfalls zuzuordnen. Der Autor geht davon aus, dass eine Kombination von mehreren erklärenden Faktoren und Theorien notwendig ist, um verschiedene Missbrauchstaten mit einem Modell erklären zu können. Sexueller Kontakt zwischen erwachsenen Männern und Kindern entsteht demnach, weil die Täter nicht dazu in der Lage sind, ihre sexuellen Bedürfnisse in sozial angepasster Weise auszuleben. Diesen Männern fehlt es zudem an Verhaltenshemmungen, die die Unterdrückung ungewünschten Verhaltens gewährleisten (Finkelhor & Araji, 1986). Finkelhors Voraussetzungstheorie greift vier Faktoren auf und ordnet sie vier aufeinanderaufbauenden Vorbedingungen zu, die vorliegen müssen, damit es zu einem sexuellen Übergriff auf ein Kind kommt. Die erste Vorausetzung ist, dass ein Täter zum sexuellen Missbrauch eines Kindes motiviert sein muss. Die zweite Voraussetzung umfasst das Überwinden von bestehnden internalen Hemmungen. Dazu kann es beispielsweise kommen, wenn Alkoholmissbrauch, eine Impulskontrollstörung oder situationaler Stress vorliegt. Die dritte darauf aufbauende Voraussetzung beinhaltet das Überwinden externaler Hemmungen. Dazu zählen Bedingungen, die die Wahrscheinlichkeit eines sexuellen Übergriffs auf das Kind erhöhen, wie beispielsweise Abwesenheit oder Krankheit der Mutter, soziale Isolation der Familie oder eine schwache Eltern-Kind-Beziehung. Die letzte Voraussetzung, die erfüllt sein muss, damit es zu einem sexuellen Übergriff kommt, ist das Überwinden des kindlichen Widerstands. Das kann zum Beispiel durch Geschenke, dem Aufbau eines Abhängigkeitsverhältnisses oder auch durch Drohung und Gewalt erreicht werden (Finkelhor, 1984). Die Kombination verschiedener theoretischer Erklärungsschritte, die Finkelhor als notwendig ansieht, wird zugleich auch als Kritikpunkt dieses Modells angesehen. Außerdem wird kritisiert, dass die Identifikation von notwendigen Voraussetzungen nur dann einen erklärenden und therapeutischen Wert hat, wenn das Vorliegen dieser postulierten Voraussetzungen Kindesmissbraucher von Nicht-Missbrauchstätern trennen kann (Howells, 1994).

2.6.6 Integrative und Multivariate Theorien

Marshall und Barbaree (1990) gehen davon aus, dass einerseits biologische und andererseits soziokulturelle Einflüsse und Erfahrungen aus der Kindheit für die Herausbildung von Sexualdelinquenz verantwortlich sind. Unter biologischen Einflüssen werden in diesem integrativen Ansatz vor allem die enge neuronale Verknüpfung von sexueller Erregung und Aggressivität verstanden. Die Autoren stellen besonders heraus, dass dieselben Endokrine sowohl Sexualität als auch Aggressivität in Gang setzen; im Speziellen wird das Hormon Testosteron thematisiert. Als entscheidend für das Erlernen einer adäquaten Sexualität wird das

Jugendalter angesehen, da dieses Lebensalter mit einem enormen Anstieg des Hormonspiegels einhergeht. Als entscheidende Entwicklungsaufgabe in dieser Phase sehen die Autoren die Trennung von Sexualität und Aggression an. Diese biologische Komponente wird jedoch nur als ein Faktor im Bedingungsgefüge angesehen und hat keinen alleinigen Erklärungswert.

Eine größere Rolle innerhalb dieser Theorie kommt nach Marshall und Barbaree (1990) den Entwicklungs- und Umweltfaktoren zu. Die in der Kindheit erworbenen Ansichten und Verhaltensweisen bereiten das heranwachsende Kind auf den Umgang mit seinen intensiven Wünschen und Vorstellungen vor. Der elterliche Erziehungsstil beeinflusst diesen Lernprozess erheblich. Die Autoren beziehen sich auf Studien, die bei Sexualstraftätern vor allem von Feindseligkeit und Inkonsistenz geprägte Erziehungspraktiken während der Kindheit ermittelten. Die Autoren knüpfen hier an die biologische Komponente dieses integrativen Ansatzes an, indem sie davon ausgehen, dass unter solchen Umständen die sexuelle Aggression nicht in den Griff zu bekommen ist. Es werden im Kindesalter nicht die nötigen Kompetenzen vermittelt, um später befriedigende intime Bindungen einzugehen. Dieses Defizit wird im Erwachsenenalter dann möglicherweise dadurch kompensiert, dass die gewünschte Nähe mit Gewalt erzwungen wird. Es kann zu feindseligen Gefühlen gegenüber Frauen kommen, da diese als Ursache für die eigene Inkompetenz angesehen und dafür verantwortlich gemacht werden. Als dritter Aspekt kommen soziokulturelle Faktoren hinzu. Marshall und Barbaree (1990) identifizieren drei Merkmale einer Gesellschaft, die das Ausmaß von Vergewaltigungen innerhalb dieser beeinflussen. Dazu gehören interpersonelle Gewalt, männliche Dominanz und negative Haltungen gegenüber Frauen. Die Annahme ist, dass männliche Dominanz fast unumgänglich mit der Aufrechterhaltung von negativen Meinungen über Frauen einhergeht. In diesem Aspekt gibt es eine sehr enge Verbindung zu Theorien, die Vergewaltigung als Ausdruck männlicher Macht ansehen. Schließlich sind noch situationsbedingte Faktoren zu nennen, die bei der Ausbildung eines abweichenden Sexualverhaltens eine Rolle spielen. Als Beispiel sind hier Alkoholintoxikation, Stress oder Angst zu nennen. Marshall und Barbaree (1990) resümieren, dass es dann zu sexueller Delinquenz kommt, wenn es den (männlichen) Personen nicht gelingt Sexualität und Aggressivität voneinander zu trennen und zu kontrollieren. Auslöser für diese Fehlentwicklung können diesen Autoren folgend negative Kindheitserlebnisse oder auch fehlende Modelle zum Kompetenzerwerb sein.

Hall und Hirschman (1992) schlagen ein vierteiliges Modell sexueller Aggression vor. Die Autoren beziehen sich in diesem Modell explizit auf sexuelle Aggression zum Nachteil von Kindern. Es werden dabei State und Trait Faktoren unterschieden, die ineinander wirken. Zu den State Faktoren gehören die physiologische sexuelle Stimulation, kognitive Verzerrungen, die sexuelle Aggression rechtfertigen und mangelnde affektive Kontrolle. Diese Faktoren stellen situationale Einflussgrößen dar, die auf eine vorhandene Vulnerabilität einwirken. Diese Vulnerabilität ist durch den Trait Faktor beschrieben und kann in Form von Persönlichkeitsakzentuierungen oder -störungen vorliegen. Hall und Hirschman gehen davon aus, dass jeder dieser Faktoren als motivationaler Vorläufer fungieren kann und die Wahrscheinlichkeit eines sexuellen Übergriffs erhöht. Weiterhin ist anzunehmen, dass einer dieser Faktoren dominiert und somit charakteristisch für den jeweiligen Missbrauchstäter ist (Ward & Beech, 2006). Daraus leiten sich vier Subtypen sexueller Kindesmissbraucher innerhalb dieses Modells ab. Der erste Subtyp ist von einer starken sexuellen Vorliebe für Kinder gekennzeichnet und zeigt deutliche sexuelle Erregung bei kindlichen Körpern. Dieser Subtyp weist oftmals eine sehr große Opferzahl auf. Die Motivation des zweiten Subtyps ergibt sich aus kognitiven Verzerrungen. Diese Täter fehlinterpretieren kindliches Verhalten als sexuelle Aufforderung, sie haben häufig gute Fähigkeiten der Handlungsplanung und Selbstregulation. Täter des dritten Subtyps werden durch eine Anfälligkeit für negative Emotionen beschrieben, die häufig mit Impulsivität und ungeplanten Verhaltensweisen einhergeht. Der letzte Subtyp, der sich aus diesem vierteiligen Modell ableitet, beinhaltet die Täter, die aufgrund von Persönlichkeits- und Entwicklungsstörungen sexuelle Übergriffe begehen. Die Autoren betonen als Stärke dieses Modells, dass jeder Subtyp eine umfassende Beschreibung der jeweiligen Tätercharakteristika liefern kann, aus der sich auch therapeutische Implikationen ableiten lassen (Hall & Hirschman, 1992).

2.6.7 Zusammenfassung der ätiologischen Konzepte

Neben den kognitv-behavioralen Ansätzen ist den integrativen Theorien gegenwärtig der größte Erklärungswert für die Entstehung und Aufrechterhaltung von Sexualdelinquenz zuzuschreiben. Im Unterschied zu biologischen oder gesellschaftswissenschaftlichen Ätiologien berücksichtigen diese Theorien den Einfluss einer Vielzahl von Faktoren auf das Handeln einer Person und sind somit auch eher dazu in der Lage einen Erklärungswert für unterschiedlichste Tat- und Täterkonstellationen zu liefern. Die Bedeutung der zumeist älteren Ansätze von Evolutionstheoretikern oder feministisch geprägten Forscher als Vorreiter, ist jedoch nicht zu unterschätzen, da sich einzelne Annahmen und Überlegungen dieser Ätiologien in integrativen und multivariaten Theorien zur Sexualdelinquenz wiederfinden. Letztere greifen vor allem das Ineinanderwirken von Eigenschafts- und Situationsfaktoren auf und stellen damit die Bedeutung des situationsbedingten Wegfalls von Verhaltenshemmungen heraus. Darüber hinaus wird im Rahmen dieser umfassenden Erklärungsansätze auch berücksichtigt, dass Lernprozesse und sich daraus etablierende Denkmuster verhaltenssteuernd wirken und maßgeblich am Begehen von sexuellen Übergriffen beteiligt sind.

2.7 Das Phänomen der Sexualdelinquenz im Resümee

Sexuelle Verhaltensweisen, die durch den Gesetzgeber unter Strafe gestellt werden, stellen nur einen Teilbereich der Sexualität, der im klinischen Kontext Beachtung geschenkt wird, dar. Gleichzeitig bringt das Sexualstrafrecht zum Ausdruck, dass ein Konsens dahingehend besteht, dass es sich bei der Wahrung der sexuellen Selbstbestimmung um einen zentralen Bestandteil unserer Gesellschaft handelt. Obwohl Straftaten gegen die sexuelle Selbstbestimmung nur einen sehr geringen Anteil an der Gesamtkriminalität haben, reagiert die Öffentlichkeit auf diese Gesetzesverstöße mit größter Sensibilität. Erkenntnisse zum Dunkelfeld legen jedoch auch die Vermutung nahe, dass aus Scham und Hilflosigkeit ein größerer Teil von Tatbeständen nicht zur Anzeige gebracht wird, als es bei Delikten der Fall ist, bei denen beispielsweise eine Strafanzeige Voraussetzung für eine versicherungsrechtliche Schadenregulierung ist. Das Verschweigen von sexuellen Übergriffen ist maßgeblich auch durch die Beziehungskonstellation zwischen Täter und Opfer zu erklären. Zum größten Teil sind sich Täter und Opfer bereits vor der Tat bekannt, in vielen Fällen sogar miteinander verwandt. Im Fall von kindlichen Opfern machen sich Täter oftmals auch ihre Überlegenheit als erwachsene Person zunutze und tragen somit aktiv dazu bei, dass missbräuchliche Kontakte über einen längeren Zeitraum aufrechterhalten werden. Erklärungsansätze zur Entstehung von sexuell übergriffigen Verhalten fokussieren neben diesen persuasiven Kommunikations- und Verhaltensweisen auch biologische, lerntheoretische und sich daraus entwickelnde Eigenschaftsaspekte eines Täters sowie situationsspezifische Faktoren.

3 Entwicklung der Kriminalprognose und der Täterprofilerstellung

3.1 Historischer Abriss

Die Überzeugung, dass beobachtbare Merkmale einer Gewalttat die Möglichkeit bieten könnten, auf die Persönlichkeit des Täters zu schließen, ist wahrscheinlich so alt wie das Verbrechen selbst. Die Ursprünge der wissenschaftlichen Erstellung von Persönlichkeitsbildern von Kriminellen sind vor allem in der Medizin und den Rechtswissenschaften zu suchen. Zunächst handelte es sich vor allem um vereinzelte Anfragen von Kriminalbeamten an klinische Praktiker, deren Anlass oftmals besondere Kriminalfälle waren. Erst in den letzten vier Jahrzehnten bildete sich ein selbstständiges und zunehmend international vernetztes Forschungsfeld heraus. Im englischsprachigen Raum hat sich vor allem die Arbeitsgruppe um David Canter mit der Thematik Täterprofilerstellung auseinandergesetzt. Mitte der 80er Jahre begründete er unter dem Schlagwort Investigative Psychologie einen eigenen Forschungszweig und war somit Wegbereiter für einen systematischen empirischen Umgang mit Täterprofilerstellung. Ebenfalls in den 80er Jahren befasste sich erstmals das Kriminalistische Institut des Bundeskriminalamtes mit den wissenschaftlichen Grundlagen zur Durchführung einer Fallanalyse. Die ersten großen fallanalytischen Studien führten letztlich 1998 zur Etablierung der Operativen Fallanalyse in Deutschland. Der Entwicklungsprozess von den Anfängen bis zu den heutigen kriminalpsychologischen Arbeitsweisen wird im Folgenden überblicksartig dargelegt.

3.1.1 Einzelne kriminalpsychologische Ansätze vor 1970

Als einer der ersten Kriminologen bemühte sich Cesare Lombroso (1835-1909) um eine Klassifikation von Straftätern auf statistischer Basis (Turvey, 2012). Lombroso ging von einer organisch verursachten Unterschiedlichkeit zwischen Verbrechern und nicht kriminellen Personen aus. Diesem evolutionär orientierten Ansatz folgend, stehen nicht straffällig in Erscheinung Getretene auf einer höheren evolutionären Entwicklungsstufe als kriminelle Personen (Föhl, 2001). Datengrundlage seiner Erkenntnisse bildete die Untersuchung von 383 italienischen Gefangenen hinsichtlich soziodemografischer und physischer Merkmale. Er ermittelte drei verschiedene Klassen von Kriminellen, die sich anhand ihrer Physis unterscheiden ließen. Diese körperlichen, psychischen und sozialen Charakteristika sollten auch zur Diagnose und Prognose genutzt werden (Hoffmann & Musolff, 2000). Lombrosos Ziel war es, möglichst effektive Mittel zur Bekämpfung und Verhinderung von Verbrechen zu liefern. Er vertrat die Ansicht, dass eine Person, die eine Reihe relevanter Merkmale auf sich vereinte, unabwendbar zum Verbrecher werde, wenn auch nur im Verborgenen. Er postulierte den „geborenen Verbrecher", dessen Person sich vor allem durch Merkmale wie Faulheit, mangelndes Schmerzempfinden, einem eingeschränkten Gefühlsleben und fehlendem Rechtsbewusstsein auszeichnet. Die Arbeiten Lombrosos haben die Forschung in der Kriminalbiologie und -psychologie zwar stark vorangetrieben, waren aber bereits zu seiner Zeit sehr umstritten und gelten heute als widerlegt.

Auch der deutsche Psychiater Ernst Kretschmer verfolgte die Frage, ob sich bestimmte Körperbaumerkmale bestimmten Charaktereigenschaften einer Person zu ordnen lassen und weiterführend, ob sich daraus Zusammenhänge zu bestimmten psychischen Erkrankungen oder Veranlagungen finden lassen (Hoffmann & Musolff, 2000). Kretschmer bediente sich objektiver, experimentell-mathematischer Methoden mittels der er drei fundamentale Konstitutionstypen und Mischformen daraus postulierte. Diese begründete er auf systematischen und ausgeklügelten Messungen der Körperformen und -maße einer Vielzahl von Probanden. Im nächsten Schritt ermittelte Kretschmer Zusammenhänge zwischen Körperbau und bestimmten psychischen Erkrankungen und konnte zeigen, dass bestimmte Arten geistiger Störungen überzufällig bei Personen mit einem bestimmten Körperbau auftreten. So zeigen beispielsweise Personen des pyknischen Typus, die eher gedrungen sind, kurze Extremitäten besitzen und zum Fettansatz neigen, häufiger eine Störung der Affektivität und manisch-depressive Tendenzen (Kretschmer, 1977). Personen des athletischen Typus hingegen erkranken häufiger an Epilepsie und Schizophrenie. Als Erklärung für diesen Zusammenhang führte Kretschmer das Einwirken von bestimmten Hormonen sowohl auf das Körperwachstum als auch auf die Nebenniere und die Schilddrüse an, die wiederum für die Bildung weiterer Hormone zuständig sind. Diese seien an der Sexualentwicklung und Bildung der sekundären Geschlechtsmerkmale beteiligt und hätten damit auch einen Einfluss auf die Erregbarkeit des Organismus. Der Zusammenhang zwischen Körperbau und Persönlichkeit lege ebenfalls einen Zusammenhang zwischen Körperbau und Kriminalität nahe. Jedoch sind die Methoden und Befunde, die auf Grundlage Kretschmers Typologien publiziert wurden, sehr heterogen (Landecho, 1964). Zentrale Fragestellungen Kretschmers waren, ob Personen mit einer bestimmten körperlichen Konstitution häufiger Straftaten begehen, ob dabei bestimmte Deliktgruppen zu identifizieren sind und ob Zusammenhänge zum Rückfallrisiko auszumachen sind. Umfassende theoretische Modellierungen sind aus diesen Untersuchungsbefunden jedoch nicht entstanden.

Einige Kritikpunkte an Kretschmers Arbeit sind offenkundig. Beispielsweise tritt der umgekehrte Fall, dass Verhalten den Körperbau beeinflusst, ebenso auf, dies ist beispielsweise bei sportlichem Training oder der Ausübung bestimmter Berufe der Fall. Außerdem ist zu berücksichtigen, dass die Umwelt auf eine bestimmte körperliche Erscheinung relativ gleichbleibend reagiert und somit der Zusammenhang zwischen Konstitution und Verhalten und damit auch Persönlichkeit ausgeprägt wird (Hoffmann & Musolff, 2000). Zudem steigt mit zunehmendem Alter sowohl die Wahrscheinlichkeit, dass ein pyknischer Körperbau ausgebildet wird, als auch die Gefahr eine depressive Erkrankung zu entwickeln, die verglichen mit anderen psychischen Störungen, wie beispielsweise einer Schizophrenie eher im späteren Lebensverlauf auftritt. Des Weiteren ist anzumerken, dass sich nur sehr wenige Menschen den postulierten Idealtypen zuordnen lassen. Kretschmer selbst schätzte diesen Anteil auf etwa 10 %, alle anderen gelten nach dieser Typologie als atypisch. Auf Grundlage Kretschmers Typenansatz kann über diese sehr große Gruppe keine Aussage getroffen werden. Dazu gehören auch sämtliche weibliche Personen, da Kretschmer alle Befunde ausschließlich an männlichen Probanden erhoben hat (Amelang & Bartussek, 1997).

Nach dem zweiten Weltkrieg bemühten sich verschiedene Psychoanalytiker darum, Probleme und Fragen der Kriminalität mit psychoanalytischen Ansätzen und Methoden zu erklären und trugen damit dem Umstand Rechnung, dass Menschen vielfältigen Einflüssen unterworfen sind. Maßgebliche Theorie waren die Überlegungen von Freud zum Zusammenspiel von „Es", „Ich" und „Über-Ich", die er in seinem Strukturmodell der Persönlichkeit formulierte (Asendorpf, 1996). Das Konfliktpotential und die Triebregungen, die vom irrationalen, unorganisierten und lustorientierten „Es" ausgehen, stellen in der Anwendung auf die Kriminologie die zentralen Aspekte dar. Ebenso wurde die Rolle von Störungen in der psychosexuellen Entwicklung für das Auftreten krimineller Auffälligkeiten diskutiert. Der Beitrag psychoanalytischer Theorien zur Erklärung und zum Verständnis vor allem einzelner Taten und Täter ist durchaus beachtlich. Den größten Kritikpunkt an den psychoanalytischen Beiträgen zur Täterprofilerstellung stellen jedoch die inkonsistenten Begrifflichkeiten und Betrachtungsweisen für ähnliche Sachverhalte dar. Vor allem der Mangel an konsistenten Theorien und die nur sehr schwer empirische Prüfbarkeit haben die Position des tiefenpsychologischen Ansatzes in der modernen wissenschaftlichen Kriminologie sehr geschwächt. Die Stärke der Tiefenpsychologie in der Erklärung individueller Tatdynamiken genießt jedoch vor allem im US-amerikanischen Raum große Akzeptanz und hat dort auch maßgeblich die angewandte Kriminalpsychologie beeinflusst. Auch die Forschungsgruppe der bundespolizeilichen Ermittlungsbehörde des US-Justizministeriums (FBI) greift auf eine Vielzahl psychoanalytischer Erkenntnisse zurück (Hoffmann & Musolff, 2000).

Typologien und Klassifikationsmodellen der verschiedenen Professionen kommen in der kriminologischen Forschung seit jeher vor allem aufgrund ihrer informationsreduzierenden Eigenschaft besondere Bedeutung zu. Die damit einhergehende erhöhte Gefahr von Fehleinschätzungen führte jedoch dazu, dass andere Parameter berücksichtigt wurden, die zu einer psychologischen Differenzierung bei der Erstellung von Täterprofilen führten (Hoffmann & Musolff, 2000).

3.1.2 Internationale Entwicklung seit 1970

Die ersten strukturierten Ansätze zur Täterprofilerstellung stammen aus den 1970er Jahren von Mullany und Teten. Sie gründeten das erste Criminal-Profiling-Programm des FBI. Anlass für die Suche nach neuen Ermittlungsmethoden war ein Wandel in der Täter-Opferbeziehung bei Tötungsdelikten. Der Anteil der Täter-Opfer-Konstellationen ohne prädeliktische Beziehung und somit ohne erkennbare Motivstrukturen nahm in den 70er Jahren des letzten Jahrhunderts stark zu, was die Ermittlungsarbeiten deutlich erschwerte und die Zahl unaufgeklärter Mordtaten in die Höhe steigen ließ (Föhl, 2001). Mullany und Teten erstellten zunächst vor allem Täterprofile im Bereich der schweren Gewaltkriminalität und übertrugen das Vorgehen erst später auf andere Bereiche wie Entführungen und Geiselnahmen. Sie trugen damit maßgeblich zur Gründung der Behavioral Science Unit des FBI bei und damit zur Schaffung einer empirischen Grundlage für die Erstellung von Täterprofilen (Meyer, 2002). Die Weiterentwicklung dieser Untersuchungstechniken wurde vor allem durch Douglas, Resseler und Hazelwood vorangetrieben. Mit dem Ziel, den Zusammenhang zwischen Täterverhalten und auffindbaren Spuren am Tatort herauszuarbeiten, führte die Arbeitsgruppe zahlreiche empirische Studien durch. Es wurden vor allem die Deliktfelder Sexualmord und Vergewaltigung bearbeitet und mit theoretischen Modellen hinterlegt (Föhl, 2001). Eine der bekanntesten Untersuchungen ist das Criminal Personality Research Project. Aus dieser Interviewstudie an 36 verurteilten Sexualmördern, entstand die populäre FBI-Typologie, die den planenden und den nicht-planenden Tätertypen (auch organisiert und desorganisiert) unterscheidet. Der planende Täter wählt sein Opfer nach bestimmten Merkmalen aus und begeht seine Tat nach einem ausgefeilten Ablauf, was nicht selten das Umsetzen sadistischer oder gewalttätiger Rituale und Fantasien beinhaltet. Der planende Täter ist bemüht, keine Spuren zu hinterlassen. Der nicht-planende Täter geht wesentlich impulsiver vor. Das Opfer wird oftmals spontan attackiert, die Tötung des Opfers erfolgt in vielen Fällen auch unmittelbar nach der Kontaktaufnahme. Anders als beim planenden Typus können bei diesen Tätern eine Vielzahl von Spuren am Tatort und am Opfer gefunden werden. Hinsichtlich ihrer Persönlichkeit werden die Täter des planenden Typus als mindestens durchschnittlich intelligent und sozial weitestgehend unauffällig mit guten sozialen Kompetenzen beschrieben. Im Gegensatz dazu ist der nicht-planende Täter unterdurchschnittlich intelligent, sozial isoliert und leidet unter sozialer Unsicherheit und Angst (Ressler, Burgess & Douglas, 1988). Die Anwendung der FBI-Sexualmörder-Typologie zur Profilerstellung setzte die Unterscheidung zwischen „Crime Scene Characteristics" und „Profile Characteristics" voraus. Auffälligkeiten und Merkmale des Tatorts und des rekonstruierbaren Tathergangs werden den „Crime Scene Characteristics" zugeordnet, diese dienen dazu im Rahmen der Tathergangsanalyse den Tätertyp zu diagnostizieren. Daraus werden die „Profile Characteristics" geschlussfolgert, welche Aussagen über charakteristische Eigenschaften der Person oder deren Lebensstil und damit die entscheidenden Hinweise zur Ermittlung des unbekannten Täters liefern (Hoffmann & Musolff, 2000). Die Stärke dieser Typisierung besteht vor allem in ihrer praktischen Orientierung und empirischen Fundierung. Kritisch ist allerdings anzumerken, dass das umfassende Datenmaterial, welches dieser Arbeitsgruppe zur Verfügung stand, nur sehr oberflächlichen Analysen unterzogen wurde. Auf anspruchsvollere statistische Verfahren wurde verzichtet, die Forscher beschränkten sich lediglich auf Häufigkeitsauszählungen. Außerdem birgt die Beschränkung auf eine dichotome Tätertypologie natürlich die Gefahr der Undifferenziertheit. Ressler und Kollegen (1988) räumen selbst ein, dass dieses Zwei-Typen-Modell keine universelle Gültigkeit besitzt. Auch andere Autoren geben zu bedenken, dass es sich beim planenden und nicht-planenden Täter nur um zwei Arten einer größeren Anzahl von Sexualmördertypen handeln könnte (Hoffmann & Musolff, 2000), möglicherweise auch um zwei Extrempole eines Kontinuums.

Eine weitere FBI-Typologie aus den frühen 1980er Jahren befasst sich mit der Kategorisierung von Vergewaltigungen. In einem prototypischen Modell werden vier Typen unterschieden, von denen jedoch nicht angenommen wird, dass sie in der postulierten Reinform in der Realität anzutreffen sind, sondern dass Mischformen der Regelfall sind (Hoffmann & Musolff, 2000). Grundsätzlich werden die Gruppen der machtmotivierten und der wutmotivierten Täter unterschieden, beide werden nochmals in zwei Subtypen unterteilt. Die Gültigkeit dieses Modells wurde im Rahmen einer umfassenden Interviewstudie der Behavioral Science Unit des FBI zwischen 1984 und 1986 überprüft. Mittels statistischer Prognoseberechnungen gelang es, die untersuchten Vergewaltiger den entsprechenden Tätertypen relativ sicher zuzuordnen. Im Resümee sind jedoch einige widersprüchliche Ergebnisse zu berücksichtigen. Auch für diese Typologie liegt der Schluss nahe, dass es sich lediglich um einen Ausschnitt aller Vergewaltigertypen handelt (Warren, Reboussin, Hazelwood & Wright, 1991). In der praktischen Profiling-Arbeit spielt diese Vergewaltiger-Typologie nur eine untergeordnete Rolle, das FBI greift hierfür auf differenziertere Kategoriensysteme zurück (Hoffmann & Musolff, 2000).

Neben den Entwicklungen der Täterprofilerstellung im amerikanischen Sprachraum begannen in Großbritannien Mitte der 80er Jahre des vergangenen Jahrhunderts Wissenschaftler damit, mit Hilfe komplexer statistischer und sozialwissenschaftlicher Methoden, Modelle zu Erstellung von Täterprofilen zu entwickeln. Zentrale Figur dieser Forschung war David Canter, der 1986 erstmals von der Polizei zu Ermittlungsarbeiten im Fall des sogenannten „Railway Rapist" hinzugezogen wurde. Der Psychologe und Verhaltenswissenschaftler sollte die bis dahin erfolglose Fahndung mit der Herausarbeitung von Verhaltensmustern und der profilhaften Beschreibung des Täters vorantreiben (Hoffmann & Musolff, 2000). Canter gelang es ein umfassendes Profil zu erstellen, auf Grundlage dessen 2 000 Verdächtige aufgelistet und nacheinander überprüft wurden. Zentraler Aspekt des Täterprofils, welcher letztlich auch zur Ergreifung führte, war die Analyse des geographischen Verhaltens und der daraus resultierenden Vorhersage des Wohnortes (Canter, 1994). Auch die Arbeit von Canter zog zahlreiche empirische Studien nach sich. Im Unterschied zu den FBI-Typologien wendeten Canter und Kollegen erstmals stringent statistische Methoden der modernen Psychologie an, um fahndungsrelevante Merkmale des unbekannten Täters aus den Informationen, die am Tatort vorzufinden waren, abzuleiten. Jedes Verhaltenselement wird dabei als Punkt in einem zweidimensionalen Raum dargestellt, wobei benachbarte Elemente häufiger zusammen auftreten und weit voneinander entfernte Verhaltenselemente eher nicht innerhalb eines Tatgeschehens vorzufinden sind. Der große Erfolg der Forschungsgruppe um Canter begründet sich vor allem darauf, dass die angewandten Berechnungsmodelle zu räumlich-graphisch darstellbaren Ergebnissen führten. Es ist somit vor allem auch für die ermittelnden Beamten nachvollziehbar, aufgrund welcher Verhaltenselemente Einzeltaten einer Serie und damit einem Täter zugeordnet werden. Dieses rein methodische Vorgehen ist natürlich auch limitiert, die Individualität und Komplexität menschlicher Entscheidungen und daraus resultierenden Verhaltens kann per se nicht in vollem Umfang berücksichtigt werden. Auch wenn die dadurch gewonnen Erkenntnisse praktische Ermittlungsarbeit nicht ersetzen können, können sie Aussagen über sehr große Fallzahlen treffen, die eine Erweiterung des Wissens- und Erfahrungsschatzes eines einzelnen Ermittlers ermöglichen (Hoffmann & Musolff, 2000).

Entwicklung der Kriminalprognose und der Täterprofilerstellung 47

3.1.3 Operative Fallanalyse in Deutschland

Etwa zeitgleich zur internationalen Entwicklung in der Täterprofilerstellung begann man auch in Deutschland damit, wissenschaftliche Grundlagen für ein Konzept zur Durchführung der Fallanalyse zu erarbeiten (Meyer, 2002). Im Jahr 1984 wurde erstmalig durch das Bundeskriminalamt (BKA) in Zusammenarbeit mit dem FBI in einem deutschen Kriminalfall ein Täterprofil erstellt. Etwa zehn Jahre später wurden auch in Deutschland erste große fallanalytische Untersuchungen durchgeführt, die in den darauffolgenden Jahren zur Entwicklung eines selbstständigen Profilerstellungsstandards führten. 1998 wurde schließlich durch das BKA die Operative Fallanalyse (OFA) eingeführt, die bereits ein Jahr später zur bundesweiten Einrichtung von OFA-Einheiten in allen Landeskriminalämtern führte. Nicht nur durch die namentliche Abgrenzung legt das BKA Wert auf eine Grenzziehung zu der Arbeit des FBI. Die Operative Fallanalyse umfasst mehrere Verfahren, die zur Aufklärung von schweren Gewaltdelikten herangezogen werden können. Dazu zählen Gefährdungsanalysen, Gefährlichkeitseinstufungen, Aussagen zum Täterwohnort, Fallanalysen bei Tötungs-, Sexual-, Brand- sowie Erpressungs- und Entführungsdelikten und die Täterprofilerstellung in diesen Deliktbereichen (Schröer, Kukies, Gehl, Sperhake & Püschel, 2004). Anders als oftmals vermutet, mündet die Fallanalyse nicht zwingend in der Erstellung eines Täterprofils, primäres Ziel ist es vielmehr, das Fallverständnis zu vertiefen und Hinweise zu ermitteln, die die Ermittlungsarbeit unterstützen (Meyer, 2002). Auch wenn die Bedeutung des Täterprofils häufig überschätzt und vor allem in der medialen Darstellung mystifiziert wird, liegt der große Nutzen dieses Verfahrens in der Möglichkeit, einen unbekannten Täter hinsichtlich seiner Persönlichkeitseigenschaften so zu beschreiben, dass er von anderen Personen signifikant zu unterscheiden ist (Dern, 2000).

Im Fall eines Tötungs- oder Sexualdelikts sieht der Ablauf einer Fallanalyse zunächst einmal vor, dass dieses Verfahren nur dann zum Einsatz kommen kann, wenn eine ausreichende Menge objektiver Daten vorhanden ist. Im ersten Schritt erfolgt eine umfangreiche Erhebung aller zum Zeitpunkt der Analyse vorhanden Fallinformationen durch die OFA-Gruppe. Daran schließt sich eine erste vorläufige Einschätzung und Motivklassifizierung an. Als Nächstes stellt sich die Frage nach dem Opferrisiko. Das bedeutet eine Einschätzung darüber zu erstellen, wie hoch das Risiko ist, dass eine bestimmte Person Opfer bei dem jeweiligen Tötungs- oder Sexualdelikt wird. Es folgt die Tathergangsanalyse. Diese vollständige Rekonstruktion des Handlungsablaufs während der Tat berücksichtigt alle Zeit- und Ortsfaktoren. Auf Grundlage dieser Handlungsrekonstruktion erfolgt die Verhaltensklassifikation. Es wird festgestellt, welche Handlungen mindestens notwendig waren, um das Tatziel zu erreichen und welche alternativen Handlungsentscheidungen während der Tat möglich gewesen wären. Dabei ist die Unterscheidung von Modus Operandi und Handschrift bzw. Personifizierung von Bedeutung. Unter Modus Operandi wird das Täterverhalten verstanden, welches zur erfolgreichen Tatbegehung notwendig war. Verhaltensweisen, die darüber hinausgehen, werden eher als Ausdruck eines individuellen Bedürfnisses interpretiert und stellen die Handschrift bzw. Personifizierung dar. Erst jetzt erfolgt, eine ausreichende Datenlage vorausgesetzt, die Erstellung des Täterprofils. Dieses Profil beinhaltet Angaben zu physischen und psychischen Merkmalen, soziobiographischen Angaben sowie zur aktuellen Lebenssituation (Schröer et al., 2004).

Die Erstellung eines Fallprofils basiert auf drei Grundannahmen über Verhalten und Persönlichkeit:

a) „Verhalten ist sinnhaft (= Prämisse der sinnstrukturierten Welt) und Verhalten ereignet sich sequentiell (also der Richtung des Zeitpfeils folgend)." (Dern, 2000, S. 536).

b) „Verhalten ist [...] entscheidungsgeleitet (wobei nicht jede Entscheidung einem bewussten intentionalen Akt entsprechen muss)." (Dern, 2000, S. 536).

c) „Entscheidungen [sind] nachvollziehbar, d. h. rekonstruierbar und können in Entscheidungsbäume im Wege hypothesenprüfender Verfahren in eine Gesamtschau (= Bedeutungsstruktur) überführt werden." (Dern, 2000, S. 536).

Neben diesen ermittlungstechnischen Methoden kommen beim BKA im Rahmen der Täterprofilerstellung und Tathergangsanalyse auch computergestützte Recherchewerkzeuge zum Einsatz. Dabei handelt es sich um Datenbanksysteme (z. B. Violent Crime Linkage Analyse System), die eine Verknüpfung einzelner Taten oder von Tätern und Taten ermöglichen (Baurmann, 2004).

3.2 Praktische Relevanz der Täterprofilerstellung

Die Erstellung von psychologischen Täterprofilen zählt zu den jüngeren Methoden der polizeilichen Ermittlungsarbeit. Der Zweck dieser Profile ist es, Hinweise auf die Persönlichkeit, Verhaltensweisen und Lebenssituation eines unbekannten Täters zu liefern. Forscher verschiedener Disziplinen haben kulturübergreifend in den vergangenen 30 Jahren eine wissenschaftliche Basis für die Profilerstellung erarbeitet und damit zur Professionalisierung beigetragen (Meyer, 2002; Baurmann, 2004). Zahlreiche Arbeitsgruppen konnten immer wieder den Nutzen dieses Ermittlungsinstruments unter Beweis stellen, was letztlich auch zur Implementierung dieser Methoden in den deutschen Polizeiapparat beitrug.

Die praktische Relevanz dieser kriminalpsychologischen Methode geht jedoch weit über die Einsatzmöglichkeit als Ermittlungsinstrument hinaus. Zunehmend wächst das Bewusstsein, dass die Analyseergebnisse der OFA auch im Gerichtssaal Anwendung finden können und das kriminalwissenschaftliches Wissen in den Strafprozess eingebracht werden kann, um für die gerichtliche Urteilsfindung neue Erkenntnismöglichkeiten zu erschließen. Informationen der Operativen Fallanalyse können beispielsweise zur Beurteilung von Vorsatz, Tatplanung und somit auch Zurechnungsfähigkeit des Täters herangezogen werden. Von Seiten der ermittelnden Beamten wird jedoch beklagt, dass diese Erkenntnisse zu wenig Beachtung im Strafprozess finden. Eine engere Zusammenarbeit scheint hier sinnvoll zu sein, um bereits im Ermittlungsprozess Aspekte zu berücksichtigen, die Hindernisse für die spätere Verwendung fallanalytischer Erkenntnisse im Strafprozess darstellten könnten (Bruns, 2006).

Darüber hinaus kann das Tatgeschehen in seiner Einzigartigkeit „per se" als potentieller Prädiktor für das Rückfallrisiko angesehen werden (Dahle, Biedermann, Gallasch-Nemitz & Janka, 2010). Somit ist es naheliegend, dass Tathergangsanalysen auch einen Beitrag zur Prognoseeinschätzung und zur Ermittlung der Legalbewährung leisten können (Köhler, Müller, Kernbichler, Boogaart & Hinrichs, 2007). Es wird betont, dass eine Stellungnahme zur Einsichts- und Steuerungsfähigkeit eng mit einer Analyse der Tatsituation verknüpft sein muss, um eine umfassende Begutachtung durchführen zu können (Boetticher, Nedopil, Bosinsiki & Saß, 2005). Verhaltensweisen während der Tat können einen Rückschluss auf Bedürfnisse und Phantasien erlauben, die wiederum essentiell für die Prognose sind. Einige Instrumente zur Einschätzung der Rückfälligkeit bei sexuellen Gewaltstraftaten (z. B. SVR-20; Müller-Isberner, Cabeza & Eucker, 2000) verlangen genaue Kenntnis von tathergangsbezogenen Informationen. Zur Anfertigung der Prognose mit Hilfe dieser Instrumente müssen Aussagen zur Tatvorbereitung, Opferverletzung oder Drohungen gegenüber dem Opfer getroffen werden. Die gutachterliche Tätigkeit kann somit durch eine umfassende Analyse des Tatgeschehens im Rahmen der Ermittlungen unterstützt werden.

Auch für die Therapieplanung können Angaben zu tathergangsanalytisch ermittelten Verhaltensweisen hilfreich sein. Die detailgetreue Rekonstruktion der Straftat inklusive aller kognitiven, affektiven, motivationalen und behavioralen Gesichtspunkte kann die Basis für eine therapeutische Intervention darstellen. Da das Täterverhalten im Fokus des therapeutischen Vorgehens steht, ist das Wissen darum, welche Einzelhandlungen in der besagten Situation ergriffen wurden und auf welche Handlungsalternativen verzichtet wurde, Grundlage für die Erarbeitung von Problembewusstsein und Sensibilisierung für situative Konstellationen der Tat (Müller, Köhler & Hinrichs, 2008). Die umfassende

Kenntnis der Tatdynamik kann im Rahmen der Therapie genutzt werden, um kognitive Umstrukturierungen und die Erarbeitung von Problemlösungen für Hochrisikosituationen zu bewirken (Musolff & Hoffmann, 2006). Von den Erkenntnissen, die die Operative Fallanalyse bzw. Täterprofilerstellung liefert, kann demnach bis weit über die Ergreifung des Täters hinaus profitiert werden.

3.3 Zusammenfassung zur Entwicklungsgeschichte der Täterprofilerstellung

Die Überzeugung, dass die Verwerflichkeit, die durch bestimmte Verstöße gegen geltenden gesellschaftliche und rechtliche Normen zum Ausdruck kommt, sich auch in anderen Merkmalen der betreffenden Personen niederschlägt, hat die Staftäterforschung bereits frühzeitig angetrieben. Vor allem Forschergruppen aus dem englischsprachigen Raum waren Wegbereiter für systematische Bemühungen bestimmte Täter in Form von Profilen zu beschreiben. Kenntnisse, die im Rahmen von Operativen Fallanalysen erworben werden, können jedoch nur Aussagen über den spezifischen Einzelfall ermöglichen. Allgemein gültige Annahmen zu Deliktgruppen können aus diesen Einzelfallanalysen nicht abgeleitet werden. In den vergangenen Jahren konnte die polizeiliche Ermittlungsarbeit auch im deutschssprachigen Raum bereits von den empirischen Erkenntnissen verschiedener Arbeitsgruppen profitieren. Zum gegenwärtigen Zeitpunkt mangelt es jedoch noch an der Vielfalt systematischer empirischer Ergebnisse auf die in diesem Zusammenhang zurückgegriffen werden kann. Vor allem um den Nutzen und die Relevanz dieser kriminalpsychologischen Methode in einem breiten Anwendungsbreich etablieren zu können, sind umfassende empirische Studien, die das Verhalten von Tätern fokussieren von Interesse.

4 Erkenntnisse der verhaltensorientierten Sexualstraftäterforschung

In den meisten Untersuchungen zum Thema findet eine Betrachtung der Tatbegehungsmerkmale differenziert nach Delikttyp statt. Kern dieser Studien ist es, aus Beschreibungen des Tatgeschehens Verhaltensweisen abzuleiten, die mit höherer Häufigkeit gemeinsam während eines Tatgeschehens auftreten bzw. Verhaltensweisen zu finden, die Taten voneinander abgrenzen, also relativ selten vorkommen. Dazu wurden in den meisten Fällen Polizeiberichte und Gerichtsunterlagen analysiert. Im Weiteren wird ein Überblick zu den Erkenntnissen der bisherigen Forschung gegeben.

4.1 Verhalten des Täters und Opfermerkmale bei Vergewaltigungen und sexueller Nötigung

Die bedeutendsten Beiträge zum Thema lieferte die Arbeitsgruppe um David Canter, der als Wegbereiter der Anwendung komplexer statistischer Methoden zur Verhaltensanalyse von Gewalt- und Serientätern gilt (Hoffmann & Musolff, 2000). Ausgangspunkt für die umfassenden Arbeiten dieser Forschungsgruppe war die Analyse von relevanten Verhaltensweisen, die beim Begehen einer Tat auftreten und das Studium von Polizeiakten mit dem Ziel, Verhaltensaspekte herauszukristallisieren, die der Ermittlungsarbeit grundsätzlich zugänglich sind.

An einer ersten Stichprobe von 27 Tätern, die 66 sexuelle Übergriffe begangen haben, wurden 33 relevante Variablen ermittelt. Diese lassen sich in die folgenden acht Verhaltenscluster einteilen: Annäherung an das Opfer, Art und Weise Kontrolle über das Opfer auszuüben, Reaktionen des Täters auf das Opfer, Art der Kommunikation mit dem Opfer, Gewaltformen, angestrebte Beziehung zum Opfer, Sexualverhalten und dem Angriff nachfolgende Handlungen (Canter & Heritage, 1990). Unter Anwendung von Smallest Space Analysen wurden Verhaltensweisen ermittelt, die innerhalb eines Tatgeschehens eher gemeinsam auftreten, diese sind durch enge räumliche Nähe zueinander gekennzeichnet. Verhaltensweisen, die durch geometrisch weit voneinander entfernte Punkte repräsentiert werden, treten entsprechend selten gemeinsam während einer Tat auf.

Die Autoren beschreiben einen Kern von Verhaltensweisen, der als zentral beim Begehen einer Vergewaltigung angesehen werden kann (vgl. Abbildung 3). Zu diesem häufig auftretenden sexuell übergriffigen Verhalten zählt u. a. der unpersönliche Umgang mit dem Opfer, vaginale Penetration und keine Reaktion auf das Verhalten des Opfers zu zeigen.

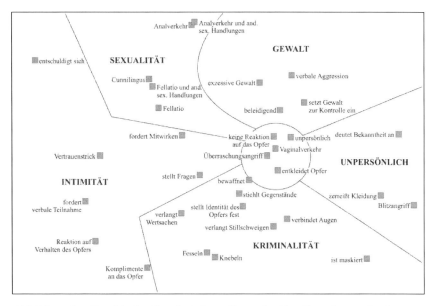

Abbildung 3. Graphische Ergebnisdarstellung der Smallest Space Analyse von Canter (Nach Mokros, 2006, S. 135).

Diese Verhaltensaspekte dienen nicht dazu, zwischen verschiedenen Taten zu differenzieren, dazu müssen Verhaltensweisen herangezogen werden, die außerhalb des Zentrums liegen (vgl. Abbildung 3). Nach den Ergebnissen dieser ersten umfassenden Analyse dienen das innerhalb der Tat praktizierte Sexualverhalten, Formen der angewendeten Gewalt, Unpersönlichkeit im Umgang sowie Merkmale von Intimität und kriminelles Verhalten dazu, zwischen verschiedenen Tätern zu unterscheiden. Gegenüberliegende Verhaltensweisen in der obigen Abbildung treten bei einer Vergewaltigung eher nicht gemeinsam auf. Man kann demnach davon ausgehen, dass sexuelle und kriminelle Aspekte nicht gleichzeitig eine Tat dominieren. Für die Facette der „Kriminalität" ziehen die Autoren Parallelen zu antisozialem Verhalten. Diese Annahme wird durch die räumliche Nähe der Facette zu unpersönlichen Verhaltensaspekten, die ein Ausdruck der Unfähigkeit sind eine Beziehung zu anderen aufzubauen, gestützt. Die räumliche Nähe von gewalttätigem und unpersönlichem Verhalten weist ebenfalls auf die Verflechtung dieser Facetten im Tatgeschehen hin (Canter & Heritage, 1990). Canter und Kollegen vermuteten zudem Entsprechungen dieser fünf Verhaltensfacetten in der Biographie und Persönlichkeitsstruktur der Täter zu finden. Es konnten Zusammenhänge zwischen „intimen" Handlungen und der Vorstrafenbelastung identifiziert werden. Täter, die bemüht waren durch Küssen, Kommunizieren von privaten Dingen und dem Verbringen einer relativ langen Zeitspanne mit dem Opfer eine Beziehung zu selbigem aufzubauen, sind eher nicht wegen Sexualdelikten vorbestraft. Diese Täter wiesen eher Eintragungen aufgrund von Einbruchsdelikten, Betrug oder Körperverletzung auf (Hoffmann & Musolff, 2000).

In weiteren Analysen von Vergewaltigern konnte Canter (1994) drei Rollen differenzieren, in die das Opfer durch den Täter gedrängt wird. Er unterscheidet dabei Täter, die das Opfer als Person behandeln, indem sie versuchen eine pseudo-intime Beziehung aufzubauen, Täter die das Opfer als Gegenstand behandeln und Täter für die das Opfer Mittel für einen anderen Zweck ist, wie beispielsweise Frustabbau. Jede dieser drei Rollenzuschreibungen beschreibt die Bedeutung des Opfers für den Täter und geht demzufolge mit anderen Verhaltensweisen während der Tat einher. Darauf aufbauend wurden 112 Aussagen weiblicher Opfer zu sexuellen Übergriffen durch Vergewaltiger hinsichtlich vier Täter-Opfer-Interaktionsmuster analysiert (Canter, Bennell, Alison & Reddy, 2003). Den Autoren gelang es 76 % aller analysierten Vergewaltigungen einem der vier Interaktionsmuster zuzuordnen, 25 % der sexuellen Übergriffe konnten durch Mischformen der postulierten Täter-Opfer-Interaktion gedeutet werden. Den größten Anteil (32 %) machen dabei Taten aus, bei denen der Täter bemüht scheint, eine Beziehung zum Opfer aufzubauen, indem er mit dem Opfer kommuniziert, Komplimente macht, das Opfer küsst und vorgibt das Opfer zu kennen. Die zweitgrößte Gruppe (26 %) stellen Vergewaltigungen dar, die durch Feindseligkeit gekennzeichnet sind. Feindseliges Verhalten während einer Vergewaltigung ist sowohl von physischer Gewalt wie auch von Demütigung und Erniedrigung gekennzeichnet. Diese beiden Interaktionsmuster weisen Parallelen zu Erkenntnissen früherer Studien (Canter, 1994) auf. Seltener treten Interaktionsmuster auf, die durch Kontrolle (10 %) oder Diebstahl (5 %) gekennzeichnet sind. Teil der ersteren Täter-Opfer-Interaktion ist das Fesseln des Opfers, Benutzen einer Waffe oder Verbergen der eigenen Identität, um Kontrolle über das Opfer und die Situation zu erlangen. Tritt Diebstahl im Rahmen einer Vergewaltigung auf, dann ist der Täter bestrebt, alle Vorteile zu nutzen, die ihm die Tatsituation bietet, indem er Gegenstände vom Opfer verlangt oder stiehlt

(Canter et al., 2003). Die Interaktionsmuster Kontrolle und Diebstahl sind demnach deutlich von allgemeinen kriminellen Elementen charakterisiert. Zusammenhängen zwischen Tatverhalten und Täter- bzw. Opferalter widmeten sich unter anderen Goodwill und Alison (2007). Datengrundlage bildeten Polizeiberichte von 85 Vergewaltigungen mit weiblichen Opfern. Mittels regressionsanalytischer Verfahren gelang es den Autoren, eine statistische Vorhersage des Täteralters aus dem Planungsausmaß der Tat und dem Maß an ausgeübter Gewalt zu berechnen. Täter, die sehr geplant und aggressiv vorgehen, weisen eine geringere Differenz zum Alter des Opfers auf, als das bei Tätern der Fall ist, die diese Merkmale nicht zeigen.

Damit bestätigen Goodwill und Alison Befunde von Baurmann (1996), der bereits fast zehn Jahre zuvor zeigen konnte, dass junge erwachsene Frauen von etwa gleichaltrigen Tätern attackiert werden und es zum versuchten oder vollendeten Geschlechtsverkehr kommt. Baurmann (1996) konstatiert zudem, dass Sexualstraftaten gegen weibliche Opfer verglichen mit denen gegen männliche Opfer generell von mehr gewalttätigen Elementen gekennzeichnet sind und Frauen häufiger physisch geschädigt werden. Ein zentrales gewaltverursachendes Element ist Alkoholisierung während der Tat. In einer Analyse von angezeigten Sexualdelikten zwischen 1969 und 1972 waren bei weiblichen Opfern fast doppelt so viele Tatverdächtige alkoholisiert wie es bei männlichen Opfern der Fall war (Baurmann, 1996). Dementsprechend erlebten Frauen deutlich mehr Bedrohung und gewalttätiges Verhalten während der Tat.

Das Ausmaß angewendeter Gewalt scheint außerdem im Zusammenhang zur Delinquenzbelastung zu stehen. Ein Vergleich von 22 Serientätern, die sexuelle Übergriffe auf weibliche Opfer begingen und 22 Vergewaltigern, die ein einzelnes Sexualdelikt zum Schaden eines weiblichen Opfers aufwiesen, erbrachte signifikante Unterschiede im Tatverhalten zwischen diesen beiden Tätergruppen (Park, Schlesinger, Pinizzotto & Davis, 2008). Täter, die einen einzelnen sexuellen Übergriff begangen haben, zeigten häufiger ein von Gewalt gekennzeichnetes Verhalten auf, das heißt sie attackierten das Opfer blitzartig, bedrohten, schlugen, traten und penetrierten das Opfer in mehr Fällen als das bei Serientätern der Fall war. Vergewaltiger, die eine Einzeltat begingen, sind jedoch auch mehr bestrebt durch Komplimente, sexualisierte Kommentare und Aufforderungen an das Opfer sich zu beteiligen, das Opfer auf zwischenmenschlicher Basis in das Tatgeschehen einzubinden. Im Verhalten von Serienvergewaltigern zeigt sich in dieser Untersuchung zwar ein geringeres Ausmaß ausagierter Gewalt, es finden sich aber deutlich mehr Hinweise auf Taterfahrung beim Begehen von sexuellen Übergriffen, wie Knebeln und Fesseln des Opfers, um Widerstand zu verhindern.

Diese Befunde konnten Corovic, Christianson und Bergman (2012) in einem Vergleich von Serienvergewaltigern und Einzelstraftätern nicht bestätigen. Hinsichtlich gewalttätiger Verhaltenswiesen zeigten sich in dieser Studie keine signifikanten Unterschiede. Außerdem zeigten anders als bei Park et al. (2008) eher Serienvergewaltiger und nicht Vergewaltiger mit nur einer Tat mehr kommunikative Aspekte bei der Tatbegehung. Im Kontrast zu den Ergebnissen von Park et al. (2008) war ein blitzartiger Angriff in der Studie von Corovic et al. (2012) Merkmal der Serientäter. Die Autoren führen diese differierenden Ergebnisse auf den Umstand zurück, dass sie ausschließlich sexuelle Übergriffe von fremden Tätern betrachtet haben, wohingegen die Studie von Park und Kollegen verschiedene Täter-Opfer-Beziehungen berücksichtigte. Sowohl in der Untersuchung von Park et al. (2008) wie auch in der Studie von Corvic et al. (2012) zeigen Serientäter während der Tat mehr Verhaltensweisen, die auf kriminelle Erfahrenheit schließen lassen, wie beispielsweise Fesseln des Opfers, Wegnahme von Gegenständen, Verhindern von Opferwiderstand, Planungsverhalten und das Entfernen von Sperma. Diesen Zusammenhang können auch Befunde von Davies, Wittebrood und Jackson (1997) stützen. Im Rahmen ihrer Studie gelang es den Autoren bivariate Vorhersagen zu treffen, wie beispielsweise, dass Täter, die nach der Tat Samenspuren beseitigten, mit einer viermal höheren Wahrscheinlichkeit bereits aufgrund eines Sexualdelikts vorbestraft waren. Merkmale eines organisierten und überlegten Vorgehens während einer Vergewaltigungstat traten in einer Untersuchung von Beauregard, Lussier und Proulx (2005) vor allem in Verbindung mit nicht sexueller Gewalt während des Übergriffs auf, was die Autoren als Ausdruck sadistischer Tendenzen interpretieren.

Köhler, Müller, Kernbichler, Boogaart und Hinrichs (2007) konnten hingegen keinerlei signifikante Zusammenhänge zwischen dem Planungsgrad der Tat und diversen Persönlichkeitseigenschaften ermitteln. Die Autoren haben die Ergebnisse zweier Studien zu insgesamt 54 Gewalt- und Sexualstraftätern reanalysiert und zeigen, dass Täter, die ihr Opfer blitzartig attackierten, weniger emotional stabil, gehemmter und weniger extravertiert waren als Täter, die ihr Opfer durch betrügerisch-manipulatives Vorgehen in ihre Gewalt brachten. War die Opferwahl zudem gezielt, wiesen die Täter eine geringere Gehemmtheit, emotionale Stabilität und höhere Gewissenhaftigkeit auf.

Auf Zusammenhänge zwischen biographischen Merkmalen des Täters und der Auswahl des Opfers, des Tatorts sowie der Art des Nachtatverhaltens konzentrierten sich Steck und Pauer (1992) im Rahmen einer Strafaktenanalyse von 115 Vergewaltigern mit weiblichen Opfern. Die Autoren kamen zu dem Ergebnis, dass Täter mit einem höheren Lebensalter (über 30 Jahre) und einer zum Tatzeitpunkt existenten Partnerschaft eher keine kriminelle Vorbelastung aufweisen, das Opfer zufällig wählen (z. B. Anhalterinnen) und Entschuldigungsversuche im Nachtatverhalten zeigen. Bestehen hingegen kriminelle Vorbelastungen und stammt der Täter aus einem zerrütteten familiären Umfeld, stammt das Opfer aus dem Bekanntenkreis des Täters, dessen Nachtatverhalten vor allem von Drohungen gekennzeichnet ist (Steck & Pauer, 1992). Die Autoren beschreiben damit auf der einen Seite einen sozial angepassten und integrierten Täter, dessen Opfer- und Tatortwahl eher einen spontanen Tatentschluss impliziert. Auf der anderen Seite steht dem ein kriminell erfahrener Täter aus schwachen sozialen Verhältnissen gegenüber.

Es existieren jedoch auch gegenläufige Befunde. Mokros und Alison (2002) gelang es nicht, Zusammenhänge zwischen dem Tatverhalten und dem Alter, dem sozioökonomischen Status oder der Vorstrafenbelastung nachzuweisen. Die Autoren analysierten die Daten von 100 Vergewaltigern, die erwachsene weibliche Opfer attackiert haben, mit Hilfe einer Smallest Space Analyse. Die Autoren führen unter anderem an, dass situationale Einflüsse, z. B. Gegenwehr des Opfers, eine größere Rolle spielen könnten als bisher berücksichtigt und somit den entscheidenderen Einfluss auf das Tatgeschehen haben könnten als Merkmale des Täters.

Müller, Köhler und Hinrichs (2005) liefern eine der ersten umfassenden Studien aus dem deutschsprachigen Raum zum Zusammenwirken von Persönlichkeitseigenschaften und Tathergangsmerkmalen beim Begehen sexuell motivierter Gewaltdelikte. In die statistische Analyse wurden die Daten von 54 männlichen Gewalt- und Sexualstraftätern einbezogen, Fälle des sexuellen Kindsmissbrauchs wurden nicht in die Stichprobe aufgenommen. Die relevanten Informationen wurden im Rahmen dieser Studie aus der durchgeführten Persönlichkeitsdiagnostik und dem Aktenstudium von Gefangenenakten und Gutachten gewonnen. Hinsichtlich der Tatbegehung konzentrierten sich die Autoren vornehmlich auf den Planungsgrad, die Kontaktaufnahme, die Täter-Opfer-Beziehung und ausgewählte Aspekte des spezifischen Tatverhaltens. Hinsichtlich des Planungsverhaltens konnten die Autoren feststellen, dass Täter mit hohen Ausprägungen der affektiv-interpersonalen Komponente des Psychopathie Konstrukts einen höheren Planungsgrad bei ihrer Tat erkennen ließen. Täter, denen das Opfer vor der Tat nicht bekannt war, weisen geringere Gewissenhaftigkeit und Verträglichkeit auf, als Täter die ihr Opfer bereits vor der Tat kannten. Für die analysierte Subgruppe der Vergewaltiger mit weiblichen Opfern konnten die Autoren zeigen, dass Täter, die ihr Opfer anal vergewaltigten, stärkere Belastungen im Bereich der Persönlichkeitspathologie aufwiesen. Statistisch bedeutsame Unterschiede zwischen analen und vaginalen Vergewaltigern zeigten sich vor allem bei den Cluster A- und Cluster C-Störungen. In beiden Störungsgruppen weisen Täter, die das Opfer anal penetrierten höhere

Werte auf, außerdem beschrieben sich diese Täter als neurotischer. Anzumerken ist hierbei jedoch, dass die Autoren keine simultane Testung der postulierten Zusammenhänge durchgeführt haben, somit kann daraus nur eingeschränkt eine Aussage über größere Zusammenhangsstrukturen getroffen werden.

Diesen Kritikpunkt an der Studie von Müller et al. (2005) greift Mokros (2007) in einer Untersuchung, in der aggressive Sexualstraftäter näher beleuchtet wurden, auf. Diese Gruppe definiert sich durch die nichteinvernehmliche direkte Interaktion zwischen Täter und Opfer, die sexuelle Verhaltensweisen beinhaltet. Dabei werden sowohl Taten zum Nachteil von Erwachsenen wie auch Kindern berücksichtigt. Mokros (2007) untersuchte 84 verurteilte Sexualstraftäter von denen 46 % aufgrund einer sexuellen Missbrauchstat und 38 % wegen einer Vergewaltigungstat inhaftiert waren, die übrigen Probanden verbüßten Strafen wegen sexuell motivierten Tötungsdelikten oder sexueller Nötigung. Der Autor ging bei der Konstruktion der Skalen zum Tatverhalten nach rein statistischen Gesichtspunkten vor. Den Ergebnissen dieser Studie zufolge existieren drei Merkmalskomplexe, die sich jeweils aus dem Zusammenwirken von Persönlichkeit und Verhalten ergeben. Der erste Merkmalskomplex wird als sadistisch-narzisstisch beschrieben. Sadistische Tatverhaltensvariablen, wie Quälen und Foltern des Opfers, anale Penetration, das Einführen von Gegenständen und der Oralverkehr durch das Opfer am Täter bilden einen Zusammenhang zu den Eigenschaftsdimensionen spontan-borderline, selbstbestimmt-antisozial und ehrgeizig-narzisstisch des Persönlichkeits-Stil- und Störungs-Inventars. Mokros (2007) zufolge gehen Formen der Tatbegehung, die Schmerzen und Erniedrigung des Opfers bewirken mit emotionaler Instabilität, Dissozialität und Narzissmus einher. Der zweite Merkmalskomplex ist durch eine psychopathische Grundstruktur beschrieben. Die kriminelle Ausbeutung des Opfers in Form von Verhaltensweisen wie Maskierung, Diebstahl, Verwendung einer Waffe und Fluchtvorbereitung sowie als einzige sexuelle Verhaltensweise die Durchführung des Geschlechtsverkehrs á tergo geht mit hohen Werten der Eigenschaftsdimension Psychotizismus des Eysenck Personality Questionnaire einher. Demzufolge kovariieren Verhaltensweisen, die eine generelle Ausnutzung des Opfers bedeuten mit krimineller Vorbelastung des Täters und einer reduzierten Selbstkontrolle, sowie Verantwortungslosigkeit. Die dritte Merkmalsgruppe, Introversion und Beziehungswunsch, zeigt eine Kopplung von pseudo-intimem Tatverhalten, welches Tatmerkmale beschreibt, die interpersonelle Nähe zwischen Täter und Opfer herstellen soll und einer gering ausgeprägten selbstbestimmt-antisozialen Eigenschaftsdimension. Daraus schließt der Autor, dass Nähe suchendes Verhalten vor allem von Tätern gezeigt wird, die ein geringes Maß an Dissozialität aufweisen. Die Annahme, dass die Persönlichkeitseigenschaften das Tatverhalten beeinflussen und die damit unterstellte

Kausalität kann Mokros abschließend mittels Kausal-Dominanz-Analyse als zulässig bestätigen.

Zwischen einer psychopathischen Persönlichkeit und ausgewählten Tatbegehungsmerkmalen konnten Heinzen, Köhler, Hoffer und Nijman (2008) keine bedeutsamen Zusammenhänge finden. Die Autoren betrachteten die Täter-Opfer-Beziehung (fremd vs. bekannt), die Wahl der Waffe (direkt vs. indirekt) und den spontanen vs. geplanten Gebrauch der Waffe. Es zeigte sich in einer Stichprobe von 193 männlichen forensischen Patienten, von denen 27 % aufgrund eines Sexualdelikts untergebracht waren, kein statistisch bedeutsamer Zusammenhang zum Psychopathie-Wert des Probanden. Eine differenzierte Betrachtung des Psychopathiekonstrukts zeigte jedoch, dass Personen mit einer stark ausgeprägten antisozialen Verhaltenskomponente signifikant häufiger ein fremdes Opfer wählen und geringe Empathiefähigkeit mit direktem Waffengebrauch während der Tat einhergeht. Das inhaltlich wenig homogene Konzept der Psychopathie erlaubt keine klaren Aussagen über spezifisches Tatverhalten. Es erscheint somit sinnvoll, psychopatische Persönlichkeitseigenschaften differenziert zu betrachten.

Generell lässt sich zum Tatverhalten beim Begehen von gewalttätigen Sexualdelikten festhalten, dass sich spezifische Interaktions- und Kommunikationsmuster zwischen Täter und Opfer identifizieren lassen, die auch kennzeichnend für den weiteren Tatverlauf sind (Canter, 1994). Charakteristisch für das Begehen einer Vergewaltigungen scheint den dargelegten Befunden zufolge, eine geringe Altersdifferenz zwischen Täter und Opfer (Baurmann, 1996; Goodwill & Alison, 2007), Alkoholisierung des Täters (Baurmann, 1996) und ein ausgeprägtes Muster an Gewalt (Baurmann, 1996) zu sein. Des Weiteren deuten die Befunde darauf hin, dass sexuelle und kriminelle Verhaltenselemente im Tatgeschehen eher nicht gleichzeitig präsent sind (Canter & Heritage, 1990).

4.2 Täterverhalten und Merkmale der Opfer bei sexuellem Kindesmissbrauch

Ausgehend von den Erkenntnissen zum Täterverhalten von Vergewaltigern leistet die Forschergruppe um Canter auch Beiträge zum Täterverhalten beim Begehen von Kindesmissbrauch. In einer ersten Untersuchung zu diesem Straftatbestand wurden die polizeilichen Tatbeschreibungen von 97 sexuellen Übergriffen auf Kinder analysiert (Canter, Hughes & Kirby, 1998). Jeder dritte Geschädigte dieser Stichprobe war männlichen Geschlechts und mehr als die Hälfte der Opfer waren zum Zeitpunkt der Tat jünger als neun Jahre. Aus den Tathergangsbeschreibungen wurden 19 relevante verhaltensbeschreibende Variablen extrahiert. Die Autoren strukturieren mittels Smallest Space Analyse

Verhaltensmerkmale hinsichtlich ihrer Auftretenshäufigkeit. Das Zentrum dieser Analyse bildet der Aspekt, dass das Kind zum Zeitpunkt des Übergriffs alleine war, dies trifft auf 70 % aller Missbrauchstaten zu. Anders als bei Vergewaltigungen spielen bei jeder dritten Missbrauchstat (28-30 %) das Zeigen von Zuneigung und Beschwichtigen des Opfers eine Rolle. Besonders selten (weniger als 16 % der Fälle) ist das Täterverhalten von Bedrohungen und Gewalt gekennzeichnet. Die Smallest Space Analyse dieser 19 Verhaltenselemente beschreibt gleichzeitig drei verschiedene das Tatverhalten dominierende Dimensionen. Canter und Kollegen (1998) differenzieren zwischen Taten, die hauptsächlich von Intimität, Aggression oder kriminell-opportunistischem Verhalten charakterisiert sind. Der größte Teil (45 %) der in dieser Stichprobe analysierten Taten ist durch Intimität gekennzeichnet, die sich in Zuneigung zum Opfer, Küssen des Opfers und dem Versprechen von Geschenken ausdrückt. Ein vergleichsweise geringer Teil kann durch aggressives (14 %) oder kriminell-opportunistisches Tatverhalten (18 %) beschrieben werden. Fast jede vierte Tat (23 %) spiegelt eine Mischform dieser drei Verhaltensstile wieder.

Anhand der gleichen Stichprobe analysierten Bennell, Alison, Stein, Alison und Canter (2001) die Täter-Opfer-Beziehung bei diesen Übergriffen und fanden Parallelen zu konventionellen Strukturen von Beziehungen zwischen Kind und Erwachsenem. Die Autoren ordneten die beschriebenen 19 Verhaltenselemente den Beziehungsdimensionen Autonomie-Kontrolle und Feindseligkeit-Liebe zu. Täter, die eine von Autonomie charakterisierte Beziehung zum Opfer hatten, zeigten häufig ein Verhalten, dass von Zuneigung, Beschwichtigung, Liebkosungen geprägt war und aus einem Vertrauensverhältnis heraus begangen wurde. Das blitzartige Attackieren des Opfers, Masturbation des Täters durch das Opfer und verbale Misshandlungen finden sich in dem Quadranten, der durch eine feindselige Täter-Opfer-Beziehung gebildet wird. Die gewalttätigsten und invasivsten Tatelemente, wie anale Penetration, Bedrohung und multiple Gewalt werden mit einer von Kontrolle geprägten Beziehung in Verbindung gebracht. Eine liebevolle Beziehung zwischen Täter und Opfer geht Bennell et al. (2001) zufolge mit Masturbation, Oralverkehr durch den Täter am Opfer und Geschenken an das Opfer einher.

Baurmann (1996) konnte mittels einer Clusteranalyse von polizeilich registrierten Sexualkontakten aus den Jahren 1969 bis 1972 verschiedene Merkmalsgruppen identifizieren, die vor allem eine opferfokussierte Beschreibung des Tatgeschehens beinhalten. Er kam zu dem Schluss, dass sich alle männlichen Opfer in dem Cluster befinden, in dem durch den Tatverdächtigen eher passives, zurückhaltendes und freundliches Verhalten gezeigt wurde. Der strafbare Sexualkontakt bestand in diesen Fällen fast ausschließlich aus einer einmaligen Handlung, die vor allem von exhibitionistischem und oberflächlichem

Kontakt geprägt war. Baurmann hält fest, dass die männlichen Opfer seiner Untersuchung weniger Gewalt während der Tat erfahren haben und auch über geringere physische Schäden berichten.

Hodges und Canter (1998) untersuchten sexuelle Missbrauchstaten, die durch 27 heterosexuelle und 22 homosexuelle Täter begangen wurden. Die Autoren kamen zu dem Schluss, dass sexuelle Übergriffe auf männliche Opfer vor allem dadurch gekennzeichnet sind, dass die Altersdifferenz zwischen Täter und Opfer im Mittel größer ist als bei Übergriffen auf weibliche Opfer. In der untersuchten Stichprobe waren alle männlichen Opfer unter 25 Jahre alt. Zudem ist für diese Taten kennzeichnend, dass es eine prädeliktische Bekanntschaft zwischen Täter und Opfer gab, was darauf schließen lässt, dass der Täter eher durch eine manipulativ eingesetzte Vertrauensbasis als über physische Gewalt Kontrolle über sein Opfer erlangt. Täter, die weibliche Opfer attackierten, schienen in der Untersuchung von Hodges und Canter (1998) weniger wählerisch im Hinblick auf das Opferalter zu sein, demnach liegt bei dieser Täter-Opfer-Konstellation im Mittel auch ein geringerer Altersunterschied vor.

Die zentralen Befunde der Tatverhaltensforschung bei sexuellen Missbrauchsdelikten weisen darauf hin, dass bei diesen Taten mit einem weitaus größeren Anteil männlicher Opfer zu rechnen ist als bei Vergewaltigungen. Darüber hinaus weisen männliche Opfer in diesen Fällen im Durchschnitt eine größere Altersdifferenz zu ihren Tätern auf (Hodges & Canter, 1998). Zudem sind Taten aus diesem Deliktbereich vor allem von Zuneigung und Beschwichtigung gekennzeichnet (Baurmann, 1996; Canter, Hudges & Kirby, 1998). Das spiegelt sich auch darin wider, dass bei sexuellen Missbrauchstaten häufiger eine prädeliktische Vorbeziehung besteht, deren Vertrauensbasis für das Begehen eines sexuellen Übergriffs missbraucht wird (Hodges & Canter, 1998). Anders als bei Vergewaltigungstaten scheinen bei sexuellen Übergriffen auf kindliche Opfer Bedrohung, Gewalt und krimineller Opportunismus kaum eine Rolle zu spielen (Baurmann, 1996; Canter, Hudges & Kirby, 1998).

4.3 Merkmale des Tatgeschehens und der Opfer bei sexuell assoziierten Tötungsdelikten

Dern (2000) verweist darauf, dass es sich bei Serienmorden, mit durchschnittlich 6.5 aktiven Serienmördern pro Jahr, um ein sehr seltenes Phänomen handelt. Dieser Umstand führt dazu, dass die Datengrundlage zu diesem Delikt sehr begrenzt ist und erklärt die oftmals sehr kleinen Stichproben, die zur Analyse herangezogen werden. Die größte Herausforderung besteht Dern (2000) zufolge darin, Verbindungen zwischen Taten herzustellen und sie somit als Serie zu identifizieren. Die Berechtigung der Fallanalyse als Ermittlungsinstrument ist darin zu sehen, dass gerade bei Sexualmorden sehr viel des gezeigten Täterverhaltens direkter Ausdruck von dessen Persönlichkeit ist.

Als mittlerweile klassische Studie der Profilingforschungsgeschichte ist das Criminal Personality Research Project des FBI zu Sexual- und Serienmördern anzusehen (Ressler, Burgess & Douglas, 1988). Ziel dieser Studie, war die Erstellung eines Fahndungsprofils mit Hilfe der Informationen, die dem Tatort entnommen werden konnten. Dazu wurden die Gutachten, Polizei- und Gerichtsakten von 36 Sexualmördern untersucht und zusätzlich halbstrukturierte Interviews mit den Tätern durchgeführt. Im Ergebnis identifizierten die Autoren zwei Tätergruppen. Zum einen Mörder, die organisiert und planend vorgehen und zum anderen Mörder, die desorganisiert und ungeplant vorgehen. Die Personen, die der ersten Tätergruppe zugeordnet werden, sind eher soziopathisch, sozial kompetent, gehen oftmals einem qualifiziertem Beruf nach und zeichnen sich besonders durch gut vorbereitete Morde aus. Personen des desorganisierten Typus hingegen sind kognitiv einfach strukturiert, häufig allein oder bei den Eltern lebend, zum Teil verwirrt und schizophren. Der desorganisierte Typus begeht seine Taten eher aus einem Impuls heraus, demnach sind hier kaum Anzeichen der Tatvorbereitung zu finden (Ressler et al., 1988). Im Criminal Personality Research Project konnten 24 Täter dem organisierten und zwölf Täter dem desorganisierten Typus zugeordnet werden. Im Tatverhalten ist die Gruppe der organisierten Täter vor allem durch das Begehen von sexuellen Handlungen am noch lebenden Opfer, das Verwenden von Fesseln und Alkoholkonsum vor oder während der Tat charakterisiert. Den desorganisierten Typus kennzeichnet hingegen, dass er mit dem Opfer bekannt ist, sexuelle Handlungen am Leichnam sowie postmortale Verstümmelungen vornimmt, die Waffe am Tatort zurücklässt und die Leiche am Tatort in eine bestimmte Position bringt. Hinsichtlich der Tatortmerkmale und Persönlichkeitscharakteristika zeigen sich zwar einige Unterschiede zwischen den beiden Gruppen, allerdings sind die Trennschärfen der einzelnen Variablen als gering zu bewerten, was statistische Schlussfolgerungen für den Einzelfall in der Ermittlungspraxis zweifelhaft macht (Hoffmann, 2006). Dennoch fand eine österreichische Replikationsstudie anhand von 169 sexuell assoziierten Tötungsdelikten große Übereinstimmung mit den Ergebnissen der FBI-Studie (Müller, 1998).

Ein sehr praktisch orientiertes Raster für diese spezielle Gruppe der sexuell motivierten Serien- und Mehrfachmörder legt Harbort (1997) vor. Fahndungsarbeiten sollen mit Hilfe von 18 täter- und tatspezifischen Indikatoren unterstützt werden. Die relevanten Merkmale identifizierte der Autor anhand einer Stichprobe von 55 Probanden, die seit 1945 insgesamt 187 sexuell motivierte Tötungen begangen haben. Zu diesen Merkmalen gehört u. a., dass die Person an keiner Geisteskrankheit leidet, nicht zu übermäßigem Alkohol- oder

Betäubungsmittelkonsum neigt, überwiegend angepasstes Verhalten zeigt, kinderlos und ledig bzw. geschieden ist. Damit widerspricht Harbort zum Teil den Befunden anderer Autoren (Ressler, Burgess & Douglas, 1988; Salfati & Canter, 1999). Der Autor wählt ein deskriptives Vorgehen, bei dem bejahte Indikatoren aufsummiert und zusätzlich mit einem Faktor gewichtet werden, der Häufiges von Seltenem trennt und damit die Aussagekraft eines Indikators wertet. Das ermittelte Täterprofil ermöglicht eine Aussage darüber, zu wie viel Prozent die ermittelte Person mit dem Fahndungsraster übereinstimmt. Der Autor sieht die Stärke dieses Instruments darin, dass es sich um ein einfaches mathematisches Vorgehen handelt, für das keine spezifischen Fachkenntnisse notwendig sind.

Ein statistisch anspruchsvolleres Vorgehen wählten Salfati und Canter (1999), indem sie 82 Tötungsdelikte mittels Smalles Space Analyse analysierten. Die Autoren konnten drei dominante Themen des Tathergangs identifizieren: impulsive, instrumentell-kognitive und instrumentell-opportunistische Taten. Impulsive Tötungen gehen mit schweren Verletzungen des Opfers und dem Einsatz von Waffen einher. Instrumentell-kognitive Taten zeichnen sich durch Verhaltenselemente aus, die verdeutlichen, dass der Täter das Entdeckungsrisiko reduzieren wollte, wie beispielsweise das Verstecken der Leiche und stehlen von nicht-identifizierbarem Opfereigentum. Dazu zählt beispielsweise Geld, da es nur sehr schwer mit dem Opfer in Verbindung zu bringen ist und somit auch keinen Hinweis auf die Täterschaft gibt. Die letzte Gruppe, instrumentell-opportunistische Taten, beinhaltet als einziges Tathergangsthema neben verschiedenen Anzeichen von Bereicherung am Opfer auch sexuelle Elemente. Der größte Teil der untersuchten Stichprobe (26 %) ist der Gruppe der impulsiven Taten zuzuordnen, die anderen beiden Tathergangsthemen sind mit jeweils 20 % gleichhäufig repräsentiert. Für 34 % der Taten gelang keine eindeutige Zuordnung. Darüber hinaus ordneten die Autoren den identifizierten Tathergangsthemen in diesen Gruppen gehäuft auftretende Personenmerkmale des Täters zu. Dabei zeigte sich, dass Täter, die impulsive Tötungen begehen u. a. auch schon im Vorfeld mit Gewaltstraftaten in Erscheinung getreten sind, zum Zeitpunkt der Tat verheiratet waren und aufgrund von Betäubungsmittelkonsum auffällig wurden. Instrumentell-kognitive Tötungen werden vornehmlich von Personen begangen, deren gesamte Lebensumstände von Aggressivität und Gewalt geprägt sind. Diese Personen gehen beispielsweise einer Tätigkeit mit Waffengebrauch nach oder haben bereits eine Gefängnisstrafe abgesessen. Personen, die Eigentumsdelikte in ihren Vorstrafen aufwiesen, zum Zeitpunkt der Tat arbeitslos waren und mit dem Opfer bekannt waren, konnten der Gruppe der instrumentell-opportunistischen Taten zugeordnet werden. Die Autoren kommen zu dem Schluss, dass die Analyse von Verhaltenselementen bei einer Tötung hilfreiche Indikatoren liefert, um Taten und Täter zu unterscheiden.

Im Rahmen der Informationsgewinnung zur Täterprofilerstellung bei der Operativen Fallanalyse wurden die polizeilichen Vorerkenntnisse von Vergewaltigern und Sexualmördern durch Straub und Witt (2002) analysiert. Datengrundlage waren alle Personen, die im Jahr 1999 in den Bundesländern Baden-Württemberg, Hessen, Niedersachsen und Sachsen wegen Vergewaltigung, sexueller Nötigung (§ 177 StGB), oder eines dieser Delikte mit Todesfolge (§ 178 StGB) verurteilt wurden. Dabei kamen die Autoren zu dem Ergebnis, dass „Sexualmörder" im Vergleich zu Vergewaltigern eine höhere Delinquenzbelastung, in Form von mehr polizeilichen Vorkenntnissen, wenn auch nicht statistisch bedeutsam, aufwiesen. Der Schwerpunkt der polizeilichen Vorkenntnisse liegt dabei nicht im einschlägigen Bereich, sondern vor allem im Deliktbereich der Vermögensdelikte und Straftaten gegen die körperliche Unversehrtheit. Im Falle von Übergriffen mit Todesfolge, die naturgemäß mit einem hohen Maß an Gewalt einhergehen, werden häufiger fremde Opfer angegriffen und es kommt auch fünfmal häufiger zur Wegnahme von Gegenständen aus dem Besitz des Opfers als im Falle einer Vergewaltigung ohne Todesfolge. Täter, die Gegenstände vom Opfer wegnahmen, weisen zudem eine größere Belastung an polizeilichen Vorkenntnissen, sowohl in Häufigkeit wie auch in Vielfalt auf und haben deutlich häufiger ein ihnen fremdes Opfer vergewaltigt (Straub & Witt, 2003). Auffällig ist jedoch, dass sich die Personen, die das Opfer töten und somit ein größeres Ausmaß an Gewalt während der Tat augenscheinlich werden lassen, scheinbar im erhöhten Maße von Gefühlen sozialer Isolation betroffen sind (Dern, 2011). Chéné und Cusson (2007) führen außerdem an, dass das höhere Ausmaß an Gewalt, was durch die Tötung des Opfers zu Tage tritt mit „präkriminalem Alkoholkonsum" assoziiert ist. Der Schweregrad der Tat sei den Autoren zufolge vor allem durch „präkriminalen Ärger", einer verbalen oder physischen Erniedrigung des Opfers, dem Verwenden eines (stumpfen) Tatwerkzeugs und anhand des Opferwiderstandes vorherzusagen. Diese Zusammenhänge konnten mit Hilfe logistischer und multivariater Regressionen aufgezeigt werden. Chéné und Cusson gehen davon aus, dass es sich bei Vergewaltigungen mit fatalem Ausgang um das Ende eines Eskalationsprozesses im Sinne eines Kontinuums handelt, bei dem eine dichotome Einteilung der Täter (Vergewaltiger vs. sexuell motivierte Mörder) wenig hilfreich ist. Dern (2011) stimmt dem zu und ergänzt, dass diese Täter in der Tatsituation eine Überforderung erleben, die durch die damit einhergehenden Affekte eskaliert.

Dieser Auffassung ist auch eine Forschergruppe des Bundeskriminalamts (2011). Die Autoren gehen ebenfalls davon aus, dass die Tötungshandlung lediglich eine Fortsetzung der Gewalthandlung darstellt, für die es nicht sinnvoll erscheint, eine phänomenologische Trennung vorzunehmen. Zu diesem Schluss kam bereits Steck (2005), der hinsichtlich soziobiographischer und psychologischer Belastungen im Lebensverlauf kaum Unterschiede zwischen Sexualmördern und Vergewaltigern fand und folgerte, dass situationale Faktoren über den tödlichen Ausgang eines sexuellen Übergriffs entscheiden. In einer umfangreichen Analyse von Serienmerkmalen sexuell assoziierter Gewaltdelikte stellt das Bundeskriminalamt (2011) fest, dass es sich bei diesen Delikten um eine sehr homogene Gruppe handelt, „bei der die Tötung eine zusätzliche Ausprägung der gleichen Deliktform darstellt" (Bundeskriminalamt, 2011, S. 23). Ziel der Forschergruppe war es, Merkmale zu identifizieren, die dazu geeignet sind Vergewaltigungs- und sexuell assoziierte Tötungsdelikte zu Serientaten zusammenzuführen. Dabei wurden sowohl Merkmale extrahiert, die besonders selten auftreten und somit für die Identifikation von Tatserien hilfreich sind, als auch Merkmale, die über Delikte und Tatserien hinweg gehäuft auftreten. Zu den häufig auftretenden Verhaltensweisen gehören unter anderem die anale und vaginale Penetration, gegenseitiger Oralverkehr, Würgen und Schlagen des Opfers oder auch die verbale Kontaktaufnahme zum Opfer. Zu den selteneren und damit auch zwischen Tatserien differenzierbaren Merkmalen zählen dieser Untersuchung zufolge unter anderem die Kontaktaufnahme in Form von Angriff, Maskierung des Täters, Einsatz von Schusswaffen zur Drohung oder das Einstechen auf das Opfer. Als besonders differenzierend stellte sich die Betrachtung der bevorzugten sozialen Umgebung des Opfers zum Tatzeitpunkt heraus. Wenn ermittelt werden kann, dass das Opfer ein stabiles und emotional geprägtes Umfeld präferierte, dann hat der Täter oft auch Bezüge zu diesem Milieu (Bundeskriminalamt, 2011).

Hinsichtlich sexuell assoziierter Tötungsdelikte stimmen die dargelegten Studien weitesgehend darin überein, dass es sich in den überwiegenden Fällen um die Eskalation einer Vergewaltigungstat handelt und vorrangig situationale Faktoren darüber entscheiden, ob der sexuelle Übergriff mit tödlichem Ausgang ist (Dern 2011; Bundeskriminalamt 2011). Demnach handelt es sich um Sexualstraftaten, die im stärksten Maße mit Gewalt einhergehen. Einige Autoren sehen diesen Eskalationsprozess auch durch eine erhöhte Delinquenzbelastung bei Sexualmördern im Vergleich zu Vergewaltigern bestätigt (Straub & Witt, 2003). Im Kern weisen die berichteten Befunde darauf hin, dass impulsives Tatverhalten mit ausgeprägter Gewalt und Betäubungsmittelkonsum einhergeht (Chéné & Cusson, 2007). Zudem sind sexuelle Übergriffe von Täter, die als sozial isoliert zu beschreiben sind, durch mehr Gewalt gekennzeichnet (Dern, 2011).

4.4 Zusammenfassung der Erkenntnisse nationaler und internationaler Profilingforschung

In der Mehrzahl der zusammengefassten Studien konnten übereinstimmend zentrale Verhaltensdimensionen identifiziert werden, die den Tatablauf eines Sexualdelikts charakterisieren. Eines dieser charakteristischen Tatmuster wird als kriminelles Ausbeuten des Opfers beschrieben (Canter & Heritage, 1990; Canter et al., 1998; Canter et al., 2003; Mokros, 2007). Darunter verstehen die Autoren übereinstimmend, dass dem Opfer zusätzlich zu körperlichen Schäden ein materieller Schaden beispielsweise in Form von Diebstahl zugefügt wird. Des Weiteren lassen sich in den Studien dieser Autoren Taten identifizieren, die vor allem durch gewalttätiges und feindseliges Verhalten des Täters gekennzeichnet sind, welches nicht zuletzt auch mit fatalen Konsequenzen für das Opfer einhergeht. Die dritte Verhaltensdimension, die in ihrer Qualität übereinstimmend durch Studien verschiedener Autoren beschrieben werden kann, ist von Intimität und dem Bestreben eine Beziehung zum Opfer aufzubauen gekennzeichnet (Canter & Heritage, 1990; Canter et al., 1998; Canter et al., 2003; Mokros, 2007).

Zwar ist es gelungen zentrale Tatverhaltensdimensionen zu beschreiben und zum Teil auch zu replizieren, die Betrachtung spezifischer Tatbegehungsmerkmale mit dem Ziel soziodemographische Vorhersagen zu treffen, war bisher jedoch nur mäßig erfolgreich. Mokros (1999) konnte keine positiv linearen Zusammenhänge zwischen der Ähnlichkeit der Vorstrafen, soziodemographischen Merkmalen sowie dem Alter einerseits und der Ähnlichkeit im Tatverhalten andererseits feststellen. Davies, Wittebrood & Jackson (1997) gelang dies zumindest für einzelne bivariate Zusammenhänge.

Es zeigt sich allerdings, dass die Verwendung von klar definierten psychologischen Konstrukten, anstelle von soziodemographischen Aspekten, durchaus Belege für einen Zusammenhang von Verhalten und Eigenschaften einer Person erbringen kann (u. a. Müller, Köhler & Hinrichs, 2005; Köhler, Müller, Kernbichler, Boogaart & Hinrichs, 2007). Eine umfassende und statistisch fundierte Bearbeitung des Themas wurde von Mokros (2007) vorgelegt. Er konnte in einer retrospektiven Querschnittstudie zeigen, dass im modus operandi von Sexualstraftätern bestimmte Aspekte von deren Persönlichkeit zum Ausdruck kommen. Dieser Zusammenhang konnte beispielsweise für sadistische Verhaltensweisen während der Tat und Borderline-Tendenzen in der Persönlichkeitsstruktur gezeigt werden. Ein Überblick über die zentralen Studien und Forschungsergebnisse zu dieser Thematik ist der nachfolgenden Tabelle 1 zu entnehmen.

Tabelle 1. Überblick über die zentralen Befunde nationaler und internationaler Täterverhaltensforschung.

Autoren (Jahr)	untersuchte Stichprobe	zentrale Befunde
Täterverhalten bei Vergewaltigungen		
Baurmann (1996)	8 058 Opfer	Taten gegen Frauen sind gewaltgeprägter, Tatverdächtige sind häufiger alkoholisiert als bei männlichen Opfern
Canter & Heritage (1990)	27 Täter	Identifikation von sechs Tatfacetten, die geometrisch dargestellt Ähnlichkeiten zwischen Tätern und Taten abbilden können
Canter, Bennell, Alison & Reddy (2003)	112 Opferaussagen	Identifikation von vier Täter-Opfer-Interaktionsmustern, größten Anteil haben beziehungsaufbauende Interaktionen
Mokros (2007)	84 Täter 32 Vergewaltiger	Instabile, dissoziale, narzisstische Täter zeigen erniedrigendes, schmerzerzeugendes Tatverhalten; psychotische Täter beuten Opfer kriminell aus; selbstbestimmt-antisoziale Täter zeigen pseudo-intimes Verhalten
Steck & Pauer (1992)	115 Strafakten	Sozial integrierte Täter handeln eher spontan, kriminell erfahrene Täter wählen Opfer eher aus dem Nahfeld
Täterverhalten bei sexuellem Missbrauch		
Baurmann (1996)	8 058 Opfer	Täter mit männlichen Opfern verhalten sich eher passiv, zurückhaltend und freundlich, verursachen eher geringe körperliche Opferschäden
Canter, Hughes & Kirby (1998)	97 polizeiliche Tatbeschreibungen	Identifikation von drei Verhaltensmustern: Intimität, Aggression, kriminell-opportunistisch
Hodges & Canter (1998)	27 hetero-/ 22 homosexuelle Missbrauchstäter	Größere Täter-Opfer-Altersdifferenz und prädeliktische Bekanntschaft bei männlichen Opfern
Tatverhalten bei sexuell assoziierten Tötungsdelikten		
Chéné & Cusson (2007)	40 Täter	Höheres Ausmaß an Gewalt geht mit präkriminalen Alkoholkonsum und Erniedrigung des Opfers einher
Salfati & Canter (1999)	82 Tötungsdelikte	Identifikation von drei Tatbegehungsthemen: impulsiv, instrumentell-kognitiv, instrumentell-opportunistisch
Straub & Witt (2002)	367 Vergewaltiger 39 Sexualmörder	Sexualmörder haben höhere Deliquenzbelastung und mehr fremde Opfer als Vergewaltiger

Anmerkungen. Ein vollständiger Überblick der zitierten Studien ist der Tabelle 16 im Anhang II zu entnehmen.

Zusammenfassend lässt sich feststellen, dass der überwiegende Teil bisheriger Studien zu diesem Thema vor allem nach paarweisen Übereinstimmungen zwischen einzelnen Merkmalen gesucht hat, ohne daraus resultierende Schwierigkeiten wie die Kumulation des Alpha-Fehlers zu berücksichtigen. Es erscheint zielführender, Zusammenhänge zwischen Persönlichkeit und Tatverhalten mit Hilfe multivariater Statistiken zu überprüfen. Das konnte bereits Mokros (2007) zeigen. Multivariate Ansätze haben den Vorteil, dass Aussagen über die Struktur von Zusammenhängen getroffen werden können und zugleich eine Alpha-Fehler-Korrektur überflüssig machen. Des Weiteren können Studien, die Aussagen aufgrund von typologischen Zuordnungen und Gruppenvergleichen treffen, keinen Aufschluss über die Qualität der individuellen Eingruppierung geben. Multivariate Methoden, die eine parallele Testung der Personen oder Fälle in mehreren Dimensionen erlauben, könnten hierbei zielführender sein. Aus Gründen der Vergleichbarkeit und interdisziplinären Anwendbarkeit erscheint es zudem sinnvoll, Tätereigenschaften mittels psychologisch definierten, reliablen Dimensionen der gesunden und pathologischen Persönlichkeit abzubilden.

Stark voneinander abweichende Befunde und zum Teil gegenläufige Erkenntnisse verschiedener Forschergruppen werfen zudem die Frage nach der Übertragbarkeit von Methoden und Ergebnissen auf andere Kulturkreise auf. Vor allem vor dem Hintergrund des übergroßen Anteils amerikanischer Studien und Ermittlungsstrategien stellt sich die Frage, ob bedeutsame Unterschiede zwischen amerikanischen und deutschen Tätern vorliegen oder, ob die Methoden und Erkenntnisse des US-amerikanischen Criminal Profiling ohne weiteres auch auf die deutsche Operative Fallanalyse übertragbar sind. Eine Vergleichsstudie zu den Merkmalen amerikanischer und deutscher Sexualmörder liegt von Harbort (1999, 1999a) vor. Der Autor weist auf zahlreiche Differenzen zwischen diesen Gruppen hin, u. a. führt er an, dass deutsche Täter bei der ersten Tatbegehung im Durchschnitt fünf Jahre jünger sind, deutlich seltener (9 % vs. 43 %) selbst Opfer eines sexuellen Missbrauchs geworden sind und seltener übermäßigen Rauschmittelkonsum begehen. Amerikanische Sexualmörder sind hingegen häufiger auf einen speziellen Opfertypus fixiert und der Anteil derer, die einen IQ über 110 Punkte aufweisen ist ebenfalls größer als in der deutschen Stichprobe (53 % vs. 14 %). Vor allem im Hinblick auf die Interpretationsvorgaben des FBI stellt Harbort fest, dass die Methodik nur bedingt auf Deutsche übertragbar ist. Harbort (1999) führt anhand seiner Untersuchungsdaten das Übertöten des Opfers beispielsweise eher auf einen großen Opferwiderstand oder aufkommende Panik beim Täter zurück als auf eine prädeliktische Täter-Opfer-Beziehung. Des Weiteren kann Harbort Tatortinszenierungen eher nicht mit einer vorher bestehenden Täter-Opfer-Beziehung in Verbindung bringen. Er führt hierzu an, dass Täter mit einschlägigen Vorstrafen die wahren Tatmotive verschleiern wollen, um nicht in den Ermittlungsfokus zu gelangen. Bezüglich der Handschrift des Täters konnte Harbort (1999) gute Übereinstimmungen mit den Vorgaben des FBI finden. Kritisch anzumerken ist allerdings, dass diesem Vergleich stark unterschiedliche Datenquellen zugrunde liegen und die von Harbort (1999, 1999a) getroffenen Aussagen zum Teil auf zweifelhaften methodischen Grundlagen beruhen, so wurden beispielsweise Mengenbezeichnungen wie „häufig" oder „bevorzugt" mit Prozentangaben verglichen (Föhl, 2001). Ergebnisse des österreichischen IMAGO Projekts (Müller, 1998) sprechen jedoch für eine Übertragbarkeit der Erkenntnisse und Methoden des FBI auf den österreichischen Kulturkreis. Auch in der Praxis haben sich die Ermittlungsmethoden des FBI bei österreichischen Serientätern bewährt.

Es bleibt festzuhalten, dass eine Übertragbarkeit US-amerikanischer Erkenntnisse nicht ohne Vorbehalt geschehen sollte, was wiederum das Durchführen eigener europäischer und vor allem auch deutscher Studien zum Täterverhalten notwendig macht. Zusätzlich ist natürlich auch zu berücksichtigen, dass der Rückgriff auf Studien aus den 80er und 90er Jahren des letzten Jahrhunderts keinesfalls befriedigend sein kann, da nicht nur von statischen kulturellen Differenzen bei der Betrachtung verschiedener Täter auszugehen ist, sondern auch berücksichtigt werden muss, dass Täter auch Prozessen des gesellschaftlichen Wandels unterworfen sind. Es ist nicht ohne weiteres davon auszugehen, dass Täter die gleichen Merkmale und Motive aufweisen wie bereits vor 50 Jahren. Der Bedarf an aktuellen Untersuchungen zum Verhalten von Tätern bei schweren sexuellen und Gewaltdelikten bleibt somit bestehen. Die persönlichkeitsorientierte Perspektive auf Sexualstraftäter ist hingegen intensiver beforscht.

5 Erkenntnisse der persönlichkeitsorientierten Sexualstraftäterforschung

Nicht nur die Betrachtung des Tatorts und eine Analyse des dortigen Geschehens ist für die Täterprofilerstellung von Nöten, auch die Suche nach spezifischen Persönlichkeitsstrukturen von Straftätern im Allgemeinen bzw. die Suche nach spezifischen Persönlichkeitsstrukturen und Merkmalen bestimmter Straftätergruppen kann bei der Profilerstellung von besonderem Nutzen sein. Zentrale Fragen dabei sind, ob es spezifische Persönlichkeitsstrukturen gibt, die für Straftäter kennzeichnend sind, ob charakteristische Sozialisationserfahrungen eine entscheidende Rolle für eine delinquente Karriere spielen und, ob die Ursache für das abweichende Verhalten auch in aktuellen Lebensbedingungen zu suchen ist. Empirische Erkenntnisse zu diesen Fragestellungen werden im Folgenden dargelegt.

5.1 Soziodemographie und Delinquenzbelastung

Dass es einen deliktübergreifenden Zusammenhang zwischen Sozialisationserfahrungen und späterer Kriminalität gibt, konnte im Rahmen des Hallenser Angeklagtenprojekts gezeigt werden (Ullrich & Marneros, 2006). An einer Stichprobe von 105 angeklagten Straftätern aus dem Jahr 1997, wovon 30 % aufgrund eines Sexualdelikts vor Gericht standen, konnten die Autoren deutliche soziobiographische Unterschiede zwischen den Straftätern und einer nichtstraffälligen Kontrollgruppe feststellen. Straftäter kommen häufiger aus strukturell unvollständigen Familien, mit einem hohen Anteil alkoholabhängiger Familienangehöriger, die zudem einen vergleichsweise geringen sozioökonomischen Status aufweisen. Ebenso berichten deutlich mehr Straftäter als nicht-straffällige Probanden von traumatisierenden Lebensereignissen, insbesondere von sexuellen Missbrauchserfahrungen. Die Prävalenzzahlen für eine selbst erlittene sexuelle Missbrauchserfahrung variieren je nach Studie zwischen 7 % und über 40 % (Burgess & Douglas, 1988; Mokros, 2007; Dudeck, Spitzer, Stopsack, Freyberger & Barnow, 2007; Elz, 2011; Niemeczek & Richter, 2012). Ein Vergleich von Sexualstraftätern mit eigenen Missbrauchserfahrungen in der Kindheit und Tätern ohne diese Opfererfahrung erbrachte, dass erstere eine schlechtere Schulbildung haben und aus belasteteren Herkunftsfamilien stammen, außerdem berichten diese Personen über eine weitere Spannbreite sexueller Erfahrungen im Lebensverlauf (Langevin, Wright & Handy, 1989). Verglichen mit Straftäterpopulationen, die jede Form von Delikten begangen haben, ist die Belastung der Gruppe der Sexualstraftäter als eher hoch zu bewerten. Im Allgemeinen haben etwa 40 % der Straftäter keinen Schulabschluss, sind vor der Haft nicht berufstätig und haben im Mittel fast drei Jahres ihres Lebens im Vollzug verbracht (John, 2010). Für Sexualstraftäter ist von einer fast doppelt so langen Vorinhaftierung auszugehen (Bussmann, Seifert & Richter, 2008; Niemeczek & Richter, 2012). Diese langen und oftmals wiederholten Inhaftierungen gehen bei dieser Gruppe von Straftätern auch mit instabilen Beschäftigungsverläufen einher, das heißt, es liegen häufige Arbeitsplatzwechsel und wiederholte Phasen der Beschäftigungslosigkeit vor (Bussmann et al., 2008).

Elz (2011) konnte diesen Befund auch für die spezifische Gruppe der Vergewaltiger bestätigen. Die Autorin konstatiert, dass diese Täter durch ungünstige Herkunftskonstellationen belastet sind. Im Falle von 54 untersuchten Sexualstraftätern, die zu Sicherungsverwahrung verurteilt wurden, stellten vor allem eine unsichere Eltern-Kind-Beziehung (44 %), körperliche Misshandlungen des Täters (44 %), ein defizitäres elterliches Erziehungsverhalten (41 %) und Alkoholkonsum der Eltern (39 %) eine Belastung in der Herkunftsfamilie dar. Ein ähnliches Bild zeichnen auch Bussmann und Kollegen (2008) für eine Stichprobe in Sozialtherapie befindlicher Sexualstraftäter. 41 % der untersuchten Delinquenten sind in einer Multiproblemfamilie aufgewachsen, das heißt in Familien, die mindestens vier Dissozialitätsmerkmale aufweisen. Zu den häufigsten Belastungsfaktoren gehören auch hier schwere körperliche Gewalt (54 %), Fehlen eines Elternteils (46 %) und Alkoholmissbrauch durch mindestens ein Elternteil (45 %).

Auch Sexualstraftäter aus dem Dunkelfeld weisen diese Belastungen in der Herkunftsfamilie auf. Haas und Killias (2001) konnten im Rahmen einer Kohortenstudie Schweizer Armeerekruten zeigen, dass drei von vier Rekruten, die angaben innerhalb der letzten zwölf Monate einen sexuellen Übergriff begangen zu haben, von schweren Traumatisierungen in der Kindheit berichteten. Etwa zwei Drittel wurden in der Kindheit Opfer eines sexuellen Missbrauchs, circa die Hälfte hat schwere körperliche Misshandlungen durch Erziehungsberechtigte erlitten. Damit weisen sowohl aktenkundige wie auch unentdeckte Sexualstraftäter ähnliche soziobiographische Belastungen hinsichtlich eigener Opfererfahrungen auf.

Sexualstraftäter weisen oftmals eine einschlägige Vorstrafenbelastung auf, die laut Mokros (2007) jedoch nicht mit der Einordnung in die Kategorie der Ein- oder Mehrfachtäter in Verbindung zu bringen ist. Ebenso wenig ermöglicht eine Analyse der einschlägigen Vordelinquenz eine Zuordnung zu Missbrauchs- oder Vergewaltigungstätern. In Mokros Stichprobe wiesen ein Viertel aller Befragten einschlägige Delikte in der Vorgeschichte wie auch Hafterfahrung auf, diese scheinen jedoch keinerlei prädiktiven Wert zu haben. Ebenfalls jeder Vierte in der Befragung ist bereits im Jugendalter strafrechtlich in Erscheinung getreten (Mokros, 2007). Elz (2011) berichtet für eine Stichprobe von Sexualstraftätern, die zu Sicherungsverwahrung verurteilt wurden, eine Quote von 35 % für einschlägige Vorstrafen; der größte Teil entfiel dabei auf Vergewaltigung und sexuelle Nötigung. Betrachtet man die Vorstrafenbelastung von Sexualdelinquenten, ist jedoch zu beachten, dass eine Analyse des Bundeszentralregisters diese eher unterschätzt, da in aller Regel mehr polizeiliche Vorkenntnisse vorliegen als rechtskräftige Verurteilungen, vor allem Delinquenz im Jugendalter fällt häufig Löschungsfristen zum Opfer. Zudem fallen vermeintliche Bagatelldelikte, wie beispielsweise Exhibitionismus, besonders leicht aus dem Abbild der kriminellen Karriere heraus, die jedoch durchaus die ersten Schritte einer progredienten Entwicklung darstellen können (Dern, 2011). Aber auch der umgekehrte Fall wird beklagt, dass vor allem aus der wissenschaftlichen Perspektive ausschließlich die einschlägige Vorgeschichte in Form der Sexualdelinquenz fokussiert wird und polydelinquente Entwicklungen in empirischen Untersuchungen vernachlässigt werden (Porter et al., 2000).

Cantor, Blanchard, Robichaud und Christensen (2005) stellten zudem fest, dass Sexualstraftäter einen signifikant geringeren IQ aufweisen als andere Delinquenten. Regressionsanalytisch konnten die Autoren sogar zeigen, dass mit jedem Jahr, welches sich das Opferalter bei kindlichen Opfern reduziert, der Straftäter einen um zwei Punkte geringeren IQ aufweist. Dieser Zusammenhang ist vor allem für Täter, die Missbrauchsdelikte begehen, von Bedeutung.

Kindesmissbraucher sind im Mittel deutlich älter als Vergewaltiger. Täter, die eine Vergewaltigung begehen sind in der Gruppe der über 40-jährigen deutlich seltener vertreten (Dickey, Nussbaum, Chevolleau & Davisdon, 2002; Bussmann et al., 2008). Die berichtete durchschnittliche Altersdifferenz dieser Straftätergruppen liegt zwischen einem und zehn Jahren (Kalichman, 1991; Eher, Rettenberg & Schilling, 2010). Es zeigt sich sogar, dass ein höheres Alter beim Begehen einer Vergewaltigung das Rückfallrisiko reduziert (Elz, 2002). Dieser Effekt findet sich auch in anderen Kriminalitätsbereichen und wird auf eine generelle Aktivitätsabnahme des alternden Organismus zurückgeführt, die auch eine Reduktion der kriminellen Aktivität zur Folge hat (Kunz, 2004).

Vergleicht man Kindesmissbraucher mit sexuellen Gewaltstraftätern fällt auf, dass innerhalb der Gruppe der Sexualstraftäter die Kindesmissbraucher die höchsten Belastungen in der Soziodemographie aufweisen. Bussmann und Kollegen (2008) zufolge sind Missbrauchstäter häufiger in Multiproblemfamilien aufgewachsen und haben häufiger selbst einen sexuellen Missbrauch erfahren. Vergewaltiger erleben jedoch häufiger schwere körperliche Gewalt in der Kindheit (Elz, 2002; Bussmann et al., 2008). Zudem fällt die Gruppe der Vergewaltiger durch eine höhere Vorstrafenbelastung sowohl im einschlägigen wie auch im sonstigen Deliktsbereich auf.

Hinsichtlich soziodemographischer Merkmale liefert die bisherige Forschung zahlreiche Hinweise darauf, dass es sich bei Sexualstraftätern um eine sehr belastete Gruppe hinsichtlich ihrer Sozialisationserfahrungen handelt (Haas & Killias, 2001; Bussmann et al., 2008; Elz, 2011). Vergewaltiger scheinen eher eine gewaltgeprägte Biographie aufzuweisen. Der Lebensweg sexueller Missbrauchstäter ist hingegen eher von multiplen Belastungen gekennzeichnet. Die Frage nach der Rolle der Vorstrafen für die weitere Delinquenzentwicklung und dem Begehen von Sexualstraftaten ist jedoch noch nicht eindeutig zu beantworten (Mokros, 2007). Festzustellen ist jedoch, dass Täter, die sexuelle Gewalttaten begehen, eine stärkere Vorstrafenbelastung aufweisen (Bussmann et al., 2008).

5.2 Lebenssituation im Zeitraum der Tatbegehung

Es ist zu vermuten, dass die Lebensumstände eines (späteren) Täters neben seinen Sozialisationserfahrungen ebenfalls einen Einfluss auf die Begehung einer Gewalttat haben. Denkbar ist, dass im Sinne der Frustrations-Aggressions-Theorie (Dollard, Miller, Doob, Mowrer & Sears, 1939; Berkowitz, 1989) Frustrationen im Lebensalltag auch die Bereitschaft erhöhen, sexuelles aggressives Verhalten zu zeigen. Frustrationen können beispielsweise Partnerschaftskonflikte, finanzielle Probleme oder auch Verlust des Arbeitsplatzes sein. In vielen Fällen ist es jedoch nicht möglich die entstandene Aggression gegen den Frustrationsurspung zu richten. Greift nun der Mechanismus der Aggressionsverschiebung, richtet sich die aufgebaute Aggression gegen ein anderes „Ersatzobjekt", welches oftmals als schwächer erlebt wird. Möglicherweise nehmen die Opfer von sexuellen Übergriffen die Rolle dieses „Ersatzobjekts" ein und somit werden an ihnen Aggressionen ausagiert, die aus Frustrationen über die Lebensumstände entstanden sind. Proulx, McKribben und Lusignan (1996) konnten diesen postulierten Zusammenhang zwischen affektiven Komponenten und sexuellen Verhaltensweisen an einer Stichprobe sexueller Gewalttäter und pädophiler Täter zeigen. Die Autoren konnten zeigen, dass sowohl bei Vergewaltigern als auch bei heterosexuellen Pädophilen eine negative Stimmung und Konflikte mit devianten sexuellen Phantasien und vermehrter Masturbation während dieser Phantasien koninzidieren.

Steck, Raumann und Auchter (2005) konnten mit Hilfe eines Kontrollgruppendesigns zeigen, dass sich sowohl Vergewaltiger wie auch Sexualmörder von Männern, die „sich an ein Ereignis erinnern [konnten], bei dem sie versucht waren, eine Frau zu sexuellen Handlungen zu zwingen" (Steck et al., 2005, S. 73), diesem Impuls jedoch nicht nachgaben, in Bezug auf ihre Lebenssituationen unterscheiden. Signifikante Differenzen zwischen diesen Gruppen lassen sich hinsichtlich ihres sozialen Status (z. B. fehlende Bildungsabschlüsse, Berufslosigkeit der Eltern) und finanzieller Probleme in Form von Schulden und Arbeitslosigkeit konstatieren. Sexualmörder und Vergewaltiger berichten im Mittel von mehr finanziellen Problemen und weisen häufiger Merkmale sozialer Deklassierung auf, als dies bei nicht straffällig gewordenen Kontrollpersonen der Fall ist. Zudem gaben sowohl Sexualmörder wie auch Vergewaltiger an, dass sie im Zeitraum der letzten vier Wochen vor der Tat häufiger unter dysthymen Stimmungsänderungen litten und wenige Tage vor der Tatbegehung öfter konfliktverschärfende und belastende Erlebnisse hatten als die strafrechtlich unauffälligen Probanden vor dem oben beschriebenen problematischen Ereignis (Steck et al., 2005).

In der bereits erwähnten Untersuchung von Müller, Köhler und Hinrichs (2005) gaben 11 % der befragten Sexual- und Gewaltstraftäter an, dass sie im Zeitraum der Tatbegehung keine regelmäßige Unterkunft hatten, außerdem waren 31.5 % der Probanden arbeitslos. Über eine Gruppe von 115 männlichen Sexualstraftätern aus dem Maßregelvollzug berichtet Nowara (2001), dass lediglich jeder Dritte eine abgeschlossene Berufsausbildung hat und zwei Drittel direkt vor der Inhaftierung arbeitslos waren. Fraglich ist, welche Rolle Partnerschaften in diesem Zusammenhang spielen. Das Vorhandensein einer Partnerschaft kann sowohl ein schützender wie auch ein belastender Faktor sein, um das bewerten zu können, muss auch die Qualität der Beziehung erhoben werden. Üblicherweise wird jedoch nur eine Aussage über das Vorhandensein einer Partnerschaft getroffen. Müller, Köhler und Hinrichs (2005) berichten beispielsweise, dass 22 % der befragten Sexual- und Gewaltstraftäter zum Zeitpunkt der Tat alleine gelebt haben. Elz (2001, 2002) berichtet für die Gruppe der Vergewaltiger, dass etwa 65 % zum Tatzeitpunkt alleine lebten, in der Gruppe der Kindesmissbraucher war es etwa jeder Zweite (47 %), der zu diesem Zeitpunkt ohne Partnerschaft war. Besonders hohe Zahlen für Täter ohne partnerschaftliche Einbindung weist Nowara (2001) für Sexualstraftäter, die nach § 63 StGB im psychiatrischen Maßregelvollzug untergebracht sind, aus. Demzufolge lebten zum Zeitpunkt der Tat 83 % ohne Partner/in.

Die beschriebenen Studien, welche die Lebenssituation und -umstände der Täter im Zeitraum der Tatbegehung fokussieren, kommen weitesgehend übereinstimmend zu dem Schluss, dass vor allem zwischenmenschliche Konflikte, finanzielle Sorgen und affektive Komponenten einen entscheidenden Einfluss auf das Begehen eines Sexualdelikts haben (Proulx et al., 1996; Nowara, 2001; Steck et al., 2005).

5.3 Persönlichkeit und Psychopathologie von Sexualstraftätern

Der Analyse der Persönlichkeitseigenschaften kommt sowohl in der kriminologischen Forschung wie auch in der Praxis große Bedeutung zu. Die dabei zugrundeliegende Annahme ist, dass die Persönlichkeitsstruktur bedingt, wie in gegebenen situativen und sozialen Kontexten agiert wird und bestimmt somit auch, ob eine Person normkonform oder normverletzend handelt. „Persönlichkeitszüge stellen ein überdauerndes Muster des Wahrnehmens, der Beziehungsgestaltung und des Denkens über die Umwelt und über sich selbst dar" (Saß, Wittchen, Zaudig & Houben, 2003, S. 750). Sind diese Persönlichkeitszüge unflexibel, sozial unangepasst und führen sie in bedeutsamer Weise zu Funktionsbeeinträchtigungen und persönlichem Leid, bilden sie eine Persönlichkeitsstörung (Fiedler, 2007). Tabelle 18 (Anhang II) liefert einen Überblick zu den Persönlichkeitsstörungen nach DSM-IV und deren Zuordnung zu übergeordneten Störungsclustern. Da es sich sowohl bei Persönlichkeitszügen als auch Persönlichkeitsstörungen um tiefverankerte Wahrnehmungs- und Denkmuster handelt, die maßgeblich das Verhalten beeinflussen, ist anzunehmen, dass sie sich auch auf das konkrete Begehen einer Straftat auswirken.

5.3.1 Einzelbefunde aus der Persönlichkeitsforschung

Verglichen mit der Normalbevölkerung weisen Sexual- und Gewaltstraftäter auf einigen Skalen des NEO-Fünf-Faktoren-Inventars (NEO-FFI, Borkenau & Ostendorf, 1993) bedeutsame Abweichungen auf. Die Messwerte weisen darauf hin, dass diese Tätergruppe neurotischer, gewissenhafter, weniger extravertiert, weniger offen für Erfahrung, geringer verträglich und weniger risikobereit ist (Müller et al., 2005). Karson und Kollegen (Karson, Karson & O'Dell, 1999) haben zudem festgestellt, dass eine große Anzahl von Kriminellen und im Besonderen auch Kindesmissbraucher hohe Werte im Faktor Selbstkontrolle (16-Persönlichkeitsfaktoren Test Revised) aufweisen. Dieser Faktor basiert auf hohem Regelbewusstsein und Zwanghaftigkeit. Dementsprechend werden Menschen, die Gesetze und Regeln respektieren und den Wunsch haben, Ordnung herzustellen und aufrechtzuhalten, hohe Skalenwerte auf diesem Faktor aufweisen. Die Autoren nehmen an, dass unrealistische Kontrollwünsche, die auf unflexiblen Normen basieren zur Unterdrückung und letztlich zum Ausbruch von Impulsen führen. Für eine in Sozialtherapie untergebrachte

Sexualstraftäterstichprobe berichten Bussmann et al. (2008), dass sich die Untersuchten als beherrschter, ruhiger und weniger durchsetzungsfähig beschreiben als die männliche Normpopulation. Bei diesen Befunden ist allerdings zu berücksichtigen, dass sich die untersuchten Straftäter der verschiedenen Studien zum Zeitpunkt der Datenerhebung zu meist in Haft befunden haben. Es ist nicht auszuschließen, dass diese besondere Situation und damit möglicherweise einhergehende Zweifel an der Anonymität der Datenerfassung das Antwortverhalten beeinflusst haben. Vor allem der Befund, dass es sich bei Sexual- und Gewaltstraftätern um sehr gewissenhafte Personen handelt, ist in diesem Zusammenhang kritisch zu sehen. Denkbar ist auch, dass es sich hierbei nicht um eine Besonderheit von Sexualstraftätern handelt, sondern um ein Merkmal klinischer Gruppen im Allgemeinen. Pukrop und Kollegen (2002) konnten für eine klinische Stichprobe mit einer hohen Belastung an depressiven Erkrankungen und Persönlichkeitsstörungen ebenfalls eine signifikant höhere Ausprägung des Faktors Gewissenhaftigkeit im Vergleich mit einer Gruppe gesunder Probanden feststellen.

Eher, Neuwirth, Frühwald und Frottier (2003) zufolge sind auf kindliche Opfer fixierte Missbrauchstäter verglichen mit Vergewaltigern deutlich aggressionsgehemmter, weniger dazu in der Lage, Ärger nach außen zu richten und von erheblich mehr sozialer Ängstlichkeit gekennzeichnet. Diesen Befund können Bussmann et al. (2008) ebenfalls bestätigen. Missbrauchstäter dieser Untersuchung weisen in allen Facetten geringer ausgeprägte Aggressivität auf, als es bei Vergewaltigern der Fall ist. Besonders auffällig ist auch, dass sie hohe Selbstaggressionswerte aufweisen, Missbrauchstäter scheinen Aggressionen und Frustrationen vor allem nach innen zu richten. Hall und Hall (2009) ergänzen dazu, dass pädophile Täter generell mehr Gefühle der Unterlegenheit, Isolation und Einsamkeit erleben. Außerdem haben Pädophile Schwierigkeiten damit, altersangemessene zwischenmenschliche Interaktionen zu gestalten. Die Autoren führen dies auf ein reduziertes Maß an Durchsetzungsfähigkeit und ein erhöhtes Maß an passiver Aggressivität zurück, die bereits Eher et al. (2003) konstatierten. Diese Eigenschaften führen dazu, dass auf kindliche Opfer fixierte Missbrauchstäter nur schwer mit negativen Affekten und zwischenmenschlichen Beziehungen umgehen können.

Das Einwirken von psychodynamischen Prozessen im Vorfeld der Tatbegehung wurde von McKibben, Proulx und Lusignan (1994) an einer kleinen Stichprobe von Sexualstraftätern (N=22) betrachtet. Es zeigte sich, dass bei pädophilen Straftätern (n=9) vor allem eine negativ ausgeprägte Stimmungslage im Zusammenhang mit dem Auftreten von sexuell devianten Phantasien steht. Das Auftreten sexuell devianter Phantasien steht bei Vergewaltigern hingegen scheinbar im Zusammenhang mit erlebten Konflikten und damit einhergehenden

Emotionen (McKibben, Proulx & Lusignan, 1994). Besonders relevant sind dabei Zurückweisungen durch Frauen, Demütigungen und daraus resultierende Gefühle der Unzulänglichkeit, Ärger und Einsamkeit. Diese traten in der untersuchten Stichprobe von Vergewaltigern (n=13) vermehrt im Vorfeld von deviantem sexuellem Verhalten auf. Barbaree und Seto (1997) ergänzen diesen Befund, indem sie zu dem Schluss kommen, dass Vergewaltigungen hauptsächlich von unzureichend kontrollierten Tätern begangen werden, die situativen Reizen zur Begehung eines gewalttätigen sexuellen Übergriffs erliegen.

5.3.2 Einstellungsforschung

Die Bedeutung sexistischer und negativer Ansichten und Einstellungen gegenüber Frauen und Kindern für das Begehen sexueller Gewaltdelikte sind nach Ansicht verschiedener Autoren nicht zu vernachlässigen (u.a. Arkowitz & Vess, 2003; Kröber, 2011). Unter Sexismus sind Ansichten oder Handlungen zu verstehen, die aus Geschlechterstereotypen und den damit verbunden Geschlechterrollenorientierungen resultieren und die Personen allein aufgrund ihres Geschlechts diskriminieren. Sexismus ist jedoch kein einheitliches Konstrukt, welches ausschließlich aus negativen Aspekten besteht. Das verdeutlicht der in empirischen Untersuchungen häufig gefundene Zusammenhang, dass Frauen, die sich konform ihrer Geschlechterrolle verhalten, mehr von Männern gemocht, aber gleichzeitig auch weniger respektiert werden. Frauen, die sich in ihrem Verhalten der typischen männlichen Geschlechterrolle annähern, werden hingegen als kompetenter beurteilt. (Eagly, Mladinic & Otto, 1994). Diese Komplexität und Ambivalenz in der Einstellung gegenüber Frauen greifen Glick und Fiske (1996) in ihrer Theorie des ambivalenten Sexismus auf. Die Autoren sind der Meinung, dass eine ausschließliche Betrachtung der negativen, von Antipathie geprägten Aspekte des Sexismus zu einseitig ist. Sexismus hat ebenso auch wohlwollende Anteile. Diese beiden Elemente sexistischer Einstellungen sind nach Glick und Fiske der hostile Sexismus und der benevolente Sexismus, beide Konzepte zusammen bilden das Konstrukt des ambivalenten Sexismus. Die hostile Komponente dieser ambivalent-sexistischen Einstellungen zeichnet sich durch eine negative und von Feindseligkeit geprägte Sicht auf Frauen aus. Der Ursprung der hostilen Komponente dieses Konstrukts ist in den typischen gesellschaftlichen Macht- und Statusunterschieden zwischen den Geschlechtern zu finden (Eckes, 2001). Die benevolente Komponente ist durch ein subjektiv positives, wohlwollendes Frauenbild gekennzeichnet (Eckes & Six-Materna, 1999). Sie geht auf die hohe Interdependenz von Frau und Mann in Beziehungen zurück. Merkmal der Benevolenz ist die Belohnung der Frau, wenn diese die ihr zugedachte traditionelle Rolle erfüllt (Glick & Fiske, 2001). Zu betonen ist hierbei, dass es sich um die subjektive Wahrnehmung von positiven Eigenschaften der Frau durch den Mann handelt.

Einen empirischen Hinweis auf einen möglichen Zusammenhang von sexuellen Übergriffen und ambivalent sexistischen Einstellungen liefern Fiske und Glick (1995). Sie fanden heraus, dass sexuelle Belästigung am Arbeitsplatz aus einem Wechselspiel von ambivalent sexistischen Einstellungen von Männern gegenüber Frauen und einer geschlechtsbezogenen Stereotypisierung der Frauen resultiert. Außerdem existieren Erhebungen, die den Zusammenhang von sexistischen Einstellungen und der Akzeptanz von Vergewaltigungsmythen beleuchten (Aosved & Long, 2006). Unter Vergewaltigungsmythen werden verschiedene Vorstellungen und Einstellungen zu sexueller Gewalt subsumiert. Sie enthalten Elemente, die die Tat entschuldigen, den Täter entlasten und das Opfer der Mitverantwortung beschuldigen (Brosi, 2004). Beispielsweise werden Aussagen wie „Sie ist doch eh ein Flittchen", „Jede gesunde Frau kann sich wehren, wenn sie nicht will" oder „Sie hat es doch provoziert" unter den Begriff Vergewaltigungsmythen subsumiert. Im Ergebnis stellte sich Sexismus mit einer 35 %-igen Varianzaufklärung, als einer der stärksten Prädiktoren für die Akzeptanz von Vergewaltigungsmythen heraus. Weitere bedeutsame Prädiktoren sind Klassismus, religiöse Intoleranz und Diskriminierung aufgrund des Alters. Die Autoren gehen davon aus, dass die Akzeptanz von Vergewaltigungsmythen im Zusammenhang zu selbst ausgeübter sexueller Gewalt steht. Masser, Viki & Power (2006) führten diesen Ansatz fort und erhoben nicht nur die Akzeptanz von Vergewaltigungsmythen, sondern auch die selbst berichtete Neigung, eine Vergewaltigung zu begehen. Den Probanden wurde ein Szenario präsentiert, in dem es zu der Vergewaltigung eines mit dem Täter befreundeten Opfers kommt. Die Probanden sollten angeben, ob sie in dieser Situation so handeln würden wie der Täter und, ob die Abwehr des Opfers nur vorgetäuscht war. Beide Aspekte zeigten signifikante Zusammenhänge zum Ausmaß hostiler sexistischer Einstellungen. Probanden mit hohen Werten im hostilen Sexismus gaben eine höhere Vergewaltigungsneigung an und waren gleichzeitig auch häufiger der Meinung, dass das Abwehrverhalten des Opfers nur vorgetäuscht war. Hierbei ist zu beachten, dass es sich bei beiden Studien um eine Befragung von Studenten handelte. Anhand eines Vergleichs inhaftierter Sexualstraftäter (N=45) mit strafrechtlich nicht in Erscheinung getretenen Personen (N=45) konnte gezeigt werden, dass sich diese beiden Gruppen hinsichtlich der Ausprägung der hostilen Komponente nicht unterscheiden, jedoch in der Ausprägung benevolenter Einstellungen (Niemeczek, 2010). Sexualstraftäter weisen ein signifikant höheres Maß an wohlwollenden Ansichten gegenüber Frauen auf und idealisieren diese eher in ihrer sozialen und Geschlechterrolle als nichtstraffällige Personen. Eine mögliche Erklärung dieses kontraintuitiven Befunds ist, dass mit der

Idealisierung der traditionellen weiblichen Rolle auch die Bestätigung der eigenen männlichen Rolle einhergeht. Zwischen Vergewaltigern und sexuellen Missbrauchern konnten in dieser Untersuchung keine Unterschiede hinsichtlich sexistischer Einstellungen festgestellt werden (Niemeczek, 2010).

Kognitiven Verzerrungen kommt für das Begehen eines Kindesmissbrauchs große Bedeutung zu. Diese abweichenden Überzeugungen der Täter können zum einen die Tat unterstützende Einstellungen sein, wie auch Verarbeitungsstrategien und nachträgliche Neutralisierungs- und Rechtfertigungstechniken (Heyden & Jarosch, 2010). Diesen Kognitionen wird nicht nur eine entscheidende Rolle bei der Entstehung von Übergriffen auf Kindern bei gemessen, sondern auch für die Aufrechterhaltung von sexuellem deviantem Verhalten. Sexuelle Kontakte zwischen Erwachsenen und Kindern werden durch Kindesmissbraucher als vorteilhaft für das Kind, als Grundlage einer liebevollen und vertrauensvollen Beziehung oder als lehrreich bewertet. Diese kognitiven Verzerrungen zählen zu den dynamischen Risikofaktoren des Kindesmissbrauchs, dass heißt es handelt sich um rückfallrelevante veränderbare Problemlagen des Täters (Rambow, Elsner, Feelgood & Hoyer, 2008). Dementsprechend groß ist der Stellenwert dieses Konstukts für die deliktspezifische therapeutische Intervention.

Das Vorhandensein kognitiver Verzerrungen bei sexuellen Missbrauchstätern konnte auch empirisch durch verschiedene Forschungsgruppen nachgewiesen werden (u. a. Abel et al., 1989; Howitt & Sheldon, 2007; Rambow et al., 2008; Wood & Riggs, 2008). Den Autoren gelang es jedoch nicht, anhand erhobener kognitiver Verzerrungen zwischen Subgruppen von Kindesmissbrauchern zu unterscheiden. Auch Kingston, Firestone, Moulden und Bradford (2007) konnten keine Unterschiede hinsichtlich kognitiver Verzerrungen bei pädophilen Tätern im Vergleich mit anderen Kindesmissbrauchern identifizieren. Es existieren jedoch auch gegenläufige Befunde. Für die spezifische Gruppe der pädophilen Kindesmissbraucher konnten kognitive und emotionale Defizite sogar auf neuronaler und neuropsychologischer Ebene nachgewiesen werden (Wiebking, Witzel, Walter, Gubka & Northoff, 2006). Im Vergleich mit einer Kontrollgruppe zeigte sich bei Pädophilen eine mangelhafte Aktivierung des Hippocampus-Amygdala-Komplex, welcher an der sexuellen und emotionalen Verarbeitung beteiligt ist. Gleichzeitig gelang es diesen Probanden in deutlich weniger Fällen emotionale Gesichtsausdrücke von Erwachsenen richtig zu benennen. Darüber hinaus trafen die untersuchten pädophilen Probanden häufiger defizitäre emotionale Entscheidungen als die Kontrollgruppe. Die Autoren schließen aus diesen Untersuchungsergebnissen auf eine unzulängliche emotionale und kognitive Prozessierung bei Pädophilen (Wiebking et al., 2006). Kritisch an dieser Studie ist jedoch der sehr geringe Stichprobenumfang (n = 13 pädophile Straftäter, n = 14 gesunde Kontrollpersonen) zu bewerten. Außerdem beruhen die Schlussfolgerungen der Autoren ausschließlich auf korrelativen Analysen, die nur bedingt dafür geeignet sind, Aussagen über komplexe Zusammenhangsstrukturen zu liefern.

5.3.3 Psychopathologie

In der deutschen Normalbevölkerung liegt die Prävalenz psychischer Störungen bei 31 % (Richter-Kuhlmann, 2004), wobei von einem engen Zusammenhang zwischen sozioökonomischem Status und psychischer Gesundheit auszugehen ist (Hapke, von der Lippe, Busch & Lange, 2010). Bei 9 % der Bevölkerung liegt eine Persönlichkeitsstörung vor, am häufigsten treten Störungen aus Cluster C auf, dabei handelt es sich vor allem um die zwanghafte, dependente und passiv-aggressive Persönlichkeitsstörung (Maier, Lichtermann, Klingler, Heun & Hallmayer, 1992). Für Straftäterpopulationen ist laut einer Metaanalyse über insgesamt 62 internationale Studien, unabhängig von der Art des Delikts, von einem Anteil von 65 % diagnostizierter Persönlichkeitsstörungen auszugehen, bei 47 % aller Straftäter von einer antisozialen Persönlichkeitsstörung (Fazel & Danesh, 2002). Diesen Befund stützen auch die Ergebnisse des Hallenser Angeklagtenprojekts, demzufolge Straftäter generell eine höhere Belastung durch Persönlichkeitsstörungen aufweisen, als das bei nicht-strafrechtlich in Erscheinung getretenen Personen der Fall ist (Ullrich & Marneros, 2006). Bei der durch die Autoren untersuchten Stichprobe von 105 Angeklagten konnte bei 44 % eine Persönlichkeitsstörung nach ICD-10 diagnostiziert werden. Bei den nicht-straffälligen Kontrollprobanden lag der Anteil diagnostizierter Persönlichkeitsstörungen lediglich bei 3 %. Straftäter sind jedoch nicht nur häufiger von Persönlichkeitsstörungen betroffen, sie weisen zudem in vielen Fällen (44 %) mehrere Diagnosen auf. Den größten Anteil (35 %) hat dabei die dissoziale Persönlichkeitsstörung.

Weitgehender Konsens der forensisch-psychiatrischen Forschungslandschaft ist, dass keine Kausalbeziehungen zwischen einzelnen psychischen Störungen und dem Begehen einer Sexualstraftat festzustellen ist. „Diagnosen selbst oder gar alleine können keine Straftat erklären" (Eher, Rettenberg & Schilling, 2010, S. 24). Allerdings wird die Relevanz verschiedener Störungen der Sexualpräferenz, Persönlichkeitsstörungen und psychopathologischer Syndrome vor allem im Hinblick auf deren prognostischen Wert diskutiert. Eine Vielzahl von Studien berichtet übereinstimmend von einer hohen Rate an Achse-II-Störungen, die im Folgenden zusammengefasst werden.

Persönlichkeitsstörungen aus Cluster A, die bei den Betroffenen zu sonderbaren, befremdlichen und exzentrischen Verhaltensweisen führen, können laut Nedopil (2000) zu Gewalttätigkeiten führen, da pathologische Eifersucht und aggressive Gegenwehr gegen vermeintliche Feinde kennzeichnend für diese pathologische Ausprägung der Persönlichkeit sind. Ebenfalls eine forensisch-psychiatrische Bedeutsamkeit wird den Persönlichkeitsstörungen des Cluster B zugesprochen (Nedopil, 2000). Störungen dieses Clusters ist gemeinsam, dass sie auf behavioraler Ebene mit der Suche nach immer neuen und intensiven Situationen und Stimulationen einhergehen. Vor allem für die antisoziale bzw. dissoziale Persönlichkeitsstörung wird der deutlichste Zusammenhang zu delinquentem Verhalten gesehen. Sie zeichnet sich bereits definitionsgemäß durch eine andauernde Missachtung sozialer Normen und Regeln aus. Demnach ist Delinquenz bereits ein Diagnosekriterium (Dreßing, 2009). Das wird auch daran ersichtlich, dass es die häufigste Diagnose bei zu Sicherungsverwahrung verurteilten Sexual- oder Gewaltstraftätern ist (Elz, 2011; Huchzermeier, Goth, Köhler, Hinrichs & Aldenhoff, 2003). Straub und Witt (2002) konnten ebenfalls zeigen, dass Vergewaltiger mit einer antisozialen Persönlichkeitsstörung keineswegs ausschließlich im Bereich der Sexualdelinquenz deliktische Vorbelastungen aufweisen, sondern durch Multidelinquenz gekennzeichnet sind. Es ist davon auszugehen, dass Dissozialität keineswegs ein singuläres Konstrukt ist, es handelt sich vielmehr um ein Spektrum der Ausprägung einer dissozialen Persönlichkeit (Dern, 2011). Es wird ein Spektrum von einem ängstlich-dissozialen Täter bis hin zu einem „reinen" Psychopathen angenommen, wobei sich erstere vor allem durch reaktive Gewaltanwendung im Rahmen spontaner und unstrukturierter Einzeltaten auszeichnen. Der entgegengesetzte Pol ist durch ein gut strukturiertes Serientatverhalten mit gezielter Gewaltanwendung gekennzeichnet. Tatbegehungsmerkmale sind hinsichtlich vieler Aspekte persönlichkeitsabhängig, somit ist zu vermuten, dass die Ausprägung an Dissozialität einen entscheidenden Einfluss auf das Ausmaß der Tatplanung, deren Qualität und tatsächliche Umsetzung in die Realität hat.

Es existiert eine Reihe von Belastungsfaktoren, die mit der Ausbildung einer antisozialen Persönlichkeit bzw. Dissozialität in Verbindung gebracht werden. Zum einen werden sehr frühe Einflüsse, wie Geburtskomplikationen und perinataler Stress diskutiert (Raine, 2002; Blair, Peschardt, Budhani, Mitchell & Pine, 2006). Die aktuellen Befunde sprechen dafür, dass stressreiches Einwirken während Schwangerschaft und Geburt zu minimalen Schädigungen des zentralen Nervensystems führen können, die mit späteren gewalttätigen Verhaltensauffälligkeiten assoziiert sind. Zudem geht die einschlägige Forschung davon aus, dass antisoziales Verhalten bei Kindern, welches mit einer ausgeprägten Herzlosigkeit und Unemotionalität einhergeht, im hohen Maße erblich ist (Blair et al., 2006; Viding, Blair, Moffitt & Plomin, 2005). Dissozialität kann jedoch nicht vollständig durch genetische Dispositionen erklärt werden, vielmehr ist von einer Anlage-Umwelt-Interaktion auszugehen. Besonders negativ im

Zusammenwirken mit dieser biologischen Vulnerabilität wirken ein elterliches Unvermögen, sich auf das schwer sozialisierbare Kind einzustellen (Raine, 2002; Lykken, 2006) und ein Elternhaus mit geringen sozioökonomischem Lebensstandard (Hare, 1998). In einer Kohortenstudie zu den Bedingungsfaktoren einer antisozialen Persönlichkeit im Erwachsenenalter wurde das Zusammenwirken der Monoaminoxidase-A-Aktivität und dem Faktor Misshandlung im Kindesalter untersucht. Es konnte gezeigt werden, dass nur Probanden, die als Kinder misshandelt wurden und eine geringe Monoaminoxidase-A-Aktivität aufweisen, antisoziales Verhalten im Erwachsenenalter zeigen. Probanden, die zwar im Kindesalter Misshandlungen erlebten, jedoch eine hohe Monoaminoxidase-A-Aktivität aufwiesen, zeigten hingegen kein erhöhtes Risiko für Verurteilungen aufgrund von Gewaltdelikten (Caspi et al., 2002). Generell gilt, je früher abweichendes und sozial unangepasstes Verhalten gezeigt wird, desto wahrscheinlicher ist es, dass sich dieses im Lebensverlauf manifestiert. Dennoch ist festzuhalten, dass nicht alle Personen mit antisozialen bzw. dissozialen Persönlichkeiten auch Straftaten begehen.

Für die Gruppe der Sexualstraftäter ist von einer sehr hohen Prävalenz von Achse-II-Störungen auszugehen. Borchard, Gnoth und Schulz (2003) berichten in einer Stichprobe von 47 Vergewaltigern und Missbrauchern von einem Anteil von 72 %, die mindestens eine Persönlichkeitsstörung aufweisen. In anderen Studien werden sogar Prävalenzen von bis zu 94 % für diese Tätergruppe berichtet (McElroy et al, 1999). Mehrheitlich handelt es sich immer um eine Diagnose aus Cluster B. Auch Müller et al. (2005) berichten von einer sehr hohen Störungsbelastung dieser Population, 60 % der 54 untersuchten Sexualstraftäter wies eine Persönlichkeitsstörung auf, die entweder prädeliktisch bekannt war oder im Verlauf des Verfahrens im Begutachtungsprozess diagnostiziert wurde. Die zweithäufigste Diagnose in dieser Studie sind psychische und Verhaltensstörungen durch psychotrope Substanzen, diese wurden bei einem Drittel der Täter gestellt. Zu ähnlichen Ergebnissen kommt auch die Arbeitsgruppe um Fazel für eine sehr große schwedische Sexualstraftäterstichprobe (N=8 495). Im Vergleich der Störungsbelastung von Sexualstraftätern mit nicht straffällig in Erscheinung getretenen Kontrollpersonen (N=19 935) zeigte sich, dass Sexualdelinquenten in allen klinischen und psychiatrischen Störungsgruppen höhere Prävalenzen aufweisen (Fazel & Danesh, 2002). Besonders auffällig sind die Unterschiede bei den Persönlichkeitsstörungen und den Diagnosen des Substanzmissbrauchs bzw. -abhängigkeit, Sexualstraftäter sind hiervon deutlich häufiger betroffen (Fazel, Sjöstedt, Langström & Grann, 2007). Auch andere Autoren können diese erhöhten Störungsaufkommen in der Gruppe der Sexualstraftäter bestätigen (Harris, Fisher, Vesey, Ragusa & Lurigio, 2010).

Betrachtet man die Gruppe der Sexualstraftäter näher, so fällt auf, dass vor allem Vergewaltiger diese Merkmale des allgemeinen Delinquenten aufweisen. Es ist festzustellen, dass Vergewaltiger ein deutlich aggressiveres und feindseligeres Persönlichkeitsprofil aufweisen als Personen, die aufgrund eines sexuellen Kindsmissbrauchs angeklagt sind. Porter et al. (2000) konnten zeigen, dass Täter, die ausschließlich kindliche Opfer wählten, einen signifikant geringer ausgeprägten antisozialen Lebensstil haben. Hall und Hall (2009) zufolge weisen pädophile Täter vor allem Störungen aus Cluster C auf, was nahe legt, dass Pädophile häufiger sozial ausgegrenzt sind und weniger emotional stabil als die meisten anderen Personen. Bemerkenswert hierbei ist, dass Störungen aus diesem Cluster laut einer Prävalenzstudie auch in der deutschen Normalbevölkerung am häufigsten vertreten sind (Maier et al., 1992).

Eine Gruppe, die von Eher und Kollegen (2003) als zornige und rachsüchtige Täter beschrieben wird, wählt insbesondere weibliche, erwachsene Opfer. Diese Täter weisen besonders häufig Diagnosen aus Cluster B der Persönlichkeitsstörungen auf. Insbesondere eine Borderline oder eine antisoziale Persönlichkeitsstörung wurde in dieser Gruppe signifikant häufiger gefunden als in der Gruppe der Missbrauchstäter und der paraphilien Vergewaltiger. Auch Woodworth und Porter (2002) kommen zu dem Schluss, dass Täter mit einem antisozialen Lebensstil in einem signifikanten Ausmaß kaltblütigere Taten begehen und einen deutlich höheren Anteil weiblicher Opfer wählten, als das bei nicht-antisozialen Tätern der Fall war. Besonders selten weisen die zornigen und rachsüchtigen Täter hingegen die Diagnose einer ängstlich-vermeidenden Persönlichkeitsstörung auf, diese Diagnose findet sich am häufigsten in der Gruppe der pädophilen Missbrauchstäter (Eher et al., 2003).

Eine aktuelle und repräsentative Untersuchung (Eher et al., 2010) zur Prävalenz psychiatrischer Diagnosen in einer Stichprobe von 807 österreichischen Sexualstraftätern kommt zu dem Schluss, dass sexuelle Missbrauchstäter eine hohe Prävalenz sexueller Präferenzstörungen (78 %) aufweisen. In den meisten Fällen wurde eine Pädophilie (60 %) diagnostiziert, zudem wurde bei fast jedem dritten Kindsmissbraucher eine Persönlichkeitsstörung diagnostiziert. Vornehmlich handelt es sich dabei um Störungen aus Cluster B und Cluster C. In der Gruppe der Vergewaltiger liegen vor allem Störungen aus Cluster B vor, die insgesamt zu einer höheren Prävalenz an Persönlichkeitsstörungen in dieser Straftätergruppe führen. Wie auch schon Müller et al. (2005) berichten, spielen Drogen- und Alkoholmissbrauch und -abhängigkeit in der Gruppe der Sexualstraftäter ebenfalls eine bedeutende Rolle. Eher und Kollegen (2010) können diese Belastung vor allem für Vergewaltiger herauskristallisieren. Zwei von drei Vergewaltigern erfüllen die Diagnose des Alkoholmissbrauchs bzw. der Alkoholsucht, bei der Hälfte spielte Alkoholisierung auch im Tatgeschehen eine

Rolle. Täter, die einen sexuellen Kindesmissbrauch begehen, sind davon deutlich seltener betroffen, im Rahmen der Tat lag nur bei 14 % eine Alkoholisierung vor. Die Diagnosekriterien des Alkoholmissbrauchs bzw. -sucht werden von 43 % der Missbrauchstäter erfüllt. Auch in der Studie von Fazel und Kollegen (2007) sind innerhalb der Gruppe der Sexualstraftäter, Vergewaltiger signifikant häufiger von Diagnosen aus den Kategorien Persönlichkeitsstörungen und Alkohol- und Drogenmissbrauch bzw. Abhängigkeit betroffen als Kindesmissbraucher.

Ein weiterer zentraler Befund ist, dass eine zunehmende Störungsbelastung in der Gruppe der Kindesmissbraucher zu beobachten ist, je entfernter der Bekanntschaftsgrad zu den Opfern ist. Des Weiteren nimmt der Anteil ausschließlich männlicher Opfer mit der Entfernung der Bekanntschaft zum Opfer ebenfalls zu (Eher et al., 2010). Diese zunehmende Störungsbelastung hat Kalichman (1991) bereits für den Verlauf des Opferalters zeigen können, je jünger die Opfer sind, desto signifikant schwerer ist die Störungsbelastung der Täter.

Gemeinsamer Befund der dargelegten Studien zur Persönlichkeit und Psychopathologie von Sexualstraftätern ist, dass sich Täter, die kindliche Opfer attackieren von den Tätern unterscheiden, die gegenüber erwachsenen Opfern übergiffig werden. Verschiedenen Autoren zufolge sind sexuelle Missbrauchtäter eher aggressionsgehemmt, emotional instabil und sozial ängstlich. (Eher et al., 2003; Hall & Hall, 2009). Auf pathologischer Ebene kommen diese Akzentuierungen durch eine vermehrte Störungsbelastung in Cluster B und C zum Ausdruck. Befunde zu den Persönlichkeitsmerkmalen von sexuellen Gewalttätern weisen hingegen darauf hin, dass diese Täter eher unkontrolliert, feindselig und antisozial sind (Porter et al., 2002). In pathologischer Hinsicht stehen Störungen des Clusters A und B, sowie Alkoholmissbrauch mit diesen Eigenschaften in Verbindung (Nedopil, 2000; Fazel et al., 2007; Eher et al., 2010).

5.4 Zusammenfassung der Ergebnisse persönlichkeitsorientierter Sexualstraftäterforschung

Unumstritten ist, dass Sozialisationserfahrungen in der Herkunftsfamilie einen maßgeblichen Einfluss auf die weitere Entwicklung haben und Störungen im weiteren Lebensverlauf prädisponieren können. Zahlreiche Studien konnten bisher belegen, dass die Gruppe der Sexualstraftäter hinsichtlich dieser Sozialisationserfahrungen besonders belastet ist (u. a. Straub & Witt, 2002; Bussmann et al., 2008; vgl. Tabelle 2). Zu den zentralen Belastungsfaktoren der Primärsozialisation zählen schwerwiegende Gewalterfahrungen im Elternhaus, Alkoholmissbrauch mindestens eines Elternteils und alleinerziehende Elternteile. Von den Tätern selbst erlittene Missbrauchserfahrungen in der Kindheit stellen eine zusätzliche Beeinträchtigung der individuellen Persönlichkeitsentwicklung dar. Einige Autoren vermuten einen direkten Zusammenhang von selbsterfahrenen sexuellen Übergriffen und späterer Täterschaft (Garland & Dougher, 1990; Glasser et al., 2001). Diese hohe Sozialisationsbelastung schlägt sich auch in der Vorstrafenbelastung von Sexualdelinquenten nieder. Etwa einer von vier Sexualstraftätern ist bereits im Vorfeld der aktuellen Inhaftierung mit einer solchen Tat in Erscheinung getreten (Mokros, 2007). Innerhalb dieser Tätergruppe weisen die Kindesmissbraucher eine deutlich höhere soziodemographische Belastung auf, als das bei Vergewaltigern der Fall ist. Sexuelle Gewaltstraftäter scheinen im Bereich der körperlichen Gewalterfahrungen jedoch einen Belastungsschwerpunkt zu haben (Elz, 2002; Bussmann et al., 2008).

Tabelle 2. Überblick über die zentralen Befunde der persönlichkeitsorientierten Sexualstraftäterforschung.

Autoren (Jahr)	untersuchte Stichprobe	zentrale Befunde
Soziodemographie und Delinquenzbelastung		
Bussmann, Seifert & Richter (2008)	150 Sexualstraftäter	Sexualstraftäter weisen lange Vorinhaftierungen auf, stammen aus Multiproblemfamilien und haben häufig instabile Beschäftigungsverläufe, Missbrauchstäter sind mehr belastet als Vergewaltiger
Elz (2011)	54 Vergewaltiger	Multiple soziobiographische Belastungen
Lebenssituation im Zeitraum der Tatbegehung		
Müller, Köhler & Hinrichs (2005)	54 Sexualstraftäter	Jeder 10. bis 3. Sexualstraftäter hatte zum Zeitpunkt der Tat keine Einkünfte, war arbeitslos, allein lebend oder hatte keine Unterkunft
Steck, Raumann & Auchter (2005)	22 Sexualmörder 48 Kontrollpersonen	Sexualmörder und Vergewaltiger berichten von mehr finanziellen Problemen, sind soz. deklassierter als eine straffällige Kontrollgruppe
Persönlichkeit und Psychopathologie von Sexualstraftätern		
Bussmann, Seifert & Richter (2008)	150 Sexualstraftäter	Missbrauchstäter weisen geringe nach außen gerichtete Aggression und hohe Selbstaggression auf
Eher, Neuwirth, Frühwald & Frottier (2003)	118 Sexualstraftäter	Auf kindliche Opfer fixierte Täter sind deutlich aggressionsgehemmter und sozial ängstlicher als Vergewaltiger mit erwachsenen Opfern
Hall & Hall (2009)	186 Sexualstraftäter	Pädophile Täter weisen vor allem Cluster C Störungen auf

Tabelle 2 wird fortgesetzt.

Fortsetzung Tabelle 2.

Eher, Rettenberg & Schilling (2010)	807 Sexualstraftäter	Vergewaltiger erfüllen häufiger die Diagnose Alkoholmissbrauch /-abhängigkeit als Missbrauchstäter
Masser, Viki & Power (2006)	100 Sexualstraftäter	Akzeptanz von Vergewaltigungsmythen geht mit der erhöhten Bereitschaft einher, selbst einen sexuellen Übergriff zu begehen und geht mit hohen Werten im hostilen Sexismus einher
McKribben, Proulx & Lusignan (1994)	22 Sexualstraftäter	Bei pädophilen Tätern treten sexuell deviante Phantasien in Verbindung mit negativen Affekten auf, bei Vergewaltigern eher in Verbindung mit zwischenmenschlichen Konflikten
Nedopil (2000)		Persönlichkeitsstörungen des Cluster A und B haben forensische Bedeutung, stehen in Verbindung zu Aggression und Gewalt
Rambow, Elsner, Feelgood & Hoyer (2008)	Studie 1 N = 71 Studie 2 N = 83	Kognitiven Verzerrungen kommt eine große Bedeutung bei der Entstehung und wiederholten Begehung von Kindesmissbrauch zu, rückfallrelevanter dynamischer Risikofaktor
Woodworth & Porter (2002)	125 Mörder	Antisoziale Täter begehen kaltblütigere Taten, haben mehr weibliche Opfer

Persönlichkeitseigenschaften als alleinigen Erklärungsansatz für das Begehen einer Straftat heranzuziehen, wird der Komplexität des Sachverhalts natürlich nicht gerecht. Nichtsdestotrotz kommen Persönlichkeitsstrukturen und deren Analyse im Zusammenhang mit abweichendem Verhalten eine große Bedeutung zu, da sie in Wechselwirkung mit der Umwelt das Handeln bestimmen (vgl. Tabelle 2).

Sexualstraftäter sind nach derzeitigem Forschungsstand neurotischer, weniger extravertiert, weniger risikobereit und weniger verträglich (Karson et al., 1999; Müller et al., 2005). Zudem unterscheiden sich Kindesmissbraucher von anderen Sexualdelinquenten dahingehend, dass sie aggressionsgehemmter und sozial ängstlicher sind sowie mehr Gefühle der Unterlegenheit erleben (Eher et al., 2003; Hall & Hall, 2009). Aus der Einstellungsforschung ist bekannt, dass vor allem die Akzeptanz von Vergewaltigungsmythen und das Ausmaß kognitiver Verzerrungen in Bezug auf sexuellen Kontakt zu Frauen und Kindern von Relevanz sind. Beides scheint im Zusammenhang zu selbst ausgeübter sexueller Gewalt zu stehen (u. a. Masser et al., 2006; Rambow et al., 2008).

Generell ist bei Straftätern verglichen mit nicht strafrechtlich in Erscheinung getretenen Personen von einer erhöhten klinischen Störungsbelastung auszugehen (Ullrich & Marneros, 2006). Es herrscht jedoch auch weitgehend Einigkeit darüber, dass aus dieser erhöhten klinischen Störungsbelastung kein Kausalschluss auf das Begehen von Straftaten, insbesondere Delikte gegen die sexuelle Selbstbestimmung, zulässig ist. Dem Vorhandensein von psychopathologischen Störungen wird jedoch ein prognostischer Wert zugeschrieben (Eher et al., 2010). Für die Gruppe der Sexualstraftäter werden besonders hohe Prävalenzen der Achse-II-Störungen berichtet, wobei es sich überwiegend um Störungen aus Cluster B handelt (McElroy et al., 1999; Borchard et al., 2003; vgl. Tabelle 2). Pädophile Straftäter sind vor allem von Störungen des Cluster C betroffen (Hall & Hall, 2009). Diagnosen, die im Zusammenhang zum Konsum psychotroper Substanzen stehen, spielen hingehen vor allem bei Vergewaltigern eine Rolle (Eher et al., 2010).

Neben den beschriebenen Sozialisationserfahrungen und Persönlichkeitsakzentuierungen sowie pathologischen Ausprägungen der Persönlichkeit scheinen auch gegenwärtige Lebensumstände des Täters einen Einfluss auf den letztlichen Tatentschluss zu haben (vgl. Tabelle 2). Die empirischen Erkenntnisse hierzu weisen darauf hin, dass vor allem finanzielle Probleme und Konflikte im Vorfeld der Tat einen Einfluss auf den Entschluss zur Tatbegehung haben (McKribben et al., 1994; Steck et al., 2005).

Festzuhalten bleibt, dass die Analyse einzelner Persönlichkeits- und Einstellungsaspekte zwar einen Hinweis auf Besonderheiten der hier betrachteten spezifischen Staftätergruppe liefern können, jedoch nicht ausreichen, um das Zustandekommen dieses Phänomens zu erklären. Forschungsansätze, welche Persönlichkeitsmerkmale von Sexualstraftätern fokussieren, beschrieben häufig nur singuläre Eigenschaften und Merkmale der Delinquenten. Gleichzeitig bilden sie jedoch die Grundlage, für die Suche nach übergeordneten Zusammenhangsstrukturen in Form von Typenkonzepten.

6 Tätertypologien zu strafrechtlich relevantem Sexualverhalten

Es existieren verschiedene Einteilungssysteme, die zum Teil ätiologische Überlegungen oder Tatverhaltensweisen zur Differenzierung zwischen Tätern aufgreifen und anhand dessen Klassifikationen der einzelnen Täter vorgenommen werden. Die meisten bestehenden Typologien unterscheiden auf einer ersten Ebene zwischen der Art des Deliktes. Die einflussreichsten und in der Forschung am häufigsten diskutierten Typisierungsansätze werden im Folgenden dargestellt.

6.1 Frühe Typisierungen

Eine der ersten Typologien stammt von Schorsch (1986), er unterscheidet drei Gruppen: Exhibitionisten, pädophile Straftäter und Notzuchttäter. Schorsch entwickelte diese Typisierung auf Grundlage von Aktenanalysen von 416 Gutachten aus den Jahren 1945 bis 1968. Innerhalb dieser Gruppen werden noch weitere Subkategorisierungen, u. a. nach dem Alter des Täters, vorgenommen. Innerhalb der Gruppe der Exhibitionisten werden die typischen Exhibitionisten mittleren Alters, jugendliche Exhibitionisten und Exhibitionisten mit instabilen und sozial wenig integrierten Persönlichkeiten unterschieden. Erstere beschreibt Schorsch als sehr unauffällige Männer, bei denen die Tat einen Ausbruch aus einem Leben voll Kränkung und Unterlegenheit darstellt. Die zweite Gruppe ist vor allem durch Einzelgängertum gekennzeichnet. Die jugendlichen Exhibitionisten werden von Schorsch (1986) als sexuelle unerfahrene, retardierte Spätentwickler bezeichnet, bei denen die Tat eine Art „Flucht nach vorn" darstellt. Bei der letzten Gruppe spielen eher auch Alkoholismus und hirnorganische Veränderungen eine Rolle, wobei die Tat häufiger auch aggressive Züge hat. Die pädophilen Straftäter werden mit Hilfe von fünf Subgruppen näher beschrieben. Schorsch unterscheidet den kontaktarmen, retardierten Jugendlichen, den sozial randständigen Jugendlichen, Täter, die aus Instabilität und sozialer Desintegration im mittleren Lebensabschnitt übergriffig werden, die Alterspädophilie und erotisierte pädagogische Beziehungen. Die beiden ersten Subgruppen sind durch einzelgängerische Jugendliche gekennzeichnet, bei denen der Übergriff aus dem Wunsch nach sexuellem Kontakt entsteht, wobei die zweite

Gruppe eher aggressiv agiert. Bei der dritten Gruppe entstehen die Straftaten als Teil einer allgemein unsteten und sozial unangepassten Lebensführung. Bildet eine pädagogische Beziehung zwischen Täter und Opfer die Grundlage des Übergriffs, beschreibt Schorsch (1986) die Täter als kontaktbereite, extravertierte und sozial integrierte Persönlichkeiten. Die letzte Gruppe macht dem Autor zufolge etwa ein Viertel aller pädophilen Täter aus. Es wird angenommen, dass sich das Bedürfnis nach emotionaler Zuwendung zu Kindern hin zu einem erotischen Bedürfnis verlagert. Im Bereich der sexuellen Übergriffe auf erwachsene Frauen unterscheidet Schorsch zwischen dem sozial randständigen Täter und dem retardierten Spätentwickler. Bei ersteren bettet sich die Sexualstraftat oftmals in weitere kriminelle Verhaltensweisen ein. Letzterer ist den entsprechenden Typen der Gruppe der Exhibitionisten und der Pädophilen sehr ähnlich. Außerdem beschreibt der Autor eine weitere Art von Übergriffen, diese kommen aufgrund der Fehlinterpretation der Situation zustande, wenn beispielsweise die freundliche Zuwendung einer Frau durch den Mann als sexuelles Interesse fehlinterpretiert wird.

Eine ebenfalls sehr einflussreiche Typologie stammt von Groth (1978, 1982). Auch er unterscheidet zunächst zwischen Missbrauchstätern und Vergewaltigern. Bei Missbrauchstätern unterscheidet er zwei weitere Untergruppen, fixierte und regressive Täter. Fixierte Täter sind aufgrund von ungelösten Konflikten auf einer psychosexuell unreifen Entwicklungsstufe stehen geblieben und daher zeitlich überdauernd pädophil veranlagt. Regressive Missbraucher waren zu einem früheren Zeitpunkt schon einmal dazu in der Lage sexuell angemessene Beziehungen einzugehen, fallen dann aber auf eine frühere Entwicklungsstufe zurück. Groth begründet diese Regression mit situativen Stressoren. Des Weiteren werden von ihm auch bei Vergewaltigern drei weitere Subtypen definiert. Zum einen benennt er den „anger rapist". Nach einer subjektiv empfundenen Kränkung will dieser Täter mit der Vergewaltigung feindseliges Verhalten zum Ausdruck bringen. Des Weiteren unterscheidet er den „power rapist". Zentrales Merkmal ist dabei die Unterwerfung des Opfers und die Demonstration von Überlegenheit des Täters. Im Hintergrund stehen männliche Minderwertigkeitsgefühle, die kompensiert werden sollen. Als dritte Subgruppe definiert Groth den „sadistic rapist". Sexualität und Aggression verschmelzen und es findet eine sexuelle Umwandlung von Wut und Macht statt, so dass die Aggression selbst erotisiert wird (Lübcke-Westermann, 2002). Für diese drei Gruppen von Vergewaltigern ergab sich bei den von Groth untersuchten Sexualstraftätern eine Verteilung von 55 % „power rapist", 40 % „anger rapist" und in 5 % der Fälle kam es zu einem „sadistic rape".

6.2 Typologie nach Knight und Prentky

Ein umfassenderes Modell stammt von Knight und Prentky (Knight & Prentky, 1990). Bei Kindesmissbrauchern können 24 theoretisch mögliche Zuordnungen vorgenommen werden, die sich aufgrund der Kombinationsmöglichkeiten auf zwei Achsen ergeben (vgl. Abbildung 4).

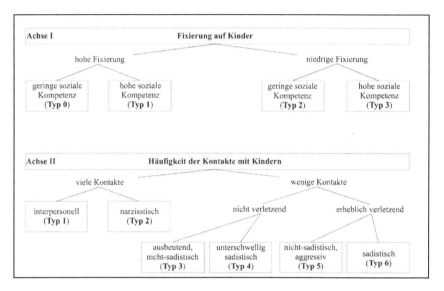

Abbildung 4. Klassifikation von Missbrauchstätern nach Knight & Prentky (Nach Brand, 2006, S. 24).

Die Achsen bilden voneinander unabhängige Dimensionen, zum einen den Grad der Fixierung auf Kinder und zum anderen die Häufigkeit des Kontakts zu den Kindern. Auf der ersten Achse wird sowohl erfasst, in welchem Ausmaß sich die Wahrnehmung und die sexuellen Fantasien auf Kinder fokussieren als auch inwieweit dem Täter soziale Kompetenzen zuzuschreiben sind. Darunter ist u. a. zu verstehen, ob es der Person gelungen ist, sich in persönliche und berufliche Strukturen einzubinden. Die zweite Achse differenziert nach der Intensität und Bedeutung des Kontakts. Bei der Einordnung auf dieser Achse stellt sich die Frage, wie viel Zeit der Täter in großer Nähe zu Kindern verbracht hat. Bei langer Kontaktdauer wird zusätzlich zwischen Tätern unterschieden, die eine persönliche Beziehung aufbauen wollen und Tätern, die ausschließlich sexuellen Kontakt suchen und narzisstisch motiviert sind. Täter, die nur einen kurzen

Kontakt zum Opfer hatten, werden nochmals nach dem Ausmaß der physischen Verletzung, die sie dem Kind zugebracht haben, unterscheiden. In einem weiteren Schritt werden die Täter unabhängig von der ausgeübten körperlichen Gewalt nach Fantasien und Handlungen in sadistische und nicht sadistische Täter unterscheiden. Knight und Prentky (1990) entwickelten diese Klassifikation anhand von 117 überführten Missbrauchstätern (vgl. Abbildung 4). Unter diesen Missbrauchsttätern ist die Gruppe mit hoher pädophiler Fixierung und geringer sozialer Kompetenz auf der ersten Achse (Typ 0) und die Gruppe mit einem lange bestehenden Kontakt zum Opfer bei narzisstischen Tatmotiven auf der zweiten Achse (Typ 2) am stärksten repräsentiert (Rehder, 2004).

Für die Klassifikation von sexuellen Gewalttätern wurden durch die Autoren neun Subtypen identifiziert (vgl. Abbildung 5). Ausgangspunkt ist die Unterscheidung verschiedener Motivstrukturen der Täter. Es werden vier primäre Tatmotive unterschieden, aus denen die Subtypen der Vergewaltiger resultieren. Diese sind Gelegenheit, durchdringende Wut, sexuelle Motivation und Rachsucht. Täter, die aus opportunistischen Motiven oder Rachsucht agieren, werden in einem zweiten Schritt nach dem Ausmaß ihrer sozialen Kompetenz kategorisiert. Für Täter, bei denen ein sexuelles Motiv angenommen wird, wird zusätzlich noch die Unterscheidung getroffen, ob der Täter aus sadistischen Hintergründen handelte oder nicht. Sowohl die sexuell-sadistisch wie auch die sexuell nicht-sadistisch motivierten Täter werden ebenfalls hinsichtlich ihrer sozialen Kompetenz unterschieden. Für Täter, die aufgrund durchdringender Wut sexuelle Übergriffe begehen, werden keine weiteren Differenzierungen vorgenommen.

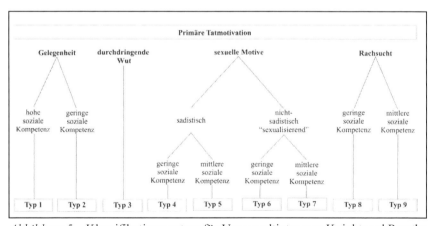

Abbildung 5. Klassifikationssystem für Vergewaltigter von Knight und Prentky (Nach Musolff & Hoffmann, 2006, S. 110).

Dieses Klassifikationssystem hat sich vor allem im englischsprachigen Raum sowohl für wissenschaftliche Zwecke als auch für praktische Gutachtertätigkeiten bewährt.

6.3 Typologie nach Rehder

Rehder (1996, 1996a) legt eine auf Clusteranalysen basierende Typologie für den deutschen Sprachraum vor. Er greift dabei Überlegungen von Schorsch, Groth sowie Knight und Prentky auf. Auch Rehder unterscheidet zunächst zwischen sexuellen Missbrauchern und Vergewaltigern. Aus faktoranalytischen Reduktionen von Variablen aus den Bereichen Sozialisation, Persönlichkeit, Kriminalität, Tatmotiven, Tatablauf und Einstellungen gegenüber Frauen sowie testpsychologischer Untersuchungen resultieren für Vergewaltiger sechs und für sexuelle Missbraucher vier Klassen.

Rehder (2004) unterteilt sexuelle Missbrauchstäter in die Gruppen: randständige, unkontrollierte Täter, sozial unauffällige Täter mit starken Autonomiebestrebungen, depressive Täter und sozial angepasste, „zwanghafte" Täter. Die Täter des ersten Clusters sind als wenig intellektuell und materiell anspruchslose Männer zu beschreiben, die ein einfaches Leben führen und sowohl im Allgemeinen wie auch im Rahmen der Tat eher weniger Aggressionen zeigen. Dieses Cluster ist vergleichbar mit dem fixierten Täter nach Groth (1978) und den Tätern mit geringem Opferkontakt, geringer Verletzung des Opfers, geringer sozialer Kompetenz und starker pädophiler Fixierung nach Knight und Prentky (1990). Das zweite Cluster wird durch Täter repräsentiert, die hinsichtlich Sozialisation und Lebensgestaltung eher unauffällig sind. Aufgrund des starken Autonomiestrebens dieser Tätergruppe werden äußerer Stress oder eine Lebenskrise als Gefährdung erlebt, was zum Zusammenbruch psychischer Kontrollinstanzen führen kann und das Begehen eines Sexualdelikts möglich macht. Dieses Cluster entspricht dem regressiven Typ von Groth (1978) und dem psychisch eher stabilen, sozial integrierten Täter nach Schorsch (1986). Täter des dritten Clusters sind durch depressive Persönlichkeitszüge, Gefühle der Hilflosigkeit, Passivität und Abhängigkeit charakterisiert. Die sexuellen Übergriffe stellen einen Versuch dar, diese Abhängigkeit und Hilflosigkeit mit Überlegenheit und Macht zu bekämpfen. Es zeigen sich bei diesem Cluster Parallelen zu den sozial inkompetenten Tätertypen nach Knight und Prentky (1990). Das vierte Cluster bilden Täter, die aufgrund ihrer Kindheitserfahrungen und dem Erziehungsstil, dem sie ausgesetzt waren, ein starkes Pflichtbewusstsein und den Zwang zur Anpassung entwickelt haben. Diesen Tätern mangelt es an der Bereitschaft und Fähigkeit, das Befinden ihrer Opfer zu reflektieren. Es bestehen einige Übereinstimmungen mit den nach Knight und Prentky (1990) auf Kinder fixierten Tätern, die länger andauernden Kontakt zu ihren Opfern suchten.

Für die Gruppe der Vergewaltiger konnte Rehder, die von Knight und Prentky für den nordamerikanischen Raum vorgelegte Typologie, ebenfalls bestätigten. Ebenso fand die frühe Typologie von Schorsch Bestätigung und konnte durch Hinzunahme weiterer Subgruppen noch spezifiziert werden. Rehder (1996, 1996a) beschreibt zunächst drei Klassifikationsschwerpunkte: heterosexuelle Kontaktfähigkeit, Überbewertung der Sexualität und Fehleinstellungen zu Frauen. In verschiedenen Kombinationen bilden diese drei Schwerpunkte sechs Tätertypen. Der erste Typ ist durchsetzungsschwach, leicht irritierbar und depressiv mit Gefühlen der Wertlosigkeit, Niedergeschlagenheit und Resignation. Der sexuelle Übergriff passiert meist überfallartig bei keinerlei bestehender prädeliktischer Beziehung. Der zweite Typ ist ein Täter mit chauvinistischem Charakter mit übertriebenem männlichem Selbstwertgefühl und Größenideen. Diese Täter sind sozial desintegriert und haben eher eine geringe Bildung. Es besteht zumeist eine größere Bekanntschaft zum Opfer als bei anderen Tätern. Sexuell aggressive und explosiv agierende Täter bilden den dritten Typus. Für das aggressive Tatverhalten sind eher keine Überlegenheitswünsche ursächlich, sondern der Zusammenbruch von Aggressionskontrolle in Belastungssituationen. Diese Täter stammen aus äußerlich intakten Familien und weisen kaum kriminelle Aktivität auf. Die vierte Tätergruppe ist gut gebildet und intelligent. Sie agieren ungehemmt und drängend, wobei die Tat meist aus der Situation heraus entsteht und durch Rücksichtslosigkeit gekennzeichnet ist. Negativ sozialisierte und unkontrollierte Täter bilden den fünften Typ. Diese Täter weisen feindselige Einstellungen gegenüber Frauen auf und sind von aggressiver Durchsetzungsbereitschaft gekennzeichnet. Bereits in jungen Jahren treten diese Täter mit schweren Sexualdelikten in Erscheinung. Der letzte Typ ist beruflich gut integriert und verfügt über einen hohen Bildungsstand. Diese Täter zeichnen sich durch wiederholte, schwere überfallartige Sexualdelikte aus, die im starken Kontrast zum ansonsten angepassten Leben und der vorhandenen Empathiefähigkeit stehen.

Am häufigsten ist in einer Stichprobe von 226 Tätern aus dem Regelvollzug der zweite (21 %) und vierte Typus (23 %) vertreten. Die Typologie nach Rehder ist mit bisher bestehenden Klassifizierungen gut in Einklang zu bringen. Lediglich die sadistischen Täter nach Knight und Prentky (1990) finden innerhalb der von Rehder gebildeten Cluster keine Entsprechung. Eine mögliche Erklärung dafür ist, dass die von ihm untersuchte Stichprobe von inhaftierten Sexualdelinquenten keine sadistischen Täter enthalten hat, da diese nach deutscher Rechtsprechung eher im Maßregelvollzug untergebracht sind (Brand, 2006).

6.4 Behandlungsorientierte Typologie

Einen eher behandlungsorientierten Ansatz zur Typologisierung von Sexualstraftätern stammt von Wößner (2006). Sie differenziert Subtypen von Sexualdelinquenten auch über Deliktgruppen hinweg und distanziert sich damit von einer eher kriminologischen Betrachtungsweise zu Gunsten von Aspekten der psychologischen Behandelbarkeit. Wößner identifizierte in einer Stichprobe von 199 im Regelvollzug, in der Sozialtherapie oder im Maßregelvollzug verbrachten Sexualstraftätern fünf Cluster.

Im ersten Cluster finden sich Täter, die sozial und psychisch unauffällig und wenig belastet sind, einzige Ausnahme stellt ein mitunter hoher Alkoholkonsum dar. Diese Personen wenden kaum Gewalt zur Konfliktlösung an und haben eher keine Gewalterfahrungen in der Kindheit gemacht. Opfer der Übergriffe sind vor allem gut oder sehr gut bekannte Personen. Diesem Cluster wird eine gute Behandelbarkeit zugesprochen. Das zweite Cluster ist durch Personen beschrieben, die psychopathisch hoch auffällig sind und bei denen eine hohe Bereitschaft zur Gewaltanwendung vorhanden ist. Diese Täter haben zumeist fremde Opfer. Bei diesen Tätern ist von günstigen intellektuellen Behandlungsvoraussetzungen auszugehen, die hohe Belastung durch Paraphilien und Persönlichkeitsstörungen spricht jedoch für eine ungünstige Behandelbarkeit. Die überangepassten Täter des dritten Clusters zeichnen sich durch eine geringe Gewaltbereitschaft aus, haben jedoch extreme Gewalterfahrungen in der Kindheit gemacht. In diesem Cluster sind Paraphilien stark repräsentiert, bei ansonsten geringer Sucht- und anderer Störungsbelastung. Die Opfer sind dem Täter meist gut oder flüchtig bekannt. Bei Tätern dieses Clusters ist von einer vordergründig guten Behandelbarkeit auszugehen. Intelligenzgeminderte Täter sind im vierten Cluster zusammengefasst. Diese Personen tendieren zu Gewaltanwendung als Konfliktlösestrategie, weisen jedoch kaum Belastungen im Bereich Paraphilien und Persönlichkeitsstörungen auf. Die Opfer sind dem Täter meistens fremd und die Tat erfolgt häufig überfallartig. Die Behandelbarkeit dieser Täter ist aufgrund mangelnden Reflexionsvermögens und kaum vorhandener Zukunftsressourcen als gering zu bewerten. Das fünfte Cluster ist durch Personen charakterisiert, die im hohen Maße Gewalt anwenden und demnach als dissoziale Täter bezeichnet werden. Personen dieses Clusters weisen verglichen mit anderen Clustern die höchste Suchtbelastung und die zweithöchste Belastung im Bereich der Persönlichkeitsstörungen auf. Paraphilien treten in dieser Gruppe jedoch kaum auf. Diese Personen neigen dazu, ihre Tat zu bagatellisieren und zu leugnen. Aus dieser mangelnden Reflexionsfähigkeit über das eigene Handeln ergibt sich eine ungünstige Behandelbarkeit.

Mit einem Anteil von 70 % ist das erste Cluster der sozial und psychisch Unauffälligen am stärksten in der von Wößner (2006) untersuchten Stichprobe vertreten. Vergewaltiger haben im fünften Cluster der dissozialen Täter den größten Anteil. Missbrauchstäter repräsentieren den größten Teil der überangepassten Täter des dritten Clusters.

6.5 Verhaltensbasierte Typologien

Eine der ersten motivstrukturbasierten Typisierungen von Vergewaltigern führte die bundespolizeiliche Ermittlungsbehörde des US-Justizministeriums (FBI) in die Profilerstellung bei sexuellen Übergriffen ein. Es werden machtmotivierte und wutmotivierte Täter unterschieden, diese werden jeweils in zwei Subtypen differenziert (Hazelwood & Burgess, 1999). Zum einen wird der machtmotivierte, selbstunsichere Vergewaltiger postuliert, der wenig physische Gewalt anwendet, seinem Opfer häufig auflauert und Gegenstände aus dessen Besitz entwendet. In ihrer Persönlichkeit erscheinen diese Täter vor allem im Umgang mit Frauen als wenig sozial kompetent und wollen durch die Tat an Selbstsicherheit gewinnen. Der machtmotivierte, selbstsichere Vergewaltiger lässt sich in seinem Verhalten vor allem von seinem stereotypen Bild männlicher Dominanz und Überlegenheit leiten. Der Täter unterhält eher kurzlebige und konfliktbehaftete Beziehungen zu Frauen und weist oftmals Verhaltensauffälligkeiten in der Lebensgeschichte auf. Die wutmotivierten Vergewaltiger werden in rachsüchtige und sadistische Täter unterschieden. Erstere gehen äußerst brutal und ungeplant vor. Triebkraft für den Täter sind unspezifische Aggressionen gegen Frauen, die ihn veranlassen, seine Opfer zu erniedrigen und zu bestrafen. Die letzte Gruppe bezieht sexuelle Stimulation vor allem aus dem physischen und psychischen Leid des Opfers. Auch diese Täter weisen meist seit ihrer Jugend Verhaltensauffälligkeiten auf und gelten als durchschnittlich bis überdurchschnittlich intelligent.

Durch das FBI wurde außerdem eine Typisierung von Sexualmördern in organisierte und desorganisierte Täter (auch plannend und nicht-plannend) vorgenommen. Diese dichotome Typisierung von Serienmördern wird innerhalb dieses Forschungs- und Arbeitsfeldes immer wieder aufgegriffen, jedoch kaum auf seine Güte hin geprüft. Canter, Alison, Alison und Wentink (2004) fanden im Rahmen ihrer Validierungsstudie keine Hinweise auf die Gültigkeit dieses Typenkonzepts. Die Autoren kommen zu dem Schluss, dass Variablen des organisierten Täterverhaltens sehr häufig bei Tötungen auftreten und somit zentraler Bestandteil aller Serientötungen sind. Differenzierungen zwischen Serientätern sind lediglich anhand sogenannter desorganisierter Verhaltensvariablen möglich, da diese seltener vorzufinden sind. Hauptkritikpunkt ist in diesem Zusammenhang, dass es sich bei dem vom FBI postuliertem Modell um zwei

Extremgruppen handelt, die in der Realität in der beschrieben Reinform eher nicht zu finden sind (Müller, Köhler & Hinrichs, 2005). Hinsichtlich sexuell assoziierter Tötungsdelikte findet sich die Differenzierung in sadistisch- und ärgermotivierte Mörder in verschiedenen Typisierungsansätzen unterschiedlicher Autoren immer wieder (Proulx, 2007). Sadistische Mörder berichten vermehrt von physischer und psychischer Gewalt in der Kindheit und sozialer Isolation, die sich auch im Erwachsenenalter manifestiert. Hinsichtlich psychologischer Merkmale zeichnen sich diese Täter durch vermeidende und schizoide Persönlichkeitszüge aus, die mit einem geringen Selbstwertgefühl einhergehen. Diese Personen fühlen sich von ihrem Umfeld, insbesondere von Frauen, häufig abgelehnt und gedemütigt. Im Fall von ärgermotivierten Mördern geht eine Vielzahl von Typisierungsansätzen davon aus, dass es nur wenige Unterschiede zu anderen Gewaltstraftätern gibt. Diese Täter sind sozial unangepasst, was durch zahlreiche Konflikte mit Autoritäten, Gewalt und impulsiven Straftaten seit der Kindheit und Jugend zum Ausdruck kommt. Im Erwachsenalter setzt sich dieses Muster oftmals mit Alkoholmissbrauch, häufigem Jobwechsel und wechselnden Partnerschaften fort. Zudem treten in dieser Tätergruppe besonders häufig Borderline Persönlichkeitsstörungen auf, die durch emotionale und soziale Instabilität gekennzeichnet sind (Proulx, 2007).

Knight, Warren, Reboussin und Soley (1998) unternahmen den Versuch, Typen von Vergewaltigern aus den Erkenntnissen der Tatortanalyse vorherzusagen. Dazu wurde eine Stichprobe von Vergewaltigern mit erwachsenen weiblichen Opfern (N=116) aus den Datenbanken der FBI-Akademie herangezogen. Die Autoren kommen zu dem Schluss, dass die Vorhersage von Tätertypen aus Tathergangsinformationen durchaus möglich ist. Die belastbarsten Vorhersagen waren in der untersuchten Stichprobe für den erwachsenen antisozialen Vergewaltiger und den expressiv-aggressiven Typus möglich. Ersterer zeichnet sich durch Alkohol- und Drogenkonsum und die Präsenz von Waffen während der Tat aus. Der expressiv-aggressive Typ fügt seinem Opfer schwere Verletzungen zu, benutzt Waffen während der Tat, beißt und sticht auf sein Opfer ein. Vergewaltiger, die von tiefgreifendem Ärger oder Rachsucht getrieben sind, lassen sich den Autoren zufolge, nur schwer auf Grundlage der Tatortinformationen identifizieren.

6.6 Zusammenfassung der verschieden Typisierungsansätze

Grundsätzlich können im Bereich der Sexualstraftätertypisierungen zwei Herangehensweisen unterschieden werden. Ein Vorgehen besteht darin, Täter vorrangig auf Grundlage von Personenmerkmalen zu Typen zusammenzufassen. Die zweite typenkonzeptionelle Herangehensweise fokussiert vor allem Verhaltensweisen der Personen und lässt anhand dessen Typisierungen zu.

Der erst genannten Herangehensweise folgen vor allem Schorsch, Groth, Rehder sowie Knight und Prentky. Ausgangspunkt und Kernmerkmal deren Typologien ist die Differenzierung nach den Deliktkategorien Vergewaltiger versus sexuelle Missbraucher. Die beiden ältesten und in der Entwicklung der forensischen Forschung sehr einflussreichen Typisierungen wurden von Schorsch (1986) und Groth (1978, 1982) vorgelegt. Beide Ansätze unterscheiden Täter nach psychologischen Eigenschaften und zum Teil nach entwicklungspsychologischen Aspekten. Beide Typologien sind jedoch wenig differenziert. Groth unterscheidet beispielsweise nur zwei Arten von sexuellen Missbrauchstätern. Einen wesentlich größeren Differenzierungsgrad erreicht die Typologie von Knight und Prentky (1990). Die Autoren berücksichtigen neben etablierten psychologischen Konstrukten zusätzlich die Motivstruktur der verschiedenen Tätertypen. Dieses Klassifikationssystem hat nicht nur wissenschaftlich Beachtung gefunden, sondern erfährt vor allem bei Gutachtertätigkeiten praktische Relevanz. Für den deutschsprachigen Raum ist vor allem die Typologie nach Rehder (1996, 1996a) von Bedeutung. Der Autor berücksichtigte dabei sowohl personenbezogene Variablen wie auch Angaben zum Tatablauf. Im Ergebnis finden sich zahlreiche Parallelen zu den Klassifikationen nach Schorsch, Groth sowie Knight und Prentky. Fragen der unterschiedlichen Behandelbarkeit bilden die Basis des Typisierungsansatzes nach Wößner (2006). Clusteranalytisch identifizierte die Autorin Tätergruppen, bei denen eine unterschiedliche Ansprechbarkeit auf therapeutische Intervention zu erwarten ist.

Typisierungsansätze, die sich ausschließlich auf Verhaltenselemente der Tat konzentrieren und somit dem zweitgenannten Vorgehen zu zuordnen sind, basieren vor allem auf Stichproben aus dem US-amerikanischen Raum. Hierbei handelt es sich zumeist um dichotome Klassifikationen für die Unterteilung von Vergewaltigern und Sexualmördern. Zentraler Aspekt stellt dabei die Motivgrundlage der Tat (Hazelwood & Burgess, 1999; Proulx, 2007) bzw. der Planungsgrad der Tat dar (Canter et al., 2004). Die Schwäche dieser Ansätze liegt vor allem in deren Dichotomie, die keine ausreichende Differenzierung der Täter zulässt, worunter wiederum die praktische Anwendbarkeit leidet.

7 Zusammenfassung und Entwicklung der Fragestellung

Seit mehreren Jahrzehnten setzen sich Forscher verschiedener Disziplinen intensiv mit dem Phänomen der Sexualdelinquenz und deren Tätern auseinander. Es liegen zahlreiche Befunde aus dem nationalen und internationalen Raum vor, die sich zumeist nur Teilaspekten dieser Thematik widmen. Bereits in den Anfängen der verhaltensorientierten Sexualstraftäterforschung ist es gelungen, Verhaltensweisen zu identifizieren und zu gruppieren, die während einer Tat gemeinsam auftreten und somit auch das Tatgeschehen charakterisieren. Ebenso konnten Eigenschaftsmuster ermittelt werden, die vor allem für einzelne Deliktgruppen charakteristisch sind. Sowohl innerhalb der persönlichkeitsorientierten Täterforschung als auch innerhalb des Bereichs der verhaltensorientierten Forschung treten immer wieder vergleichbare Befunde und Zusammenhänge zu Tage. Auf Grundlage dieser Erkenntnisse liegt die Vermutung nahe, dass es übergeordnete Strukturen gibt, die Verhaltens- und Persönlichkeitsdimensionen miteinander verbinden. Für Teilbereiche der Persönlichkeit und des Verhaltens, ist es bereits einzelnen Autoren gelungen Zusammenhänge zu identifizieren. Es konnte beispielsweise gezeigt werden, dass die Klassifikation des Täters anhand bestehender Typologien mit seinem Tatverhalten empirisch in Verbindung zu bringen ist (Warren, Reboussin, Hazelwood & Wright, 1991).

Generell ist auffällig, dass je jünger die Geschädigten eines Sexualdelikts sind, desto größer wird der Anteil männlicher Opfer. Der größte Anteil männlicher Opfer ist in der Gruppe der unter 14-jährigen zu finden. Somit ist bei Vergewaltigungstaten fast ausschließlich von erwachsenen, weiblichen Opfern auszugehen. Des Weiteren ist festzustellen, dass Täter, die einen sexuellen Missbrauch begehen, im Mittel deutlich älter sind als Vergewaltiger, somit ist bei Tätern mit männlichen Opfern auch eine größere Altersdifferenz zwischen Angreifer und Opfer zu erwarten, als das bei weiblichen Opfern der Fall ist (Hodges & Canter, 1998).

Der aktuelle Forschungsstand weist darauf hin, dass es Zusammenhänge zwischen dem Geschlecht des Opfers und den Verhaltensmustern, die während des Tatgeschehens gezeigt werden, gibt. Bei sexuellen Übergriffen auf Kinder ist das Verhalten des Täters eher von Beschwichtigungen und Zuneigung gekennzeichnet (u. a. Canter et al., 1998). Bringt man diesen Aspekt mit der

Tatsache zusammen, dass jüngere Opfer häufig auch männlichen Geschlechts sind, dann liegt der Schluss nahe, dass der Übergriff auf männliche Opfer wesentlich häufiger von romantisierenden Verhaltensweisen wie Küssen, Streicheln und Zeigen von Zuneigung geprägt ist. Zudem ist eine prädeliktische Bekanntschaft für diese Übergriffe charakterisierend. Diese Taten sind somit von einem missbräuchlichen Umgang mit der Vertrauensbasis, die zumeist über einen längeren Zeitraum zum Opfer aufgebaut wurde, gekennzeichnet.

Frauen scheinen im Gegensatz dazu häufiger Opfer von gewaltgeprägten sexuellen Übergriffen zu werden (u. a. Baurmann, 1996), bei denen auch häufiger Alkoholisierung eine Rolle spielt. Hierbei ist auch davon auszugehen, dass durch Alkoholkonsum bei Vergewaltigungsdelikten zusätzlich die Gewaltbereitschaft des Täters gesteigert wird und der Wegfall der Verhaltenshemmung führt demzufolge eher zum Ausagieren der Gewalt. Chéné und Cusson (2007) können diesen Zusammenhang für Delikte, in denen es zur Tötung des Opfers kam, bestätigen. Von verschiedenen Autoren wurden wiederholt Verhaltensweisen beschrieben, die von ausgeprägter Gewalt und Rücksichtslosigkeit gegenüber weiblichen Opfern gekennzeichnet sind (Woodworth & Porter, 2002). Vergewaltigungstaten, die sich gegen erwachsene Frauen richten, gehen zudem oftmals mit vaginaler Penetration, unpersönlicher Interaktion und einem Missachten des Opfers, Cluster B Störungen und Gewalt bei der Tat einher (u. a. Canter & Heritage, 1990).

Gegenläufig zu dem Befund, dass Frauen vor allem Gewalt im Rahmen eines sexuellen Übergriffs erfahren, wurde eine Tätergruppe identifiziert, die gegenüber ihren weiblichen erwachsenen Opfern eher ein von Pseudo-Intimität geprägtes Verhalten zeigen. Pseudo-intime Verhaltensweisen während eines sexuellen Übergriffs simulieren einen Kontakt zwischen Täter und Opfer, wie er eher auch für einen einvernehmlichen Geschlechtsakt charakteristisch ist. Beispielsweise Interessensbekundungen am Opfer mit dem Ziel eine zwischenmenschliche Beziehung aufzubauen. Diese Tätergruppe findet sich in verschiedenen Typisierungsansätzen wieder. In der Klassifikation von Schorsch (1986) könnte dieses Verhalten einer Tat, die als Folge geschlechtsspezifischer Situationsverkennung entsteht, zugeschrieben werden, in der der Täter Freundlichkeit des späteren Opfers fehlinterpretiert. Für selbstunsichere und partnerschaftlich unerfahrene Täter, denen in verschiedenen Klassifikationsansätzen ein entsprechender Vergewaltigungs-Typ zugeordnet worden ist, wären diese Tatverhaltenselemente ebenfalls prototypisch (u.a. Schorsch, 1986; Hazelwood & Burgess, 1999; Knight & Prentky, 1990).

Allgemeine kriminelle Tatelemente wie Diebstahl, Verbergen der eigenen Identität, Benutzen einer Waffe oder Fesseln des Opfers scheinen in erster Linie bei sexuellen Übergriffen vor allem zum Nachteil erwachsener weiblicher Opfer aufzutreten (Canter, 1994; Canter et al., 2003, Mokros, 2007). Bei sexuellen Missbrauchstaten scheinen diese nonsexuellen Verhaltensweisen kaum eine Rolle zu spielen, demnach sollten männliche Opfer davon auch eher nicht betroffen sein.

Neben dem Geschlecht des Opfers steht auch die Persönlichkeit des Täters im Zusammenhang zu bestimmten Verhaltensmustern währen der Tat. Täter, die eher jüngere und somit auch häufiger männliche Opfer attackieren, scheinen aggressionsgehemmter und mehr von sozialer Ängstlichkeit geprägt zu sein (Bussmann et al., 2008). Diese messbaren Akzentuierungen im Normalbereich der Persönlichkeit münden in der pathologischen Dimension, dass viele Täter Persönlichkeitsstörungen aus Cluster C aufweisen. Verschiedenen Untersuchungen zufolge trifft das vor allem auf pädophile Täter zu und somit auf die einzige Tätergruppe, in der männliche Opfer stark vertreten sind. Diese Täter sind verglichen mit den meisten anderen Menschen eher emotional instabil, können weniger gut mit Frustrationen umgehen und werden dadurch auch eher sozial ausgegrenzt (Hall & Hall, 2009). Zieht man wiederum den Schluss zu den zuvor beschriebenen Studien, ist anzunehmen, dass diese Täter während der Tat Verhaltensweisen zeigen, die von einem missbräuchlichen Interaktionsstil gekennzeichnet sind. Dazu zählt, dass der Täter die Nähe und den Kontakt zum Opfer für seine Zwecke nutzt und die Beziehung zu kindlichen Opfern durch sein Verhalten romantisiert. Mokros (2007) ergänzte dazu, dass Nähe suchendes Verhalten während des sexuellen Übergriffs eher mit einer gering ausgeprägten Dissozialität einhergeht. Demnach ist zu erwarten, dass diese Täter eher keine antisozialen Charakteristika aufweisen.

Unter den pädophilen Tätern ist typologisch und zum Teil auch empirisch eine Subgruppe auszumachen, die eine sadistische Motivation in den Taten erkennen lässt. Mit diesen Tätern wird auch ein Mangel an emotionalen Einfühlungsvermögen und starken narzisstischen Tendenzen in Verbindung gebracht. Das legt die Vermutung nahe, dass diese Täter eine große Anzahl von Opfer haben, da die starken sadistischen und narzisstischen Tendenzen dieser Täter eher gegen die Bindung an bestimmte einzelne Opfer sprechen. Nach Knight und Prentky (1990) sind diese Missbrauchstäter ausschließlich sexuell motiviert und suchen den Kontakt zum Opfer nur, um sexuelle Fantasien zu befriedigen. Im Tatverhalten dieser pädophilen Täter sollten sich demnach auch abweichende Sexualpraktiken finden lassen, wie beispielsweise die Penetration des Opfers mit Gegenständen oder das Anfertigen von pornographischem Material.

Mit gewalttätigem Verhalten werden neben den Störungen aus Cluster B auch Persönlichkeitsstörungen aus Cluster A in Verbindung gebracht (Nedopil, 2000). Die sonderbar exzentrischen Verhaltensweisen, die Störungen dieses Clusters kennzeichnen, können zu pathologischer Eifersucht führen, woraus

Aggressivität resultieren kann. Ärger- und wutmotivierte Taten werden in verschiedenen Typologien vor allem mit Vergewaltigungen in Verbindung gebracht und betreffen somit fast ausschließlich weibliche Opfer (u. a. Hazelwood & Burgess, 1999; Knight & Prentky, 1990). Demnach ist davon auszugehen, dass Täter mit sonderbaren und befremdlichen Wesenszügen eher erwachsene Frauen attackieren.

Das Ausmaß angewendeter Gewalt im Tatgeschehen scheint den bisherigen Erkenntnissen zufolge jedoch nicht nur in Beziehung zum Opfergeschlecht und prädelinquenten psychopathologischen Auffälligkeiten zu stehen, sondern auch eine Verbindung zu den sozialen Lebensumständen und der Biographie des Täters aufzuweisen. Steck et al. (2005) konnten zeigen, dass sich Sexualstraftäter und strafrechtlich nicht in Erscheinung getretene Männer, die sich in einer kritischen Situation gegen die Tatbegehung entschieden haben, signifikant hinsichtlich ihrer gegenwärtigen Lebenssituationen unterscheiden. Es ist somit anzunehmen, dass finanzielle und soziale Probleme der Betroffenen einen entscheidenden Einfluss auf den Entschluss zur Tatbegehung haben. Unabhängig vom begangenen Delikt berichten Straftäter generell von Geldnöten und sozialen Konflikten im Vorfeld der Taten. Das lässt wiederum vermuten, dass Sexualstraftäter, die über eine vermehrte prädeliktische Belastung in diesem Bereich berichten, im Tatverhalten anderen Straftätern ähnlich sind. Es ist davon auszugehen, dass diese Täter mehr allgemeine Kriminalität und damit nonsexuelle Verhaltensweisen bei der Tatbegehung zeigen. Steck und Pauer (1992) konnten zudem zeigen, dass Täter, die eine kriminelle Vorbelastung aufwiesen, auch eher verbale Gewalt in Form von Drohungen im Tatgeschehen anwendeten. Andere Autoren diskutieren vor allem die Bedeutung einer gewaltgeprägten Vorstrafenbelastung (Salfati & Canter, 1999; Straub & Witt, 2002).

Größtes Manko des überwiegenden Teils der zitierten Studien ist jedoch, dass keine umfassende Berücksichtigung von Personen- und Verhaltensinformationen stattfand, häufig auch sehr kleine Stichproben betrachtet wurden und zudem kaum mit multivariaten Ansätzen gearbeitet wurde. Daraus leitet sich entsprechend die Notwendigkeit ab systematische multivariate Analysen über ein weites Spektrum an Verhaltens- und Personenmerkmalen durchzuführen. Im Folgenden werden daher aus den dargelegten vermuteten Zusammenhängen, die sich aus der argumentativen Verknüpfung mehrerer Studienergebnisse und theoretischen Herleitungen ergeben, Hypothesen abgeleitet und empirisch überprüft.

8 Methoden und Durchführung

Zunächst werden die Fragestellung und die Hypothesen vorgestellt, woran sich eine Beschreibung des Untersuchungsplans und der untersuchten Stichprobe anschließt. Im Folgenden werden die Erhebungsinstrumente dargestellt. Zum Abschluss dieses Kapitels folgt eine Erläuterung der statistischen Methoden, die bei der Auswertung der gewonnenen Daten zum Einsatz gekommen sind.

8.1 Fragestellung und Hypothesen

Übergeordnetes Ziel der Arbeit ist es, Zusammenhänge zwischen dem Verhalten einer Person bei Begehung eines Sexualdelikts, deren Lebensumständen im Zeitraum der Tat und personenbezogenen Eigenschaften des Täters festzustellen. Dabei werden nicht nur Persönlichkeitsmerkmale, sondern auch klinisch relevante Persönlichkeitsausprägungen und soziodemographische Daten einbezogen. Aufgrund der bisherigen Forschung zu diesem Themengebiet wird davon ausgegangen, dass es Zusammenhänge zwischen der Art und Weise der Tatbegehung und bestimmten Persönlichkeitsmerkmalen gibt.

Aus dieser übergeordneten Fragestellung ergeben sich die folgenden Hypothesen zum Zusammenhang zwischen Persönlichkeitsmerkmalen und Tatbegehungsmerkmalen.
Hypothese (1): Frustrationsintolerante Täter, die emotional instabil sind, wählen eher männliche Opfer.
Hypothese (2): Täter mit sonderbaren und exzentrischen Überzeugungen und Eigenschaften wählen eher weibliche Opfer.
Hypothese (3): Unkontrollierte und sozial unangepasste Täter wählen eher weibliche Opfer.
Hypothese (4): Je frustrationsintoleranter, emotional instabiler Täter sind, desto mehr ist das Tatgeschehen von missbräuchlichen Verhaltensweisen gekennzeichnet.
Hypothese (5): Umso unkontrollierter und sozial unangepasster Sexualstraftäter sind, desto weniger ist das Tatverhalten von missbräuchlichen Elementen gekennzeichnet.

Für die Zusammenhänge zwischen soziobiographischen Merkmalen, den sozialen Lebensumständen zum Zeitraum der Tat und den dominierenden Verhaltensweisen während der Tat sind die folgenden Hypothesen forschungsleitend.
Hypothese (6): Je höher die Delinquenzbelastung von Sexualstraftätern ist, desto mehr ist das Tatverhalten von Gewalt geprägt.
Hypothese (7): Je schlechter die sozialen Lebensumstände im Zeitraum der Tatbegehung sind, desto mehr kommt es zu gewalttätigen Verhaltensweisen während der Tat.
Hypothese (8): Je schlechter die sozialen Lebensumstände im Zeitraum der Tatbegehung sind, desto mehr non-sexuelle Tatelemente werden im Rahmen des sexuellen Übergriffs begangen.
Hypothese (9): Je höher der Substanzkonsum im Zeitraum der Tatbegehung ist, desto gewalttätiger verhalten sich die Täter während der Tat.
Hypothese (10): Täter die im Zeitraum der Tatbegehung vermehrt Substanzen konsumiert haben, wählen eher keine männlichen Opfer.

Zum Zusammenhang zwischen Opfergeschlecht und Verhaltensweisen des Täters während der Tat werden die folgenden Hypothesen postuliert.
Hypothese (11): Weiblichen Opfern wiederfährt mehr gewalttätiges Verhalten während der Tat.
Hypothese (12): Wenn das Opfer der Tat weiblich ist, dann ist das Tatgeschehen eher von pseudo-intimem Verhalten gekennzeichnet.
Hypothese (13): Ist das Opfer weiblich, dann werden mehr non-sexuelle Tatelemente im Rahmen des sexuellen Übergriffs begangen.
Hypothese (14): Wenn das Opfer des sexuellen Übergriffs männlich ist, dann dominieren sexuell abweichende Verhaltensweisen die Tat.
Hypothese (15): Handelt es sich um ein männliches Opfer, dann ist das Tatverhalten mehr von missbräuchlichen Elementen gekennzeichnet.

Neben der Überprüfung dieser Hypothesen, soll auch reflektiert werden, wie gut sich Einzelbefunde der Arbeit in die bisherigen Erkenntnisse dieses Forschungsfeldes einbetten lassen.

8.2 Untersuchungsplan und Datenerhebung

Die Grundlage für die vorgelegte Arbeit bilden Daten, die im Rahmen des zweijährigen Forschungsprojekts „Sexualstraftäter im Land Sachsen-Anhalt – Eine Vergleichsstudie im Maßregelvollzug, in der sozialtherapeutischen Anstalt Halle (Saale) und im Regelvollzug" am Lehrstuhl für Strafrecht und Kriminologie

Methoden und Durchführung 103

an der Martin-Luther-Universität Halle-Wittenberg unter der Leitung von Prof. Dr. iur. Bussmann erhoben wurden. In diesem Projekt wurde mit einem multimethodalen Ansatz der Frage nachgegangen, ob sich im Strafvollzug inhaftierte Sexualstraftäter von den im Maßregelvollzug Untergebrachten hinsichtlich diagnostischer, kriminologischer und prognostischer Merkmale unterscheiden. Es wurden Sexualstraftäter mit Freiheitsentzug, im psychiatrischen Maßregelvollzugskrankenhaus (§ 63 StGB), in einer Entziehungsanstalt (§ 64 StGB), in Sicherungsverwahrung (§ 66 StGB), in einer sozialtherapeutischen Anstalt und im Regelvollzug des Landes Sachsen-Anhalt vergleichend untersucht. Ein Schwerpunkt des Projekts lag auf Zusammenhangsanalysen von biographischen Belastungen, normalpsychologischen und psychopathologischen Persönlichkeitsmerkmalen, Substanzmissbrauch sowie (Sexual-) Delinquenzbelastung. Die Datenerhebung aus verschiedenen Quellen fand im Zeitraum von Juli 2009 bis Dezember 2010, im Wesentlichen durch die Autorin selbst, statt. Es wurden sowohl Aktenanalysen, Fremdeinschätzungen sowie Befragungen und testpsychologische Untersuchungen durchgeführt. Für die vorgelegte Arbeit wurden Daten der schriftlichen und mündlichen Befragung sowie der Aktenanalysen herangezogen.

Die Grundgesamtheit, die für die vorgelegte Arbeit von Relevanz ist, wurde im Rahmen einer Totalerhebung aller wegen eines Sexualdelikts im sachsen-anhaltinischen Vollzug inhaftierten und untergebrachten Straftäter ermittelt. Dazu wurde jede Vollzugseinrichtung des Landes kontaktiert und aufgefordert, jeden Straftäter dem Projekt zu melden, der sich zu diesem Zeitpunkt aufgrund einer Straftat aus Abschnitt 13 StGB (§§ 174, 176, 176a, 176b, 177, 178, 182 StGB) im Vollzug befindet. Auf Grundlage dessen wurden alle ermittelten Insassen persönlich kontaktiert und um Teilnahme gebeten. In einem Anschreiben wurden die infrage kommenden Versuchspersonen darüber informiert, dass es sich um eine Studie zum Leben im Strafvollzug in Sachsen-Anhalt handelt. Des Weiteren wurden sie darüber in Kenntnis gesetzt, dass ihre Angaben völlig anonym behandelt und ausschließlich zu wissenschaftlichen Zwecken ausgewertet werden. Für interessierte Probanden wurden den Vollzugsanstalten Fragebögen zugeschickt und dort durch die Mitarbeiter der Institution an die entsprechenden Insassen ausgeteilt. Die Probanden bearbeiteten die Fragebögen selbstständig in ihren Hafträumen. Die Fragebögen wurden von Mitarbeitern der Vollzugseinrichtung wieder eingesammelt und an das Forschungsprojekt zurückgeschickt. In einem zweiten Erhebungsschritt wurden, vermittelt über die Vollzugsanstalten, mit allen interessierten Probanden Interviewtermine vereinbart, die in gesonderten Gesprächsräumen in den jeweiligen Vollzugseinrichtungen durchgeführt wurden. Die Probanden wurden für ihre

Teilnahme an der schriftlichen und mündlichen Befragung mit vier Päckchen Tabak, alternativ Kaffee oder Schokolade entlohnt. Des Weiteren wurden für alle gemeldeten Sexualstraftäter die Bundeszentralregisterauszüge (BZR), die Urteile zum aktuellen Unterbringungsdelikt (Bezugsdelikt) sowie gegebenenfalls dazu angefertigte Gutachten beim Bundesamt für Justiz bzw. den entsprechenden Staatsanwaltschaften angefordert und einer Analyse unterzogen. Aus den BZR wurden Erkenntnisse zur Vordelinquenz gewonnen. Die Urteile und Gutachten zum aktuellen Unterbringungsdelikt lieferten Informationen zum spezifischen Täterverhalten während der Tatbegehung.

8.3 Stichprobenbeschreibung

Die Grundgesamtheit dieser Studie bilden alle in Sachsen-Anhalt inhaftierten und untergebrachten Sexualstraftäter im Erhebungszeitraum. Zum Stichtag 01. Juli 2009 wurden durch die Vollzugseinrichtungen des Landes 275 Personen gemeldet, von denen sich 142 Straftäter freiwillige bereit erklärt haben an der Untersuchung teilzunehmen. Das entspricht einer Teilnehmerquote von 52 %, wobei sich die Teilnahmebereitschaft in den einzelnen Vollzugsformen unterscheidet. Die größte Bereitschaft, an der Befragung teilzunehmen, zeigten die Insassen der Sozialtherapeutischen Einrichtung (100 %), die geringste Teilnahmebereitschaft war in den Haftanstalten des Regelvollzugs zu beobachten (37 %) und der Maßregelvollzug liegt mit 46 % Teilnahmebereitschaft im mittleren Bereich. Diese Unterschiede bezüglich der Teilnahmebereitschaft überraschen nicht, da die Vollzugsinsassen der Sozialtherapie mit der Arbeit des universitären kriminologischen Forschungsteams schon in anderen Projekten Erfahrungen gesammelt haben und diese bestehende Vertrauensbasis die Teilnahmebereitschaft vermutlich erhöhte. Außerdem müssen die Probanden durch eine Befragungsteilnahme keine „Enttarnung" bezüglich ihres Unterbringungsdelikts fürchten, da dies innerhalb der Sozialtherapie offen thematisiert wird.

Für die vorliegende Arbeit wurden ausschließlich männliche Probanden berücksichtigt. 16 Personen mussten aufgrund einer zum Teil sehr lückenhaften Datenlage ausgeschlossen werden. Es verblieben 126 Teilnehmer, die die Grundlage aller folgenden Berechnungen bildeten. Zum Zeitpunkt der Erhebung befanden sich 43 Insassen im Regelvollzug, ebenfalls 43 in der Sozialtherapeutischen Einrichtung und 40 waren im Maßregelvollzug untergebracht (vgl. Tabelle 21, Anhang III).

Beim Begehen des Bezugsdelikts, das zur aktuellen Unterbringung geführt hat, waren die Befragten im Mittel 33 Jahre alt, die Altersspanne reicht hierbei von 16 bis 66 Jahren. Den größten Anteil der Bezugsdelikte nehmen die sexuellen Missbrauchstaten (48 %) ein. Bei 37 % der Befragten haben Vergewaltigungen zur aktuellen Unterbringung geführt. In zwei Fällen umfasst das aktuelle Urteil ausschließlich Paragraphen aus dem Bereich der Gewaltstraftaten; diese Befragten sind dennoch Teil der Stichprobe, da in der Beschreibung der Tatbegehung eine eindeutige sexuelle Motivation zu erkennen war. Die übrigen Probanden sind als Mischtypen zu bezeichnen, da sie sowohl aufgrund von Vergewaltigung wie auch sexuellen Missbrauchs verurteilt wurden.

Das Durchschnittsalter lag zum Befragungszeitpunkt bei 40 Jahren, der jüngste Proband war 18 Jahre und der älteste Proband 69 Jahre alt (vgl. Tabelle 19, Anhang III). Der Großteil der Befragten (90 %) gab an, bei ihren leiblichen Eltern aufgewachsen zu sein. 19 % der Befragten äußerten jedoch, dass sie zumindest zeitweise in einem Heim oder ähnlichen Erziehungseinrichtungen untergebracht waren.

Zu ihrem Familienstand (vgl. Tabelle 20, Anhang III) gab der größte Teil der Probanden (57 %) an, ledig zu sein. Verheiratet sind 8 % und geschieden sind 29 % der Befragten. Wenige Probanden (6 %) sind verwitwet. Lediglich jeder vierte Proband (28 %) gab an, zum Zeitpunkt der Befragung, eine feste Beziehung zu haben. Zu ihrer familiären Lebenssituation gaben 39 % der Probanden an, keine Kinder zu haben. Die 75 Befragten, die leibliche oder nichtleibliche Kinder haben, nannten im Durchschnitt drei Kinder, mit denen sie zusammenlebten, die höchste genannte Kinderzahl betrug elf. Etwa ein Viertel (27 %) der Befragten hat auch mit nichtleiblichen Kindern zusammengelebt, lediglich 7 % haben ausschließlich mit nichtleiblichen Kindern in einem Haushalt gelebt (vgl. Tabelle 19, Anhang III).

8.4 Erhebungsinstrumente

In der empirischen Forschung werden entsprechend des jeweiligen Forschungsgegenstands unterschiedliche Methoden eingesetzt. Diese lassen sich nach Schnell, Hill und Essner (2011) in die Datenerhebungsmethoden der Befragung, der Beobachtung, der Inhaltsanalyse und der nicht-reaktiven Messverfahren unterteilen. Innerhalb dieser Studie wurde die Methode der schriftlichen und mündlichen Befragung sowie der Inhaltsanalyse angewendet. Die Erhebung mit Hilfe von Fragebögen hat zum einen den Vorteil, dass durch den Einsatz von vorformulierten Fragen und gebundenen Antworten eine hohe Objektivität und Ökonomie in der Durchführung erreicht wird und gleichzeitig die Vorrausetzung für eine objektive Auswertung und Interpretation geschaffen wird (Amelang & Schmidt-Atzert, 2006). Das standardisierte Interview bietet den Vorteil, dass gerade bei sensiblen Thematiken und Verhaltensweisen, die im hohen Maße gegen die soziale Erwünschtheit oder gar gegen das Gesetz verstoßen, differenzierter auf den Probanden eingegangen und positiv auf die Teilnahmebereitschaft des Befragten eingewirkt werden kann. Bei der Inhaltsanalyse handelt es sich um eine Methode der Datengewinnung, die Texte jeder Art einer quantifizierenden Analyse unterzieht. Der Vorteil der Inhaltsanalyse besteht vor allem darin, dass es sich um eine nicht-reaktive Methode handelt, was eine geringe Beeinflussbarkeit des Untersuchungsergebnisses durch den Probanden zur Folge hat (Schnell et al, 2011).

Um eine umfassende Beschreibung der einzelnen Probanden zu ermöglichen, wurden Daten aus verschiedenen Bereichen erhoben. Dazu wurden Informationen aus folgenden Quellen eingeholt (vgl. Abbildung 6):
a) Gerichtsakten (Urteile, Gutachten) und Bundeszentralregisterauszug,
b) testpsychologische Untersuchung zu normalpsychologischen Merkmalen (z. B. Persönlichkeit, Aggressivität),
c) Interview zu psychopathologischen Auffälligkeiten (z. B. Strukturiertes klinisches Interview für DSM-IV) und soziodemographischen Angaben.

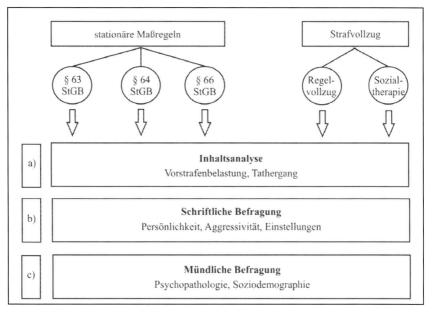

Abbildung 6. Erhebungsmethoden und damit erfasste Tat- und Tätermerkmale.

Es kamen verschiedene zum Teil standardisierte Instrumente zum Einsatz. Soziodemographische Angaben sowie Angaben zu den Lebensumständen im Zeitraum der Tatbegehung wurden zum überwiegenden Teil mit selbstkonstruierten Fragen erhoben.

8.4.1 Inhaltsanalyse

„Die Inhaltsanalyse ist eine empirische Methode zur systematischen, intersubjektiv nachvollziehbaren Beschreibung inhaltlicher und formaler Merkmale von Mitteilungen." (Früh, 2011, S. 27). Diese Erhebungsmethode stammt aus den Kommunikationswissenschaften und hat typischerweise Mitteilungsinhalte zum Gegenstand, wobei die Grundidee darin besteht, eine Bedeutungsstruktur in eine Formalstruktur zu transformieren. Eine Inhaltsanalyse soll in der Weise objektiv sein, dass die systematische Zuordnung von Aussageinhalten zu zuvor festgelegten Kategorien unabhängig von der analysierenden Person ist, die Resultate dieser kategorialen Zuordnung sollen demnach „intersubjektive" Geltung beanspruchen (Kromrey, 2009). Der pragmatische Sinn einer Inhaltsanalyse besteht letztlich darin, unter einer bestimmten forschungsleitenden Fragestellung Komplexität zu reduzieren und statistisch auswertbar zu machen.

Es liegt eine Reihe systematischer Verfahren vor, nach denen Informationen aus Texten extrahiert werden können. In der vorliegenden Arbeit werden komplexe Häufigkeitsanalysen gewählt, bei denen zuvor festgelegte theoriegeleitete Variablenindikatoren im Text festgestellt und dann ausgezählt wurden (Mayring, 2010). Es wird dabei so vorgegangen, dass auszählbare Textelemente bestimmt werden und die Häufigkeit dann entsprechend in Richtung der Forschungsfrage interpretiert wird. Im vorliegenden Fall handelt es sich um die inhaltliche Analyse von Bundeszentralregisterauszügen, Gerichtsakten und für die Hauptverhandlung angefertigte Gutachten. Im Folgenden werden die Inhalte, nach denen die einzelnen Akten analysiert wurden, näher erläutert.

a) Das *Bundeszentralregister (BZR)* ist ein vom Bundesministerium der Justiz bundesweit geführtes Register. Die gesetzliche Grundlage des Bundeszentralregisters bildet das Bundeszentralregistergesetz (BZRG). In das Register werden alle strafrechtlichen Verurteilungen, Entscheidungen von Verwaltungsbehörden und Gerichten, Vermerke über Schuldunfähigkeit sowie andere gerichtliche Feststellungen und nachträgliche Entscheidungen eingetragen (§ 3 BZRG). Für jedes strafrechtlich relevante Ereignis wird eine Eintragung im BZR vorgenommen, wobei jede einzelne Eintragung folgende Angaben umfasst: die Personendaten des Betroffenen; die entscheidende Stelle samt Geschäftsnummer; der Tag der (letzten) Tat; der Tag des ersten Urteils; der Tag der Rechtskraft des Urteils; die rechtliche Bezeichnung der Tat, deren der Verurteilte schuldig gesprochen worden ist, unter Angabe der angewendeten Strafvorschriften; die verhängten Strafen, Maßregeln und Nebenfolgen (§ 5 BZRG). Die BZR-Auszüge der befragten Sexualstraftäter wurden vornehmlich zur Ermittlung der Vorstrafenbelastung verwendet. Für jeden befragten Probanden liegt ein Bundeszentralregisterauszug in Papierform vor. Die vom Bundesamt für Justiz angeforderten BZR wurden hinsichtlich folgender Informationen analysiert: das Alter in dem der Proband erstmals strafrechtlich in Erscheinung getreten ist; die in Haft verbrachten Monate vor der aktuellen Unterbringung; die Anzahl der Eintragungen vor der aktuellen Unterbringung, die sich auf ein Sexualdelikt nach Abschnitt 13 des Strafgesetzbuchs (StGB) beziehen sowie die Anzahl aller strafrechtlich relevanten Eintragungen vor der aktuellen Unterbringung. Allen vier Items liegt eine Verhältniskala zugrunde. Hierzu ist jedoch anzumerken, dass das BZR ausschließlich über Taten Auskunft geben kann, die im Hellfeld liegen, d. h. polizeilich bekannt geworden sind und die noch nicht der Straftilgung, d. h. der Entfernung einer Eintragung über eine Verurteilung aus dem Bundeszentralregister nach Ablauf der Löschungsfrist (§§ 45-52 BZRG) erlegen sind.

b) Die Analyse der *Gerichtsurteile und Gutachten*, die zur aktuellen Inhaftierung oder Unterbringung im Maßregelvollzug geführt haben, bilden die Datengrundlage für die Beschreibung des Täterverhaltens beim Begehen des Sexualdelikts und die Erfassung der Merkmale der Opfer der jeweiligen Tat. Der Umfang und Detailliertheitsgrad der einzelnen Dokumente divergiert zum Teil stark, aus diesem Grund wurde für jede relevante Verhaltensweise lediglich registriert, ob der Täter dieses Verhalten im Verlauf der Tat gezeigt hat oder nicht (vgl. Tabelle 15, Anhang I). Die Kodierung fand in dichotomer Form statt. Die vorliegenden Urteile und Gutachten wurden hinsichtlich 57 Items, die jeweils ein konkretes Verhalten erfassen, analysiert. Es ist davon auszugehen, dass das Zeigen einzelner konkreter Verhaltensweisen auch durch situationale Faktoren oder Opferverhalten beeinflusst sein kann und somit keinen direkten Rückschluss auf Tätermerkmale erlaubt. Aus diesem Grund ist der Betrachtung von thematisch homogenen Variablengruppen den Vorrang zu geben (Canter & Young, 2003). Die 57 Items zu einzelnen Verhaltensweisen sind demnach in zehn Oberkategorien zusammengefasst, zwei dieser Oberkategorien bestehen nochmals aus Subkategorien (vgl. Abbildung 7). Die Ober- und Subkategorien sind überwiegend ordinalskaliert. Einen großen Stellenwert nehmen die sexuellen Handlungen innerhalb des Tatgeschehens ein, diese werden daher differenzierter in sechs Subkategorien erfasst. Um Täter an Hand ihres Verhaltens unterscheiden zu können, werden hier die Kodierungen in den Subkategorien „Penetration mit Penis", „Penetration mit anderen Körperteilen oder Gegenständen",

Methoden und Durchführung 109

„romantisierendes sexuelles Verhalten", „allgemeine sexuelle Handlungen ohne Penetration", „Ejakulation" und „Anfertigung von Pornographie" vorgenommen. In weiterführenden Analysen gehen die Summenwerte der Ober- bzw. Subkategorien ein.

Die Itembildung zur Analyse des Täterverhaltens erfolgte dabei in Anlehnung an bisherige empirische Erkenntnisse aus der Täterprofilerstellung. Vor allem die Arbeitsgruppe um Canter war Wegbereiter für einen systematischen empirischen Umgang mit der Täterprofilerstellung. Diese Studien liefern Grundlagen für die Auswahl von näher zu betrachtenden Verhaltensschwerpunkten bei der Tatbegehung dieser einzelnen Delikte. Kern dieser Studien ist es, aus Beschreibungen des Tatgeschehens Verhaltensweisen abzuleiten, die mit höherer Häufigkeit während eines Tatgeschehens gemeinsam auftreten bzw. Verhaltensweisen zu finden, die Taten voneinander abgrenzen, also relativ selten vorkommen.

Für die vorliegende Arbeit wurden aus bereits existierenden Studien Variablen übernommen und theoriegeleitet durch eigens entwickelte Items ergänzt.

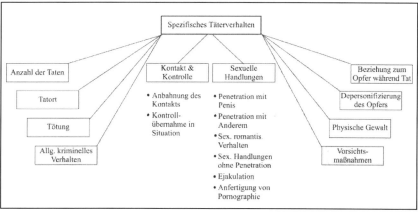

Abbildung 7. Ober- und Subkategorien des spezifischen Täterverhaltens.

Opfermerkmale fanden ebenfalls Beachtung. Hierzu wurde die Anzahl der Opfer, das Geschlecht und das Opferalter in Relation zum Alter des Täters aus den Urteilen entnommen. Das Geschlecht der Opfer eines Täters wurde dabei mit Hilfe von zwei Items, nach dem Schema „Hatte der Täter männliche Opfer?" und „Hatte der Täter weibliche Opfer?" erfasst. Somit resultieren zwei dichotome Variablen, die jeweils die Ausprägung „trifft zu" bzw. „trifft nicht zu" haben. Dieses Vorgehen wurde gewählt, da Täter mit mehreren Opfern zugleich weibliche und männliche Opfer aufweisen können. Zur Bestimmung des Opferalters in Relation zum Täter wurde die Differenz aus Alter des Täters zum Zeitpunkt der Tat und Alter des Opfers zum gleichen Zeitpunkt herangezogen. Gab es mehrere Opfer, wurde hierfür die durchschnittliche Altersdifferenz herangezogen. Für die Erfassung der Opferanzahl und der Altersdifferenz zwischen Täter und Opfer liegt eine Verhältnisskala zugrunde. Das Opfergeschlecht wird auf zwei nominalskalierten Variablen erfasst.

8.4.2 Schriftliche Befragung

Zur Erfassung von Persönlichkeitseigenschaften und Einstellungskonstrukten wurden ausschließlich standardisierte Instrumente, die im Folgenden beschrieben werden, eingesetzt. Beispielitems für jedes aufgeführte Messinstrumente sind in Tabelle 3 überblicksartig zusammengestellt.

a) Eine persönlichkeitspsychologische Diagnostik wurde mit Hilfe des *16-Persönlichkeits-Faktoren-Test Revidierte Fassung* (16-PF-R, Schneewind & Graf, 1998) durchgeführt. Dieses Instrument ist ein objektiver Fragebogentest zur mehrdimensionalen Persönlichkeitsdiagnostik. Der Test besteht aus 184 Items, die 16 Primärdimensionen der Persönlichkeit mit jeweils neun bis 13 Items erfassen. In weiterführenden Analyseschritten können 14 dieser Primärskalen zu fünf intervallskalierten Globaldimensionen zusammengefasst werden. Abbildung 8 zeigt eine Übersicht über die Primär- und Globalfaktorstruktur.

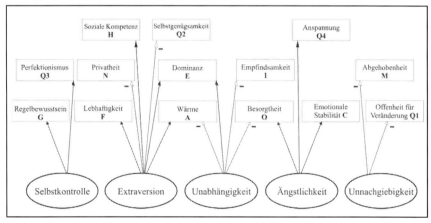

Abbildung 8. Primär- und Globalfaktorstruktur des 16-PF-R (Nach Schneewind & Graf, 1998, S. 7).

Methoden und Durchführung 111

Die Primärskalen B (logisches Schlussfolgern) und L (Wachsamkeit) gehen nicht in die Globalfaktoren ein. Ebenso findet auch die Skala zur sozialen Erwünschtheit (IM, Impression Management) keine Berücksichtigung in den Globalfaktoren. Mit der Kombination von Primär- und Globalfaktoren ermöglicht der 16-PF-R einen differenzierten Zugang zu verschiedenen Merkmalsbereichen der Persönlichkeit (Amelang & Schmidt-Atzert, 2006).
In den weiterführenden Analyseschritten dieser Arbeit werden ausschließlich die fünf Globalfaktoren berücksichtigt. Der Vorteil dieses Vorgehens liegt darin, dass die Globalfaktorwerte der Probanden auf sehr viel mehr Items basieren, als das bei den Primärfaktorwerten der Fall ist und daher eine höhere Reliabilität aufweisen. Für die interne Konsistenz der Globalskalen wird ein Cronbachs α (Alpha) zwischen .78 und .90 angegeben (Rodenhausen, 1999) und ist damit als zufriedenstellend zu bewerten. Mehrere Skalen des 16-PF-R weisen konvergente Validität zu den Big Five des NEO-FFI sowie zu anderen mehrdimensionalen Persönlichkeitsfragebögen auf (Amelang & Schmidt-Atzert, 2006).
Im 16-PF-R beinhaltet der Faktor Extraversion warm im Umgang mit Anderen zu sein, selbstbewusst, lebhaft, sozial kompetent, offen und gruppenorientiert. Einige Autoren heben hervor, dass in westlichen Kulturkreisen vor allem sehr niedrige Extraversionswerte ein Hinweis auf pathologische Abweichungen von der Norm sind. Hohe Werte auf dieser Skala sind in westlichen Kulturen eher nicht als Hinweis auf pathologische Persönlichkeitszüge zu werten (Karson et al., 1999). Sehr geringe Werte können Ausdruck eines pathologischen sozialen Rückzugs sein und gelten als besonders besorgniserregend, wenn gleichzeitig auch Probleme mit Aggression vorhanden sind. Hohe Extraversionswerte sprechen hingegen eher für eine Orientierung auf zwischenmenschliche Beziehungen.
Hohe Werte auf dem Faktor Selbstkontrolle sind Ausdruck von Regelbewusstsein und Zwanghaftigkeit, diesen Personen ist besonders daran gelegen, dass Gesetze und Regeln eingehalten und befolgt werden.
Der Faktorwert, den der Befragte in Unabhängigkeit erreicht, kann genutzt werden, um Probleme mit Ärger und Reizbarkeit festzustellen (Karson et al., 1999). Hohe Werte in diesem Faktor können auf eine ausgeprägte aggressive Haltung hinweisen, dies kann sowohl in zwischenmenschlichen Beziehungen zu Problemen führen als auch in der Ich-Integration eine ständige Herausforderung darstellen.
Der Faktor Ängstlichkeit erlaubt eine Aussage über die seelische Gesundheit des Befragten. Der Faktor beschreibt das Ausmaß mit dem ein Befragter emotional instabil, angespannt und besorgt ist. Hohe Skalenwerte sprechen dafür, dass der Proband überfordert ist oder viele Probleme hat, diese

können auch ein Zeichen für eine ernsthafte Anpassungsproblematik sein. Niedrige Werte auf diesem Faktor sind hingegen hinsichtlich pathologischer Ausprägungen weniger bedenklich (Karson et al., 1999).
Der fünfte Globalfaktor des 16-PF-R Unnachgiebigkeit gibt einen Hinweis darauf, inwiefern die Befragten empfänglich und offen für Eindrücke und Beeinflussung aus ihrer Umwelt sind. Dieser Skala kommt kaum klinische Bedeutsamkeit zu, sowohl hohe als auch niedrige Werte implizieren eher nicht das Vorliegen von Pathologie (Karson et al., 1999).
b) Um das Ausmaß von Sexismus als Einstellung zu ermitteln, wurde die *Ambivalente Sexismus Skala* (ASS) von Eckes und Six-Materna (1999) eingesetzt. Die 22-Item-Skala erfasst ambivalente Einstellungen gegenüber Frauen. Dieses ordinalskalierte Instrument gliedert sich in zwei Subskalen, negativ offene feindselige Einstellungen (Hostilität) und subjektiv positive wohlwollende Einstellungen (Benevolenz). Benevolenz unterteilt sich noch mal in drei Komponenten, welche folgende Subsubskalen bilden: Paternalismus, Geschlechterdifferenzierung und intime Heterosexualität. In die weiteren Analysen gehen ausschließlich die Subskalen Hostilität und Benevolenz ein. Die Autoren geben für verschiedene Stichproben eine zufriedenstellende Reliabilität des Instruments an. Für die Gesamtskala wird ein Cronbachs α von .78 bis .85 berichtet (Eckes & Six-Materna, 1999). Wie auch schon im englischsprachigen Original weist die Hostilitätsskala eine etwas bessere Reliabilität von $α = .78$ bis $α = .87$ auf, als das bei der Subskala Benevolenz der Fall ist. Für diese Skala wird ein Cronbachs α zwischen .75 und .87 angegeben. Die Autoren der englischen Originalskala begründen diese unterschiedlich starke Reliabilität mit der Multidimensionalität der Benevolenzskala (Glick & Fiske, 1996). Insgesamt erweisen sich die Ambivalenten Sexismus Skalen jedoch auch in anderen Untersuchungen als sehr reliabel (Eckes, 2001). Die Konstruktvalidität dieser Skalen sehen die Autoren dadurch bestätigt, dass männliche Befragte im Durchschnitt höhere Werte erreichen als Frauen. Außerdem zeigen sich die ASS-Skalen in verschiedenen Untersuchungen unkorreliert mit Skalen der sozialen Erwünschtheit (Eckes & Six-Marterna, 1999; Glick & Fiske, 1996).
c) Das *State-Trait-Ärgerausdrucks-Inventar* (STAXI, dt. Fassung, Schwenkmezger, Hodapp & Spielberger, 1992) ist ein Verfahren zur Messung der Intensität von situationsbezogenem Ärger und vier dispositionellen Ärgerdimensionen. Für die weitere Betrachtung sind vor allem die 34 Items relevant, die Ärger als Persönlichkeitsmerkmal erfassen. Es lassen sich vier Dimensionen unterscheiden: (1) Eigenschaftsärger (Trait-Ärger), der eine große Menge an Situationen beschreibt, die als störend empfunden werden, (2) nach innen gerichteter, unterdrückter Ärger (Ärger-In), (3) nach außen

gerichteter, verbal oder aktional ausgedrückter Ärger (Ärger-Out) und (4) Ärgerkontrolle, die Fähigkeit, den Ärger kontrolliert auszudrücken (Ärger-Kontrolle). Entscheidend ist dabei, dass der nach außen gerichtete Ärger und der nach innen gerichtete Ärger nicht die entgegengesetzten Pole einer Dimension darstellen, sondern voneinander unabhängig sind. Personen mit einer hohen Ausprägung von Trait-Ärger erleben in vielen Alltagssituationen Frustration und Ärgergefühle, zudem fühlen sie sich häufig ungerecht durch Andere behandelt. Wie diese Personen mit den Ärgergefühlen umgehen, beschreiben die drei weiteren Skalen. Personen, die zusätzlich hohe Ärger-In Werte aufweisen, zeigen diese Gefühle weder verbal noch nonverbal nach außen, sondern unterdrücken diese. Personen mit hohen Werten auf der Ärgerausdrucksskala (Ärger-Out) zeigen ihren Ärger offen gegenüber anderen beispielsweise in Form von Beschimpfungen oder Bedrohung. Da die Ärger-Out und die Ärger-In Skalen unabhängig voneinander sind, ist es auch möglich, dass Personen hohe Werte auf beiden Skalen aufweisen. In diesem Fall kann davon ausgegangen werden, dass situative Faktoren für das Auftreten des einen oder des anderen Verhaltensmusters ausschlaggebend sind. Personen mit hohen Werten auf der dritten Ärgerausdrucksskala (Ärger-Kontrolle) zeichnen sich dadurch aus, dass sie sehr viel Energie dafür aufwenden, Kontrolle über ihre Emotionen vor allem in ärgerauslösenden Situationen auszuüben. Im Extremfall kann dieses Verhalten in sozialem Rückzug und Depressivität gipfeln (Schwenkmezger et al., 1992).

Die Testautoren berichten zum Teil substantielle Interkorrelationen der vier dispositionellen Ärgerdimensionen des STAXI, beispielsweise korreliert Ärgerkontrolle signifikant negativ mit der Ärgerausdrucksskala und dem Eigenschaftsärger (Schwenkmezger et al., 1992). Faktorenanalytisch lassen sich die Ärgerzustands- und die Ärgerdispositionsskala jedoch gut trennen, ebenso die drei Skalen der Ärgerausdrucksdimensionen. Die interne Konsistenz der einzelnen Teilskalen rangiert zwischen $\alpha = .65$ und $\alpha = .96$ (Müller, Bongard, Heiligtag & Hodapp, 2001). Müller und Kollegen können für eine durchgeführte konfirmatorische Faktorenanalyse eine gute Modellanpassung bestätigen und somit auch die faktorielle Validität des Instruments. Die Testautoren selbst legen zahlreiche Befunde zur konvergenten und diskriminanten Validität vor, die die Konstruktvalidität des Instruments stützen (Schwenkmezger et al., 1992).

d) In dieser Arbeit findet außerdem die deutschsprachige Version der *Bumby Molest and Rape Scales* Anwendung (Bumby 1996; dt. Übersetzung in Anlehnung an Gonsior, 2002). Dieses Verfahren besteht aus zwei Skalen, die kognitive Verzerrungen hinsichtlich des sexuellen Kontakts mit Frauen und mit Kindern erfassen. Unter kognitven Verzerrungen werden bei diesem

Instrument Überzeugungen und Einstellungen verstanden, die von Delinquenten genutzt werden, um ihr straffälliges Verhalten zu rationalisieren, zu bagatellisieren oder gar zu leugnen. Die 38 Items umfassende Kindesmissbrauchsskala (Molest Scale) erfasst kognitive Verzerrungen, wie z. B. Verharmlosen von sexuellen Handlungen an Kindern. Die Vergewaltigungsskala (Rape Scale) wird von 36 Items gebildet und misst das Ausmaß der Bagatellisierung von sexuellen Übergriffen auf Frauen. Die ordinalskalierten Antworten der einzelnen Items werden skalenweise aufsummiert, wobei höhere Summenwerte auf ein höheres Maß an kognitiven Verzerrungen hinweisen. Für die Konstruktvalidität dieses Instruments spricht, dass Täter, die hohe Werte auf der Molest Scale aufweisen, mehr kognitive Verzerrungen (Abel und Becker Cognition Scale) und kognitive Unreife (Subskala des Multiphasic Sex Inventory) zeigen und kaum die Tendenz haben, ihr Verhalten durch Leugnen zu verteidigen (Subskala des Multiphasic Sex Inventory). Dementsprechend korreliert die Skala nicht mit sozial erwünschtem Antwortverhalten. Es ist jedoch anzumerken, dass auch schon im englischsprachigen Original (Bumby, 1996) Missbrauchstäter zwar erwartungskonform die höchsten Werte auf der Molest Scale aufweisen, die Rape Scale jedoch nicht zuverlässig zwischen Vergewaltigern und Missbrauchstätern unterscheiden kann. Andere Validierungsstudien bestätigen diesen Befund (Arkowitz & Vess, 2003; Rambow, Elsner, Feelgood & Hoyer, 2008). Rambow et al. (2008) stellten für die deutschsprachige Version der Molest Scale in einer Stichprobe Missbrauchstäter eine Reliabilität von Cronbachs α von .96 fest. Für die Gruppe der Vergewaltiger ergab sich in selbiger Studie ein α von .92. Für das englischsprachige Original berichtet Bumby (1996) ein Cronbachs α von .96.

8.4.3 Mündliche Befragung

Im Rahmen des Interviews kamen sowohl standardisierte Instrumente wie auch selbstkonstruierte Fragen zum Einsatz. Im Rahmen des face-to-face Interviews wurden vornehmlich die psychopathologischen Belastungen und Sozialisationsbedingungen sowie die Lebenssituation des Probanden im Zeitraum des Tatgeschehens eruiert.

8.4.3.1 Standardisierte Instrumente

a) Psychopathologische Auffälligkeiten der untersuchten Insassen und Untergebrachten wurden mit Hilfe des *Strukturierten Klinischen Interviews für DSM IV Achse II* (SKID-II, dt. Bearbeitung, Wittchen, Zaudig & Fydrich, 1997) abgebildet. Das SKID-II ist ein Verfahren zur Diagnostik der zehn

Persönlichkeitsstörungen auf Achse-II sowie der zwei im Anhang des DSM-IV aufgeführten Persönlichkeitsstörungen. Das SKID-II wurde als zweistufiges Verfahren eingesetzt. Zunächst haben alle Befragten einen Screeningbogen mit Items, die die Kriterien des DSM-IV repräsentieren, im Rahmen der postalischen Befragung ausgefüllt. Im persönlichen Interview wurde zur Diagnosefindung nochmals auf alle bejahten Items detaillierter eingegangen. Für jedes Kriterium wurde im Rahmen des Interviews entschieden, ob es zu verneinen ist (0), teilweise als erfüllt zu bewerten ist (1) oder als vollständig erfüllt (2) betrachtet wird.

Die Ergebnisse bisheriger Studien zeigen, dass es sich beim SKID-II um ein sehr reliables Instrument zur Diagnostik von Persönlichkeitsstörungen handelt. Fydrich, Schmitz, Hennch und Bodem (1996) fanden in einer Überprüfung der deutschen Version des Interviews eine prozentuale Übereinstimmung mehrerer Rater für die einzelnen Persönlichkeitsstörungen von 89 % bis 100 %. Die Kappa-Koeffizienten lagen zwischen .55 und .82. Die Übereinstimmung wird von den Autoren als akzeptabel bis gut bewertet (Fydrich et al., 1996). Die Ergebnisse einer Untersuchung von Maffei et al. (1997) zeigten eine exzellente interne Konsistenz der Skalen des SKID-II (Range: $\alpha = .95 - .99$) und eine gute bis sehr gute Interrater-Reliabilität (Range: $\alpha = .65 - .98$).

Verschiedene Untersuchungen zur Test-Retest-Reliabilität zeigten Werte im mittleren bis exzellenten Bereich (First et al., 1995; Weiss, Najavits, Muenz & Hufford, 1995; Dreessen & Arntz, 1998; Bronisch & Mombour, 1998). Zur Validität des SKID-II liegen unterschiedliche Ergebnisse vor. Fydrich et al. (1996) fanden nur eine geringe Übereinstimmung zwischen dem Klinikurteil und dem SKID-II. Bronisch und Mombour (1998) konnten eine mittelmäßige Validität des Instruments zeigen und bestätigen somit die Ergebnisse anderer Studien (z. B. Tenney, Schotte, Denys, van Megen und Westenberg, 2003; Renneberg, Chambless, Dowdall, Fauerbach und Gracely, 1992).

Für die weiteren Analysen werden die zehn Persönlichkeitsstörungen auf drei intervallskalierte Cluster reduziert. Cluster A beschreibt Störungen, die zu sonderbaren und exzentrischem Verhalten führen und umfasst die paranoide, schizoide und schizotypische Persönlichkeitsstörung. Störungen aus diesem Cluster zeichnen sich durch soziale Abgrenzung, verschrobeneigentümliches Verhalten und Misstrauen aus (Fiedler, 2007). Cluster B umfasst die borderline, die histrionische, die narzisstische Persönlichkeitsstörung sowie die antisoziale Störung der Persönlichkeit. Diesen Störungen ist gemeinsam, dass sie von dramatischen, emotionalen und launischen Verhaltensweisen gekennzeichnet sind. Betroffene weisen eine eingeschränkte

Impulskontrolle sowie aggressives Verhalten und kognitive Defizite im Sinne einer gestörten Informationsverarbeitung auf (Fiedler, 2007). Für die vorliegende Arbeit geht die antisoziale Persönlichkeitsstörung nicht als Teil dieses Clusters in die Berechnungen ein, sondern wird aufgrund der Besonderheiten der untersuchten Stichprobe separat betrachtet. Verhaltensmuster in Form von sozialer Unsicherheit, Angst und Furcht vor Zurückweisung kennzeichnen die dritte Diagnosegruppe der Persönlichkeitsstörungen. Im Cluster C werden die selbstunsicher-vermeidende, die dependente und die zwanghafte Persönlichkeitsstörung subsumiert (Fiedler, 2007).

Neben einer kategorialen Auswertung anhand von Cut-off-Werten bietet das SKID-II auch die Möglichkeit einer dimensionalen Auswertung anhand von Summenscores (Barnow, Herpertz, Spitzer, Dudeck, Grabe & Freyberger, 2006). Letzteres findet in der vorgelegten Arbeit Anwendung. Einige Autoren sind sich darin einig, dass ein dimensionales Vorgehen zum einen eher dem Konstrukt der Persönlichkeit gerecht wird und zum anderen zuverlässigere Prognosen ermöglicht (Ullrich, Borkenau & Marneros, 2001; Boateng & Schalast, 2011). Es findet eine Aufsummierung aller Kriterien einer Diagnose statt. Für die weiterführende Betrachtung im Rahmen des Strukturgleichungsmodells werden alle Summenwerte der Störungen eines Clusters in einem Summenscore zusammengefasst, die antisoziale Persönlichkeitsstörung wird jedoch getrennt vom Cluster B betrachtet und geht separat in die Strukturgleichungsmodelle ein.

b) Das *Pädophilie-Screening* wurde mit Hilfe von vier Items als Eigenübersetzung in Anlehnung an die Screening Scale for Pedophilic Interests (SSPI, Seto & Lalumière, 2001) durchgeführt. Diese Skala wurde von den Autoren anhand einer Stichprobe von Kindesmissbrauchern entwickelt und bewertet verschiedene Aspekte der sexuellen Übergriffe auf Kinder in der Vergangenheit des Täters. Die Items werden dabei dichotom nach Vorhandensein bewertet. Relevante Aspekte sind das Vorhandensein von männlichen Opfern, mehr als einem Opfer, Opfern unter elf Jahren und nichtverwandten Opfern. Die Anzahl der Zustimmung in diesen vier Items wird aufsummiert, wobei das Vorhandensein männlicher Opfer doppelt in den Summenwert eingeht. Der Score dieser Ordinalskala kann somit zwischen null und fünf liegen. Ab einem Summenwert von vier kann man von einem pädophilen Interesse ausgehen. Seto und Lalumiére (2001) konnten für dieses Screeninginstrument eine gute diagnostische Genauigkeit nachweisen, die mit Zuverlässigkeit einer phallometrischen Messung zur Identifizierung pädophiler Interessen bei einer Stichprobe von Kindesmissbrauchern vergleichbar ist. Etwa 20 % der Sexualstraftäter, die einen Score von Null erreichten, zeigten eine stärkere phallometrische Reaktion auf Kinder als auf Erwachsene.

Methoden und Durchführung 117

Hingegen zeigten 75 % der Personen mit einem Score von fünf, bei denen laut Screening Instrument von einem pädophilen Interesse auszugehen ist, dieses Reaktionsmuster (Seto, 2009). Von Bedeutung ist ebenfalls, dass der überwiegende Teil dieser Items in einer Meta-Analyse von Hanson und Bussière (1998) als signifikante Rückfallprädiktoren identifiziert wurden. Die Selbstauskünfte aus der Interviewsituation wurden mit Angaben aus den Gerichtsakten abgeglichen und gegebenenfalls ergänzt. Kam es zu Abweichungen zwischen den Angaben der Probanden und den entsprechenden Informationen aus den Gerichtsakten, wurde den Angaben aus den Urteilen und Gutachten der Vorzug gegeben, da hier von einer größeren Genauigkeit und Unverfälschtheit auszugehen ist.

Tabelle 3. Übersicht zu den im Fragebogen eingesetzten Verfahren mit dazugehörigen Beispielitems.

	Messinstrument	Beispielitem
a)	**16-Persönlichkeits-Faktoren-Test Revidierte Fassung**	
	dar.: Globalskala Selbstkontrolle	„Die meisten Regeln sind dazu da, übertreten zu werden, wenn es gute Gründe dafür gibt." (-)
	dar.: Globalskala Extraversion	„Ich gehöre eher zu den Menschen, die auf andere zugehen und den Kontakt mit anderen Menschen genießen."
	dar.: Globalskala Unabhängigkeit	„Ich gehöre zu den Leuten, die sich nicht so leicht etwas gefallen lassen."
	dar.: Globalskala Ängstlichkeit	„Ich habe mehr Stimmungsschwankungen als die meisten, die ich kenne."
	dar.: Globalskala Unnachgiebigkeit	„In den meisten Fällen ist es besser Veränderungen und neuen Ideen den Vorrang zu geben." (-)
b)	**Ambivalenter Sexismus Skala**	
	dar.: Hostilität	„Was Feministinnen wirklich wollen ist, dass Frauen mehr Macht bekommen als Männer."
	dar.: Benevolenz	„Egal wie erfolgreich ein Mann auch sein mag, ohne eine Frau, die ihn liebt, fehlt ihm etwas ganz Wichtiges."
c)	**Stait-Trait-Ärgerausdrucks Inventar**	
	dar.: Trait-Ärger	„Ich bin ein Hitzkopf."
	dar.: Ärger-In	„Ich fresse die Dinge in mich hinein."
	dar.: Ärger-Out	„Ich fahre aus der Haut."
	dar.: Ärger-Kontrolle	„Ich bewahre meine Ruhe."

Tabelle 3 wird fortgesetzt.

Fortsetzung von Tabelle 3.

d)	**Bumby MOLEST and RAPE scales**	
	Rape Scale	„Frauen, die vergewaltigt werden, verdienen es wahrscheinlich auch."
	Molest Scale	"Viele Kinder, die sexuell missbraucht wurden, haben deswegen keine größeren Probleme."
e)	**Strukturiertes Klinisches Interview für DSM-IV Achse II**	
	dar.: Paranoide PS	"Glauben Sie, dass es besser ist, andere nicht zu viel über Sie wissen zu lassen?"
	dar.: Schizoide PS	"Würden Sie die meisten Dinge lieber allein als mit anderen zusammen machen?"
	dar.: Schizotypische PS	"Wenn Sie in der Öffentlichkeit Leute sehen, die sich miteinander unterhalten, denken Sie dann häufig, dass man über Sie redet?"
	dar.: Borderline PS	"Geraten Sie aus der Fassung, wenn Sie sich vorstellen, dass jemand, der Ihnen viel bedeutet, Sie verlässt?"
	dar.: Histrionische PS	"Stehen sie gern im Mittelpunkt?"
	dar.: Narzisstische PS	"Haben Sie das Gefühl, dass die meisten Menschen ihre besonderen Fähigkeiten gar nicht richtig schätzen?"
	dar.: Antisoziale PS	"Fällt es Ihnen leicht zu lügen, um zu erreichen, was Sie wollen?"
	dar.: Selbstunsichere PS	"Haben Sie Angst davor neue Dinge auszuprobieren?"
	dar.: Dependente PS	"Fällt es Ihnen schwer anderen zu widersprechen, selbst wenn sie denken, dass diese Unrecht haben?"
	dar.: Zwanghafte PS	"Sind sie jemand, der viel Wert auf Details, Ordnung und Organisation legt?"
f)	**Pädophilie-Screening**	„Wie alt war/en Ihr/e Opfer?"

8.4.3.2 Selbstkonstruierte Instrumente

Neben bereits renommierten standardisierten Instrumenten fanden auch selbstkonstruierte Fragen und Verfahren anderer Forschergruppen Anwendung. Diese kamen vor allem für die Bereiche Soziodemographie, Belastungen in der Primär- und Sekundärsozialisation sowie zu den Lebensumständen im Zeitraum der Tatbegehung zum Einsatz.

a) Zu den *soziodemographischen Angaben* zählen neben dem Alter des Probanden auch dessen Schul- und Berufsausbildung. Erfahrungsgemäß werden diese Fragen sehr ungenau beantwortet, daher wurden diese Informationen

Methoden und Durchführung 119

sowohl postalisch wie auch im Interview erhoben. Abweichungen wurden nochmals mit Angaben aus Gutachten und Urteilen abgeglichen. Letztlich wurden die Angaben anerkannt, die durch gerichtliche Akten bestätigt wurden. Von Interesse war hierbei, ob der Proband einen Schulabschluss hat und in welcher Schulform er diesen Abschluss gegebenenfalls erreicht hat. Es wird dabei auf einer fünfstufigen Ordinalskala zwischen „kein Schulabschluss", „Sonderschulabschluss", „Abschluss der Volks- oder Hauptschule", „Realschul-/Fachschulabschluss/Abschluss der POS" und „Abschluss des Gymnasiums/EOS/Berufsausbildung mit Abitur" unterschieden. Für die Angaben zur Berufsausbildung des Probanden ist die höchste berufliche Qualifikation von Interesse. Auf einer sechsstufigen Ordinalskala wird zwischen „keine Berufsausbildung", „Anlernqualifikation", „Lehre/Facharbeiter", „Fachschule", „Meisterabschluss" und „Fachhochschule/Hochschule" differenziert.

b) Zahlreiche empirische Studien konnten zeigen, dass *Sozialisationsbedingungen* eine maßgebliche Rolle für die Entwicklung von psychischen und Verhaltensstörungen spielen (Kerner, Dolde & Mey, 1996; Lösel & Bliesener, 2003). Auch in der vorliegenden Arbeit findet dieser Aspekt Beachtung. In Anlehnung an Fragebogenmaterialien anderer Forschergruppen (Bussmann, Seifert & Richter, 2008; Niemeczek & Richter, 2012) wurden verschiedene soziobiographische Belastungen in der Herkunftsfamilie und der späteren eigenen Familie der Probanden erfragt und zu Belastungsfaktoren zusammengefasst. Der Belastungsfaktor Primärsozialisation bildet sich aus neun dichotomen Items, für den Belastungsfaktor Sekundärsozialisation werden sieben Items aufsummiert (vgl. Tabelle 4).

Tabelle 4. Zusammensetzung der Belastungsfaktoren der Primär- und Sekundärsozialisation.

Primärsozialisation	Sekundärsozialisation
Straffälligkeit in der Herkunftsfamilie	Straffälligkeit von Partner(in) oder Kindern
Heimaufenthalt des Probanden	Heimaufenthalt eines eigenen Kindes
fehlendes eigenes Elternteil	
Sucht der Eltern	Sucht der/des Partners/in oder Kinder
Gewalt in der Herkunftsfamilie	Gewalt in der eigenen Familie
sexuelle Missbrauchserfahrung	
schlechte wirtschaftliche Verhältnisse	schlechte wirtschaftliche Verhältnisse
Verwahrlosung	Verwahrlosung
weitere Belastungen (Suizid[-versuche], chronische physische Erkrankungen usw.)	weitere Belastungen

In der Sekundärsozialisation entfallen die Items „fehlendes Elternteil" und „sexueller Missbrauch des eigenen Kindes". Ersteres ist durch die Inhaftierung des Probanden per se der Fall und letzteres stellt in vielen Fällen den Anlass der Inhaftierung dar. Beide Faktoren sind ordinalskaliert und können im Fall des Belastungsfaktors Primärsozialisation einen Wert zwischen null und neun, im Fall des Belastungsfaktors Sekundärsozialisation einen Wert zwischen null und sieben annehmen.

c) Um die Bedeutsamkeit situativer Gegebenheiten und Faktoren der gegenwärtigen *Lebensumstände* berücksichtigen zu können, wurden die Probanden rückblickend zu der Lebenssituation befragt, in der sie sich im Zeitraum der Tat befunden haben. Alle Informationen wurden im Rahmen der Interviewsituation als Selbsteinschätzung der Befragten erhoben. Der Proband wurde gebeten, sich an seine damalige Lebenssituation zu erinnern und Fragen zu den folgenden Themen zu beantworten: die finanzielle Situation, die Dauer der möglichen Arbeitslosigkeit, möglicher erhöhter Substanzkonsum und die empfundene Unterstützung durch das soziale Nahfeld und verschiedene Institutionen.

Die damalige finanzielle Situation wurde auf einer fünfstufigen Ordinalskala mit den beiden Polen „sehr gute finanzielle Situation" und „sehr schlechte finanzielle Situation" erfasst. Des Weiteren sollte der Befragte angeben, seit wie vielen Monaten er zum Zeitpunkt der Tatbegehung bereits arbeitslos war. Probanden, die sich zu diesem Zeitpunkt in einem Beschäftigungsverhältnis befanden, erhalten hier eine Null. Für die Registrierung des erhöhten Substanzkonsums war ausschlaggebend, dass die Menge und Art der konsumierten Substanzen deutlich vom persönlichen Normalmaß abweicht. Das Ausmaß der Abweichung wird auf einer fünfstufigen Ordinalskala beschrieben. Personen, die über den gesamten Lebensverlauf hinweg eine Substanzabhängigkeit aufweisen, werden hier mit einer Null bewertet.

Um das Ausmaß der sozialen Unterstützung abzubilden, wurden die Befragten aufgefordert zu bewerten, wie häufig sie von verschiedenen Personen aus ihrem Nahfeld bzw. von verschiedenen Institutionen unterstützt wurden. Die Häufigkeit der erfahrenen Unterstützung wurde auf einer vierstufigen Ordinalskala von „oft" bis „nie" erfasst. Im zweiten Schritt sollte der Proband bezogen auf die Personen und Institutionen, die ihn unterstützt haben, angeben, wie zufrieden er mit dieser Unterstützung in dieser Lebensphase war. Die Qualität der Unterstützung wurde auf einer vierstufigen Ordinalskala von „sehr zufrieden" bis „sehr unzufrieden" gemessen. Diese beiden Bewertungen wurden miteinander multipliziert, das Produkt daraus wurde für sieben potenzielle Personen aus dem Nahfeld zum Index „Unterstützung durch das soziale Nahfeld" aufsummiert. Zum sozialen Nahfeld zählen die/der

Methoden und Durchführung 121

Partner/in, die (Stief-)Mutter, der (Stief-)Vater, Geschwister, die eigenen Kinder, andere Verwandte oder Freunde. Gleiches Vorgehen wurde zur Bildung des Index „Unterstützung durch Institutionen" auf die mögliche Hilfe durch Bewährungshelfer, Therapeuten, Gruppen und Organisationen oder andere öffentliche Einrichtungen angewendet. Beide Indices sind ordinalskaliert und können einen Wert zwischen Null und 16 annehmen.

8.5 Statistische Auswertungsmethoden

Die schriftlich und mündlich erfassten Informationen wurden zur weiteren Datenverarbeitung in die Statistiksoftware IBM SPSS Statistics 20 aufgenommen. Alle Berechnungen zur Generierung der dargestellten Ergebnisse wurden ebenfalls mit dieser Statistiksoftware und dem speziell für die Berechnung von linearen Strukturgleichungsmodellen entwickltem Programm AMOS (Analysis of Moment Structures) durchgeführt. Im Folgenden werden alle statistischen Methoden und Vorgehensweisen, die im Ergebnisteil angewendet werden, vorgestellt und kurz erläutert. Die standardisierten Instrumente wurden entsprechend der im Manual vorgesehen Auswertungsroutine in Skalen zusammengefasst und, wenn vorgesehen, einer Transformation in Standardwerte (Sten- oder Stanine-Werte) unterzogen. Die selbstkonstruierten Skalen wurden durch Aufsummierung der einzelnen Itemwerte gebildet.

Für alle Messinstrumente wurde die interne Konsistenz bestimmt. Die Messung der Reliabilität der Skala erfolgt intern, indem jedes Item als Paralleltest behandelt wird. Eine gängige Kenngröße für die interne Konsistenz bei intervallskalierten Items ist Cronbachs α, bei dichotomen Items kann diese Berechnung mit Hilfe einer Kuder-Richardson-Formel erfolgen. Bei Anwendung der Statistiksoftware SPSS wird im Fall von dichotomen Items die Reliabilität automatisch mit der Kuder-Richardson-20-Formel berechnet. Da diese Maßzahlen angeben, inwiefern eine Gruppe von Test-Items das gleiche latente Konstrukt erhebt, wird die interne Konsistenz als Kennwert der Homogenität einer Skala gewertet (Eid, Gollwitzer & Schmitt, 2010). Der α-Wert kann zwischen minus unendlich und eins liegen, je näher dieser Wert bei eins liegt, desto eher ist davon auszugehen, dass die Items einer Skala ein gemeinsames Konstrukt erfassen. Negative Inter-Item-Korrelationen verringern das α und können im Extremfall negative Werte hervorbringen. Sinnvoll interpretierbar sind jedoch nur positive α-Werte. Als Richtwert für die Akzeptanz eines psychometrischen Messinstruments wird üblicherweise ein Cronbachs α von .70 angenommen (u. a. Cortina, 1993), andere Autoren halten jedoch auch ein α von mindestens .50 für hinreichend (u. a. Wittenberg, 1998). Bei kleineren Werten ist davon auszugehen, dass die Interpretierbarkeit dieser Skala eingeschränkt ist.

8.5.1 Deskriptive Statistik

Zur deskriptiven Beschreibung der Ergebnisse wurden für alle Skalen Häufigkeiten ausgezählt sowie Mittelwerte und Standardabweichungen bestimmt. Für normierte Instrumente wurde auf die entsprechenden Transformationen anhand von Normtabellen zurückgegriffen, anhand deren die Abweichungen der untersuchten Stichprobe zur Norm mit Hilfe von t-Tests (Bortz, 2005) berechnet wurden. Dieses Vorgehen wird sowohl für den STAXI als auch für den 16-PF-R gewählt. Die beiden Sexismusskalen werden wie von den Testautoren vorgeschlagen (Eckes & Six-Materna, 1999) mittels t-Tests mit dem theoretischen Skalenmittelwert verglichen. Die Nullhypothese für diese t-Tests lautet demnach, dass der Mittelwert der untersuchten Stichprobe nicht vom Mittelwert der zugrunde gelegten Normpopulation bzw. dem theoretisch begründeten Mittelwert der Skala abweicht. Um eine statistische Absicherung der Ergebnisse zu gewährleisten, wird eine Nullhypothese erst dann verworfen, wenn die Irrtumswahrscheinlichkeit p kleiner oder gleich 5 % ist (Bortz, 2005). Üblicherweise reduziert man das α-Niveau, wenn man mehr als einen simultanen Test zu der gleichen Hypothese durchführt. Auf eine α-Adjustierung soll verzichtet werden, da „mit einer α-Adjustierung […] die Anforderungen so hoch [gesetzt werden], dass sich auch deutlichere Unterschiede – außer bei extremen Stichprobenumfängen – kaum mehr statistisch absichern lassen" (Köhler, 2004, S. 216). Da es sich bei der untersuchten Stichprobe um eine relativ kleine Gruppe handelt, wird keine Korrektur des α-Niveaus vorgenommen. Für alle folgenden Berechnungen wird dieses Vorgehen angewendet.

8.5.2 Zusammenhangsanalysen

Bevor die im Interesse stehenden Variablen mit Hilfe einer Strukturgleichungsmodellierung analysiert wurden, wurde zunächst überprüft, ob sich bivariate Zusammenhänge in den Daten finden lassen. Dazu wurden die Korrelationen zwischen allen Variablen bestimmt (vgl. Tabelle 45, Anhang III). Abhängig vom Skalenniveau der Variablen wurden verschiedene Korrelationskoeffizienten bestimmt. Im Fall der Korrelation von zwei intervallskalierten Variablen wurde die Produkt-Moment-Korrelation nach Pearson bestimmt. Die Produkt-Moment-Korrelation bestimmt man, indem die Kovarianz durch das Produkt der Standardabweichungen dividiert wird (Eid, Gollwitzer & Schmitt, 2010). Dieser Korrelationskoeffizient gibt die Stärke des linearen Zusammenhangs zwischen zwei Variablen an. Nach Cohen (1988) spricht man bei einer Korrelation von .10 von einem schwachen Zusammenhang, bei einer Korrelation von .30 von einem mittleren Zusammenhang und bei Korrelationswerten von über .50 von einem starken Zusammenhang zwischen den Variablen. Für die Korrealtion zwischen einer ordinalskalierten und einer intervallskalierten Variable oder zwischen zwei ordinalskalierten Variablen wurde die Rangkorrelation nach Kendall (Kendalls Tau) bestimmt. Mit diesem Koeffizienten kann der monotone Zusammenhang zwischen zwei abhängigen Rangreihen berechnet werden (Bortz & Lienert, 2008). Es werden lediglich die ordinalen Informationen aus den Daten genutzt, indem ein vollständiger Paarvergleich aller Merkmalsträger im Hinblick auf ihre jeweiligen Rangplätze durchgeführt wird. Dieses Vorgehen wird auf beide Variablen angewendet, um die Ergebnisse der beiden Variablen miteinander zu vergleichen. Das Verhältnis von konkordanten zu diskonkordanten Ergebnispaaren ermöglicht, eine Aussage darüber zu treffen, ob die beiden Variablen positiv oder negativ zusammenhängen (Eid, Gollwitzer & Schmitt, 2010). Die Korrelation zwischen zwei dichotomen Variablen wird mit Hilfe des Phi-Koeffizienten bestimmt. Wenn die beiden Merkmalsausprägungen der Variablen jeweils mit „0" und „1" kodiert werden, entspricht dieser Korrelationskoeffizient der Produkt-Moment-Korrelation zwischen diesen Variablen (Bortz, 2005). Das ist in der vorliegenden Arbeit der Fall. Der Zusammenhang einer dichotomen Variable mit einer intervallskalierten Variable wird mittels punktbiserialer Korrelation bestimmt. Diese Berechnung entspricht der Produkt-Moment-Korrelation, wenn in die entsprechende Gleichung für das dichotome Merkmal die Werte „0" und „1" eingesetzt werden (Bortz, 2005). Als weiterer Korrelationskoeffizient kommt Somers d für die Bestimmung des Zusammenhangs zwischen einer dichotomen und einer ordinalskalierten Variable zum Einsatz. Bei der Berechnung mit Somers d wird eine der beiden Variablen als unabhängig und die andere als abhängig betrachtet (Brosius, 2011). In der vorliegenden Arbeit wird keine Gerichtetheit des Zusammenhangs unterstellt und auf den Somers d Koeffizienten zurückgegriffen, der von einer symmetrischen Beziehung zwischen den Variablen ausgeht.

8.5.3 Strukturgleichungsmodellierung

Die statistische Methode der Strukturgleichungsmodellierung integriert und erweitert den Ansatz der Faktorenanalyse und den Ansatz der multiplen Regressionsanalyse (Rudolf & Müller, 2010), um eine quantitative Abschätzung der Wirkungszusammenhänge zwischen den manifesten und latenten Variablen eines Modells zu ermöglichen. Ziel ist es, theoriegeleitete Aussagen über Zusammenhänge zwischen verschiedenen Erscheinungsgrößen der Wirklichkeit formal so zu fassen, dass deren Gültigkeit empirisch prüfbar ist (Weiber & Mühlhaus, 2010). Strukturgleichungsmodelle bestehen aus einem Strukturmodell, welches die Beziehungen zwischen den latenten Variablen abbildet und zu meist mehreren Messmodellen, welche den Zusammenhang zwischen den

Messvariablen und den zugrundeliegenden latenten Variablen darstellen (vgl. Abbildung 9).

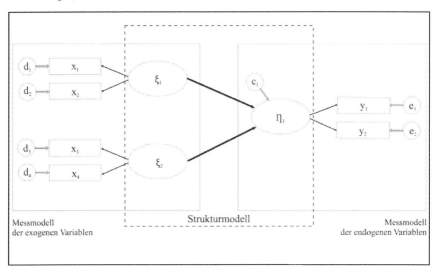

Abbildung 9. Schematische Darstellung eines Strukturgleichungsmodells mit Messmodellen und Strukturmodell (Nach Weiber & Mühlhaus, 2010, S. 39). Latente Variablen sind durch Ellipsen, manifeste Variablen durch Rechtecke und Messfehler durch Kreise repräsentiert.

Die Variablenbeziehungen des Strukturmodells werden in ein lineares Mehrgleichungssystem überführt. Zur Überprüfung der Kausalbeziehung zwischen latenten Variablen des Modells wird in der vorgelegten Arbeit der kovarianzanalytische Ansatz der Strukturgleichungsanalyse verwendet. Dieser Ansatz basiert auf dem Modell der konfirmatorischen Faktorenanalyse und deutet die latenten Variablen als Faktoren, die den Messvariablen als verursachend zugrunde liegen (Weiber & Mühlhaus, 2010). Dabei erfolgen gleichzeitig in einem gemeinsamen Faktorenmodell die Überprüfung der Kausalstruktur zwischen den latenten Variablen (Strukturmodell) und die Prüfung der Messmodelle der latenten Variablen. Alle Parameter des Strukturmodells werden auf Grundlage der Informationen aus der empirischen Varianz-Kovarianzmatrix bzw. der Korrelationsmatrix simultan geschätzt. In der vorliegenden Arbeit werden ausschließlich reflektive Messmodelle gebildet. Bei reflektiven Messmodellen ist die Annahme, dass eine Veränderung der latenten Variable eine Veränderung der

Messvariablen erzeugt, sie bilden demnach die abhängigen Variablen. Die Kovarianzstrukturanalyse ermöglicht die Überprüfung mehrerer reflektiver Messmodelle in einem gemeinsamen Kausalmodell (Weiber & Mühlhaus, 2010). Dieser Ansatz der Strukturgleichungsanalyse basiert vorrangig auf den Arbeiten, die Jöreskog (1970) zur simultanen Schätzung der Modellparameter eines vollständigen Strukturgleichungsmodells auf der Grundlage der empirischen Varianz-Kovarianzmatrix vorgelegt hat.

Ausgangspunkt der Strukturgleichungsanalyse bildet die Prüfung der Itemstruktur mittels exploratorischer Faktorenanalyse zur Ermittlung der latenten Konstrukte des Modells. Es ist nicht davon auszugehen, dass die gesamte Varianz der Ausgangsvariablen erklärt werden kann, da die Erfassung der beobachtbaren Variablen nicht ohne Messfehler erfolgt. Des Weiteren gilt die Annahme, dass die Messindikatoren korreliert sind und diese Korrelation durch die extrahierten Faktoren verursacht wird (Weiber & Mühlhaus, 2010). Zur Extraktion der Faktoren wird die Methode der Hauptachsenanalyse mit schiefwinkliger Promax-Rotation gewählt. Es handelt sich dabei um ein Rotationsverfahren bei dem die Ladungen potenziert werden, um Unterschiede zwischen großen und kleinen Ladungen zu verstärken (Eid et al., 2010). Hierbei wird unterstellt, dass nicht nur die beobachtbaren Indikatoren korrelieren, sondern auch eine gewisse Korrelation zwischen den extrahierten Faktoren zu vermuten ist. Die Anzahl der zu extrahierenden Faktoren wird mittels Kaiser-Kriterium ermittelt, demnach sind die Komponenten auszuwählen, deren Eigenwert größer oder gleich Eins ist (Eid et al., 2010). Trotz inhaltlicher Plausibilität dieses Kriteriums wird oftmals kritisiert, dass dadurch zu viele Faktoren extrahiert werden (Weiber & Mühlhaus, 2010). Die mit Hilfe dieser Extraktion gebildeten latenten Konstrukte werden auf ihre interne Konsistenz geprüft und anschließend in das Strukturgleichungsmodell aufgenommen. Die Indikatorvariablen weisen zum Teil sehr unterschiedliche Varianzen auf. In der Literatur wird empfohlen, in diesem Fall das standardisierte Cronbachs α zu berechnen (Weiber & Mühlhaus, 2010). Dieses Vorgehen wurde auch in der vorliegenden Arbeit gewählt.

In der vorgelegten Arbeit wird für die Schätzung der Parameter des Modells auf die Maximum-Likelihood-Methode (ML-Methode) zurückgegriffen. Bei diesem Vorgehen werden Startwerte für die frei zu schätzenden Parameter angenommen, die anschließend schrittweise so verändert werden, bis die aus den geschätzten Parametern berechnete Varianz-Kovarianzmatrix bestmöglich der empirischen Varianz-Kovarianzmatrix entspricht (Rudolf & Müller, 2010). Ziel ist es, die Wahrscheinlichkeit zu maximieren, dass die empirische Matrix auf Basis der Modellparameter entstanden ist. Vorteil dieser Schätzung ist, dass ML-Schätzer skaleninvariant sind und Skalentransformationen keine Auswirkungen auf die Größe des Parameters haben (Reinecke, 2005). Diese

Schätzmethode ist jedoch an einige Voraussetzungen geknüpft. Die Anwendung des ML-Schätzalgorithmus setzt eine Multinormalverteilung der manifesten Variablen voraus. Einige Studien belegen, dass bei Verletzung dieser Voraussetzung verzerrte Schätzungen resultieren können (Enders, 2001; Newman, 2003). Für diesen Fall liegen zwar auch alternative Schätzalgorithmen vor (z. B. Unweighted-Least-Square-Verfahren), diese sind allerdings nicht für die Berechnung von Datensätzen mit fehlenden Werten geeignet (Arbuckle, 2009). Die Datengrundlage der vorgelegten Arbeit beinhaltet zufällig fehlende Werte (missing at random), die aus der Nichtbeantwortung einzelner Items resultieren. Es existieren verschiedene Verfahren mit diesen fehlenden Werten umzugehen, die sich in klassische, imputationsbasierte und modellbasierte Verfahren einteilen lassen (Lüdtke, Robitzsch, Trautwein & Köller, 2007). Die klassische Behandlung von fehlenden Werten sieht in den meisten Fällen den fallweisen oder paarweisen Ausschluss sowie die Gewichtungsmethode vor.

Diese Methoden sind aus statistischer Sicht jedoch als mangelhaft zu bewerten (West, 2001). Imputationsbasierte Verfahren ersetzen den fehlenden Wert durch eine möglichst sinnvolle Schätzung. Es existieren verschiedene Verfahren, diese Schätzungen zu generieren, z. B. mean substitution, ipsative mean imputation oder das Ersetzen mit Hilfe einer multiplen Regression. Gemeinsame Schwäche dieses Vorgehens ist, dass durch Generierung der imputierten Werte aus beobachtbaren Werten eine lineare Abhängigkeit zwischen diesen Werten erzeugt wird. Zudem werden die Werte im imputierten Datensatz wie beobachtete Werte behandelt und es werden keine speziellen Korrekturformeln der Standardfehler eingesetzt. Die Folge ist, dass die Standardfehler der Parameter unterschätzt werden (Newman, 2003). Dieses Problem umgehen modellbasierte Verfahren, da hier die Schätzung der fehlenden Werte in einem gemeinsamen Schritt mit der Modellschätzung durchgeführt wird. Eine Möglichkeit besteht darin, fehlende Beobachtungen mit der ML-Methode zu schätzen. Wie bereits erwähnt, setzt dieser Schätzalgorithmus eine Multinormalverteilung der Daten voraus, es ist jedoch davon auszugehen, dass Verzerrungen, die durch die Verletzung dieser Voraussetzung resultieren können, letztendlich solidere Ergebnisse produzieren als klassische Verfahren zur Behandlung fehlender Beobachtungen (Lüdtke et al., 2007; Graham, 2009). Aus diesem Grund wird in der vorgelegten Arbeit auf die ML-Methode zur Parameterschätzung zurückgegriffen.

Zur Beurteilung der Schätzergebnisse des Gesamtmodells werden verschiedene andere Kriterien herangezogen (vgl. Tabelle 5). Zu den am häufigsten berichteten Gütekriterien, die auch in der vorgelegten Arbeit Beachtung finden sollen, gehört der Chi-Quadrat-Wert (χ^2), der Quotient aus Chi-Quadrat-Wert und Freiheitsgraden (χ^2/df), der Test von Hoelter, der Root Mean Square Error of Approximation (*RMSEA*) und der Comparative Fit Index (*CFI*). Diese Gütekriterien werden den drei Kategorien der deskriptiven, inferenzstatistischen und inkrementellen Fitmaßen zugeordnet. Es wird empfohlen, zur Beurteilung des Gesamtmodells Gütekriterien dieser drei Kategorien heranzuziehen (Weiber & Mühlhaus, 2010).

Tabelle 5. Übersicht über die herangezogenen Gütekriterien.

Gütekriterien der Kovarianzstruktur					Kriterien zur Modellsparsamkeit	
χ^2	χ^2/df	*RMSEA*	*CFI*	Test von Hoelter	*PNFI*	*AIC*
Kritriengruppe deskriptiv		Inferenzstatistisch	inkrementell		Modellvergleich	
Schwellenwert n.s.	≤ 2.50	$\leq .08$	$\geq .90$	max. Stichprobengröße	Differenz von .06 - .09	Modell mit geringsten Wert

Der χ^2-Wert trifft eine Aussage darüber, ob die empirische Varianz-/ Kovarianzmatrix von der aus dem Modell ermittelten Varianz-/ Kovarianzmatrix abweicht (H_0: $S = \Sigma$). Führt der χ^2-Test zu einem signifikanten Ergebnis, wird das vorgegebene Modell verworfen (Reinecke, 2005). Es ist jedoch zu beachten, dass der χ^2-Test sensibel auf die Stichprobengröße reagiert und einige Voraussetzungen verlangt, die durch empirische Daten oftmals nur teilweise erfüllt werden (Reinecke, 2005). Viele Autoren empfehlen zur Gewinnung zusätzlicher Informationen den ermittelten χ^2-Wert mit der Anzahl der Freiheitsgrade zu vergleichen und den Wert somit als deskriptives Gütekriterium zu interpretieren. Ein χ^2-Wert, der kleiner als das Zweieinhalbfache der Freiheitsgrade ist, spricht für eine gute Modellanpassung (Homburg & Baumgartner, 1995). Dennoch stellen die harten Verteilungsannahmen und rigiden Voraussetzungen des χ^2-Maßes ein Problem in der praktischen Anwendung dar. Das χ^2-Maß reagiert sehr sensibel auf die Stichprobengröße, mit steigendem Umfang der Stichprobe wächst auch der χ^2-Wert. Daraus folgt, dass in sehr kleinen Stichproben auch schlechte Modelle beibehalten werden können. Umgekehrt tritt der Effekt ein, dass Modelle, die an großen Stichproben getestet werden, aufgrund des χ^2-Wertes häufig abgelehnt werden (Weiber & Mühlhaus, 2010). Für eine Stichprobe von $N < 100$ ist das χ^2-Maß nur eingeschränkt anwendbar. Als

Daumenregel gilt hierbei, dass auf jeden zu schätzenden Parameter mehrere Fälle aus der Stichprobe kommen sollten (Reinecke, 2005). AMOS stellt mit dem Test von Hoelter eine Möglichkeit zur Verfügung, die in diesem Zusammenhang kritische Stichprobengröße des jeweiligen Modells zu ermitteln. Dieser Test gibt die Stichprobengröße an, bei der der χ^2-Test gerade noch akzeptiert werden würde (Weiber & Mühlhaus, 2010).

Um diese Schwächen des χ^2-Maßes zu umgehen, wird der *RMSEA* als inferenzstatistisches Gütekriterium empfohlen, der ebenfalls die Abweichung der beobachteten von der durch das Modell geschätzten Kovarianz- bzw. Korrelationsmatrix wiedergibt (Browne, 1993). Ein *RMSEA* kleiner oder gleich .05 spricht für eine gute Modellanpassung, bis .08 kann von einer akzeptablen Modellanpassung ausgegangen werden und bei einem *RMSEA* von ≥ .10 ist das Modell als inakzeptabel zu bewerten. Genrell kann der *RMSEA* Werte zwischen Null und Eins annehmen (Weiber & Mühlhaus, 2010). Diesem Kennwert wird große praktische Relevanz zugeschrieben, da sowohl das 90%-Konfidenzintervall wie auch ein Signifikanztest von AMOS berechnet werden. Auf einen guten Modell-Fit kann geschlossen werden, wenn die Wahrscheinlichkeit, dass der *RMSEA* kleiner oder gleich .05 ist, kleiner als eine gegebene Irrtumswahrscheinlichkeit ist.

Das letzte hier heranzuziehende Gütekriterium ist der *CFI*, womit ein Vergleich des χ^2-Wertes des untersuchten Modells mit dem Nullmodell (Modell ohne Beziehungen zwischen abhängigen und unabhängigen Modellvariablen) vorgenommen wird (Rudolf & Müller, 2010). Dieses Fitmaß ist der Gruppe der inkrementellen Maße zum Modellvergleich von beobachtetem und Nullmodell zuzuordnen. Für den *CFI* können Werte zwischen Eins und Null auftreten, wobei ein Wert nahe Eins für eine gute Modellanpassung spricht, da bei guten Modellen der χ^2-Wert viel geringer ist als im Nullmodell. Als Schwellenwert für gute Modelle wird .90 angegeben (Homburg & Baumgartner, 1995).

Ein weiterer häufig verwendeter Fitwert ist der Standardized Root Mean Residual (*SRMR*), der die quadrierte Abweichung der empirischen Varianzen bzw. Kovarianzen von den geschätzten Matrizen errechnet und die Summe an der Anzahl der Variablen relativiert (Rudolf & Müller, 2010). Allerdings dürfen zur Berechnung des *SRMR* keine fehlenden Werte in den manifesten Variablen vorliegen, weshalb in der vorliegenden Arbeit auf die Bestimmung dieses Fitwertes verzichtet wird. Es ist jedoch davon auszugehen, dass eine Beurteilung des Gesamtmodells mit hinreichender Genauigkeit erfolgen kann, da, wie in der Literatur gefordert, zur Beurteilung des Gesamtfits deskriptive, inferenzstatistische und inkrementelle Fitmaße herangezogen werden (Weiber & Mühlhaus, 2010).

Methoden und Durchführung

Als Ergebnis der Modellschätzung werden standardisierte Schätzwerte berechnet, in Form von Pfadkoeffizienten, die innerhalb des Messmodells Faktorladungen der Faktorenanalyse und im Strukturmodell Beta-Gewichte der Regressionsanalyse entsprechen (Rudolf & Müller, 2010). Zur Parameterbeurteilung ist die Wahrscheinlichkeit heranzuziehen, dass der Modellparameter mit einer bestimmten Irrtumswahrscheinlichkeit verschieden von Null ist. Um Aussagen über die Stärke des Zusammenhangs gewinnen zu können, ist die Größe des Beta-Gewichts heranzuziehen, nach Chin (1998) sind Pfadkoeffizienten, deren Betrag größer als .20 ist, als bedeutungsvoll anzusehen. Hierbei ist jedoch zu beachten, dass es sich lediglich im Fall von metrischen Variablen um den Regressionskoeffizienten einer linearen Regression handelt. Liegen als abhängige Variablen dichotome Variablen vor, dies ist in der vorgelegten Arbeit bei den beiden Variablen zum Opfergeschlecht der Fall, dann wird eine logistische Regression berechnet (Backhaus, Erichson, Plinke & Weiber, 2011). Der Pfadkoeffizient entspricht somit dem Logit-Koeffizienten und kann Werte zwischen $-\infty$ und $+\infty$ annehmen, sie erlauben eine Interpretation analog zur linearen Regressionsanalyse (Backhaus et al., 2011).

Werden mehrere Modelle berechnet, so können zum Vergleich dieser konkurrierenden Modelle Kriterien betrachtet werden, die eine Aussage zur Modellsparsamkeit treffen können. Für den Vergleich von genesteten Modellen kann der Likelihood-Ratio-Test herangezogen werden. Genestete Modelle werden auch als hierarchische Modelle bezeichnet, die immer dann entstehen, wenn das Modell um einen oder mehrere Regressionspfade reduziert wird. Werden allerdings auch Veränderungen der latenten Variablen vorgenommen, resultiert ein nicht-hierarchisches bzw. nicht genestetes Modell (Hinde, 1992). In diesem Fall sind andere Vergleichskriterien heranzuziehen. Dazu werden in der vorgelegten Arbeit der Parsimony Normed Fit Index (*PNFI*) und als inkrementelles Fit-Maß mit Parsimony-Korrektur das Akaike Information Criterion (*AIC*) herangezogen (Weiber & Mühlhaus, 2010). Nach Williams und Holahan (1994) kann man bei einer *PNFI*-Differenz von .06 bis .09 von substantiellen Unterschieden der betrachteten Modelle ausgehen. Bei mehreren Modellvarianten ist das Modell mit dem kleinsten *AIC* zu wählen (Weiber & Mühlhaus, 2010). Auch in dem Fall, das alle miteinander verglichenen Modelle einen schlechten Fit aufweisen, ist es möglich, mittels *AIC* darunter das Modell mit der besten Schätzung zu ermitteln (Burnham & Anderson, 2002).

Insgesamt wurden zur Beantwortung der Fragestellungen dieser Arbeit vier Strukturgleichungsmodellierungen vorgenommen. In allen vier Modellen werden die endogenen Variablen der Verhaltensbeschreibungen aus den Informationen, die zur Tatbegehung der Probanden vorliegen, gebildet. Die exogenen Variablen des ersten Modells bilden ausschließlich normalpsychologische und psychopathologische Persönlichkeits- und Einstellungskonstrukte. Im zweiten Modell wird die Vorhersage der Verhaltensvariablen aus soziobiographischen Informationen der Probanden modelliert. Das dritte Modell stellt eine Zusammenführung der stärksten Parameter der ersten beiden Modellierungen dar, die vierte Modellierung optimiert diese Modellstruktur nochmals.

9 Ergebnisse

Im Folgenden werden die Ergebnisse, die mit den oben beschriebenen Instrumenten und Vorgehen ermittelt werden konnten, dargestellt und beschrieben. Die Ergebnisdarstellung wird durch die Darlegung teststatistischer Kennwerte der verwendeten Instrumente eingeleitet und gegebenenfalls den entsprechenden Angaben der Testmanuale gegenübergestellt (vgl. Kapitel 8.4). Nachfolgend wird die Anwendbarkeit dieser Verfahren in der vorliegenden Stichprobe durch Reliabilitätsanalysen überprüft. Daran anschließend werden in thematischen Blöcken soziodemographische, kriminologische und psychopathologische Merkmale sowie Merkmale der Lebenssituation im Zeitraum der Tatbegehung und die Verteilung der tathergangsanalytischen Kennwerte, die im Rahmen des spezifischen Täterverhaltens verzeichnet werden konnten, aufgezeigt.

Zur Beantwortung der Hypothesen und der übergeordneten Fragestellung werden anschließend korrelative Zusammenhangsanalysen und ein Strukturgleichungsmodell dargelegt (vgl. Kapitel 8.5.3).

9.1 Interne Konsistenz der verwendeten Messinstrumente

Die internen Konsistenzen der standardisierten Erhebungsinstrumente (vgl. Tabelle 22, Anhang III) entsprechen in der hier vorgelegten Arbeit überwiegend den Ergebnissen anderer Studien und Autoren (vgl. Methoden & Durchführung). Die interne Konsistenz der Globalskalen des 16-PF-R erreicht ein Cronbachs α von .65 (Selbstkontrolle) bis .91 (Extraversion). Für die Skalen zur Erfassung des ambivalenten Sexismus werden gute interne Konsistenzen von .85 für die Skala Hostilität und .86 für die Benevolenzskala erreicht. Für die Teilskalen des State-Trait-Ärgerausdrucks-Inventars wird ein Cronbachs α von .76 bis .89 erreicht. Die Bumby Molest and Rape Scales zur Beschreibung kognitiver Verzerrungen erreichen in der vorgelegten Arbeit sehr gute interne Konsistenzen von .97 für die Molest Scale und .95 für die Rape Scale und liegen damit über den Werten, die in vergleichbaren Studien erzielt wurden. Die Skalen des Strukturierten Klinischen Interviews für DSM IV Achse II verfehlen die bisher publizierten internen Konsistenzen mit einem Range von .27 bis .93, die Befunde zu den einzelnen Persönlichkeitsstörungen sind nur eingeschänkt zu interpretieren. Betrachtet man jedoch das Cronbachs α der drei Cluster (Range: .70 - .79) erhält man zufriedenstellende Werte.

Die internen Konsistenzen der theoriegeleitet zusammengefassten Skalen zur Beschreibung des Verhaltens während der Tatbegehung sollten mit der Kuder-Richardson-20-Formel bestimmt werden, da es sich um Skalen aus dichotomen Items handelt. Das Ergebnis dieser Berechnung entspricht jedoch dem Berechnungsergebnis nach Cronbachs α, somit kann auch für diese Skalen Cronbachs α als Maß der internen Konsistenz herangezogen werden. Die internen Konsistenzen dieser Skalen rangieren zwischen .12 und .64 und erreichen damit zum Teil sehr schlechte Konsistenzwerte. Das kann allerdings darauf zurückzuführen sein, dass einige Skalen lediglich aus zwei Items bestehen. Aus inhaltlich-theoretischen Gründen werden diese Skalen dennoch für die weiteren Analysen beibehalten.

9.2 Deskriptive Ergebnisanalyse

Im Folgenden werden die deskriptiven Ergebnisse aller Auswertungsdimensionen dargestellt. Die Ergebnisse sind in sieben thematischen Blöcken zusammengefasst. Zur Beschreibung der Person sind die einzelnen Variablen in die fünf Blöcke soziodemographische und kriminologische Merkmale, psychologische und psychopathologische Merkmale sowie die Lebensumstände im Zeitraum der Tatbegehung zusammengefasst. Den sechsten Themenblock der deskriptiven Ergebnisse bilden die Variablen zum spezifischen Tatverhalten. Abschließend werden die opferbezogenen deskriptiven Ergebnisse dargestellt.

9.2.1 Soziodemographische Merkmale

Den Bereich der soziodemographischen Eigenschaften der untersuchten Personen bilden Variablen, die den Sozialisationsprozess der Probanden beschreiben, dazu zählen die schulische und berufliche Ausbildung, wie auch mögliche Belastungsfaktoren in der Herkunftsfamilie und der späteren eigenen Familie.

Bezüglich ihrer schulischen Laufbahn gaben 29 % an, dass sie die Schule nicht mit einem Abschluss beendet haben. Insgesamt 36 % gaben an, eine Real-, Fach- oder polytechnische Oberschule besucht zu haben. Eine Volks- oder Hauptschule haben 19 % als höchste schulische Ausbildungsform absolviert und 15 % haben eine Sonderschule abgeschlossen. Den geringsten Anteil nimmt mit rund 2 % der untersuchten Stichprobe der Abschluss des Gymnasiums, der erweiterten Oberschule oder eine Berufsausbildung mit Abitur ein (vgl. Tabelle 6).

Tabelle 6. Schulische und berufliche Ausbildung.

Variable	N	%
Schulbildung	126	100
kein Schulabschluss	36	28.57
Sonderschulabschluss	19	15.08
Volks-/Hauptschulabschluss	24	19.05
Realschul-/Fachschul-/POS-Abschluss	45	35.71
Gymnasium/EOS/Berufsausbildung mit Abitur	2	1.59
Berufsausbildung	126	100
keine berufliche Qualifikation	37	29.37
Anlernqualifikation	2	1.59
Lehre/Facharbeiterabschluss	86	68.25
Fachhochschul-/Hochschulabschluss	1	0.79

Im Anschluss an ihre schulische Ausbildung haben 71 % nach eigenen Angaben eine Berufsausbildung mit Abschluss absolviert. Die Mehrheit (68 %) gab an, als höchste berufliche Qualifikation eine Lehre absolviert bzw. den Facharbeiter erworben zu haben (vgl. Tabelle 6). Insgesamt 27 % gaben an, mehr als eine Berufsausbildung absolviert zu haben.

Neben den erworbenen schulischen und beruflichen Qualifikationen wurden auch Belastungen erfragt, denen die Probanden, ihrer eigenen Wahrnehmung nach, im Lebensverlauf ausgesetzt waren. Der überwiegende Teil der Probanden berichtet von einer Vielzahl an Belastungen in der Herkunftsfamilie, lediglich zehn Probanden geben an, keine Belastungsfaktoren vorgefunden zu haben. In ihrer eigenen Kindheit hat fast die Hälfte der Befragten (47 %) Gewalt in der Familie erlebt, ein ebenfalls großer Teil (38 %) ist zumindest zeitweise mit nur einem Elternteil aufgewachsen. Beinahe jeder Dritte (31 %) berichtet von einem mindestens sechsmonatigen Heimaufenthalt oder einem Suchtproblem bei den Eltern (30 %). Einen ebenfalls bedeutsamen Anteil (29 %) nimmt die Gruppe derer ein, die nach eigenen Angaben im Laufe ihrer Primärsozialisation mindestens eine sexuelle Missbrauchserfahrung gemacht haben. Die Probanden, deren Primärsozialisation von Belastungen geprägt war, berichten im Mittel drei verschiedene Belastungsfaktoren aus ihrer Herkunftsfamilie (vgl. Tabelle 7).

Tabelle 7. Häufigkeit der Belastungsfaktoren in der Primär- und Sekundärsozialisation.

Belastungsfaktoren	N	%
Primärsozialisation	126	100
Straffälligkeit in der Herkunftsfamilie	26	20.63
Heimaufenthalt des Probanden	39	30.95
fehlendes eigenes Elternteil	48	38.10
Sucht der Eltern	38	30.16
Gewalt in der Herkunftsfamilie	59	46.82
sexuelle Missbrauchserfahrung	37	29.37
schlechte wirtschaftliche Verhältnisse	15	11.90
Verwahrlosung	9	7.14
weitere Belastungen	18	14.29
Sekundärsozialisation (nur Probanden mit eigener Familie)	81	100
Straffälligkeit von Partner(in) oder Kindern	13	16.05
Heimaufenthalt eines eigenen Kindes	13	16.05
Sucht der/des Partners/in oder Kinder	15	18.52
Gewalt in der eigenen Familie	24	29.63
schlechte wirtschaftliche Verhältnisse	7	8.64
Verwahrlosung	6	7.41
weitere Belastungen	15	18.52

Für die Sekundärsozialisation in der späteren eigenen Familie stellt sich die Situation nach Angaben der Befragten besser dar. Keine eigene Familie gegründet haben bisher 45 Personen. Weitere 40 Personen berichten, dass in ihrer eigenen Familie keinerlei Belastungsfaktoren vorhanden sind. Es ist jedoch zu beachten, dass diese Äußerungen von einer verzerrten Wahrnehmung geprägt sein können und möglicherweise das eigene Verhalten als Vater oder Partner weniger reflektiert wird als das Verhalten der eigenen Eltern. Der Anteil derer, die einzelne Belastungsfaktoren in der eigenen Familie bejahen ist deutlich geringer als in der Herkunftsfamilie. Am häufigsten (30 %) wird Gewalt in der eigenen Familie berichtet. Am zweithäufigsten ist von Suchtproblematiken in der eigenen Familie (19 %) die Rede. Ebenso häufig wird die Kategorie der weiteren Belastungsfaktoren genannt. Hierunter sind psychische Probleme der Partner/innen oder (Stief-) Kinder, Suizidversuche oder vollendete Suizide von Familienmitgliedern oder chronische physische Erkrankungen subsumiert. Einen ebenfalls nennenswerten Belastungsfaktor stellt ein mindestens sechsmonatiger Heimaufenthalt von mindestens einem der eigenen Kinder dar (16 %). Im Falle einer belasteten Sekundärsozialisation beschreiben die Befragten die eigene Familie im Mittel mit zwei verschieden Belastungsfaktoren (vgl. Tabelle 7).

9.2.2 Kriminologische Merkmale

Die kriminelle Karriere der Befragten findet in der vorgelegten Arbeit ebenfalls Beachtung. Von Interesse ist hierbei, wie häufig die Befragten strafrechtlich in Erscheinung getreten sind und welche Sanktionserfahrung sie bereits gesammelt haben. Grundlage für diese Angaben bilden ausschließlich Erkenntnisse aus dem Hellfeld.

Beim Begehen des ersten Delikts waren die Probanden im Durchschnitt 27 Jahre alt. Der jüngste Befragte war zu diesem Zeitpunkt 14 Jahre alt, der älteste 54 Jahre. Insgesamt 93 Personen haben bereits im Vorfeld der aktuellen Unterbringung eine Straftat begangen. Die Hälfte dieser Befragten (51 %) ist einschlägig vorbestraft, das heißt sie sind bereits mit einer Sexualstraftat in Erscheinung getreten. Die Vorstrafenbelastung dieser Teilgruppe ist erheblich. Im Durchschnitt weisen die vorbestraften Probanden zehn Eintragungen im Bundeszentralregister auf. Im Mittel liegen drei Eintragungen zu Straftaten vor, die im Vorfeld der begangenen Sexualstraftat verübt wurden. Hafterfahrung vor der aktuellen Unterbringung haben bereits 79 Befragte gesammelt, die Spanne reicht hier von wenigen Wochen bis zu insgesamt 28 Jahren. Im Mittel haben die Probanden etwa sieben Jahre ihres Lebens vor Begehung des aktuellen Delikts in Haft verbracht.

9.2.3 Normalpsychologie

Zur Beschreibung der Persönlichkeitsstruktur der Befragten wurde der 16-Persönlichkeitsfaktoren-Test revidierte Fassung (16-PF-R) herangezogen. Die vorliegende Arbeit beschränkt sich auf die Betrachtung der Ausprägungen in den fünf Globalfaktoren. Die Gruppe der Befragten zeichnet sich im Mittel durch geringe Extraversionswerte sowie durch eine geringe Ausprägung auf dem Faktor Unnachgiebigkeit aus. Hohe Ausprägungen zeigen die untersuchten Sexualstraftäter auf den Faktoren Ängstlichkeit und Selbstkontrolle (vgl. Tabelle 8). Mittels t-Tests konnte festgestellt werden, dass es sich dabei um statistisch bedeutsame Abweichungen von der Norm handelt. Zum Vergleich wurden ausschließlich die Angaben zu den männlichen Probanden der Normierungsstichprobe des 16-PF-R herangezogen, außerdem wurde bei der Transformation der Rohwerte in Sten-Werte die jeweilige Altersgruppe der Befragten berücksichtigt. Nicht signifikant ist die höhere Ausprägung auf dem Faktor Unabhängigkeit in der Gruppe der Sexualstraftäter. Zusammenfassend lässt sich das Ergebnis des 16-PF-R wie folgt beschreiben. Die Probanden sind, verglichen mit der Norm, weniger extravertiert und unnachgiebig, jedoch ängstlicher und selbstkontrollierter.

Tabelle 8. Mittelwerte und Standardabweichungen der Globalfaktoren des 16-PF-R (Sten-Werte) sowie das Ergebnis der t-Tests unter Angabe des Signifikanzniveaus.

Persönlichkeit	M	SD	t
Extraversion	4.28	1.83	-6.83***
Ängstlichkeit	6.02	1.43	3.82***
Selbstkontrolle	6.46	1.60	6.43***
Unabhängigkeit	5.49	1.68	-0.09
Unnachgiebigkeit	4.86	1.81	-3.76***

Anmerkungen. Signifikante Unterschiede zwischen der untersuchten Stichprobe und der Norm sind mit Sternchen gekennzeichnet: $*p \leq .05$, $** p \leq .01$, $*** p \leq .001$.

Das Ausmaß sexistischer Einstellungen gegenüber dem weiblichen Geschlecht wurde mit Hilfe des Ambivalenten Sexismus Inventars erfasst. Für die weiteren Berechnungen im Strukturgleichungsmodell finden die beiden Subskalen benevolenter Sexismus und hostiler Sexismus Beachtung. Die untersuchte Stichprobe weist auf der Skala Benevolenz eine hohe und auf der Hostilitätsskala eine niedrige Ausprägung auf. Für dieses Instrument liegen noch keine Normierungen vor, daher wurden die Ergebniswerte mit dem theoretischen Skalenmittelwert ($M = 3.50$) mittels Einstichproben-t-Test verglichen. Hierbei erweist sich lediglich die höhere Ausprägung der benevolenten Einstellungen als statistisch bedeutsam. Die befragten Sexualstraftäter zeichnen sich durch ein hohes Ausmaß wohlwollender sexistischer Ansichten bezüglich Frauen aus (vgl. Tabelle 9).

Tabelle 9. Mittelwerte und Standardabweichungen der Ambivalenter Sexismus Skalen, sowie das Ergebnis des t-Test unter Angabe des Signifikanzniveau.

Ambivalenter Sexismus	M	SD	t
Benevolenz	4.19	0.99	7.67***
Hostilität	3.42	0.90	-1.03

Anmerkungen. Signifikante Unterschiede zwischen der untersuchten Stichprobe und dem theoretischen Skalenmittelwert ($M = 3.5$) sind mit Sternchen gekennzeichnet: *$p \leq .05$, ** $p \leq .01$, *** $p \leq .001$.

Zur Beschreibung von Ärger als Persönlichkeitseigenschaft wurde das State-Trait-Ärgerausdrucks-Inventar (STAXI) herangezogen. Für die vorliegende Arbeit sind insbesondere die vier dispositionellen Ärgerdimensionen dieses Instruments von Bedeutung. Die untersuchte Stichprobe weist auf der Skala Trait-Ärger und den Skalen nach innen gerichteten Ärgers (Ärger-In) und nach außen gerichteten Ärgers (Ärger-Out) eine hohe Ausprägung auf. Es handelt sich dabei um signifikante Abweichungen von der Norm. Eine geringere mittlere Ausprägung, verglichen mit der Norm, findet sich auf der Skala Ärgerkontrolle, diese ist jedoch nicht statistisch bedeutsam. (vgl. Tabelle 10).

Tabelle 10. Mittelwerte und Standardabweichungen der STAXI-Skalen (Stanine-Werte) sowie das Ergebnis der t-Tests unter Angabe des Signifikanzniveaus.

Ärgerausdruck	M	SD	t
Trait-Ärger	5.36	1.79	2.23*
Ärger-In	6.17	2.24	5.70***
Ärger-Out	5.38	1.80	2.29*
Ärger-Kontrolle	4.85	1.99	-0.84

Anmerkungen. Signifikante Unterschiede zwischen der untersuchten Stichprobe und der Norm sind mit Sternchen gekennzeichnet: *$p \leq .05$, ** $p \leq .01$, *** $p \leq .001$.

Die Bumby Molest and Rape Scales erfassen das Ausmaß kognitiver Verzerrungen hinsichtlich des sexuellen Kontakts zu Frauen und Kindern. Diese kognitiven Verzerrungen werden auf zwei Subskalen abgebildet. Für beide Skalen liegen keine Normierungen vor, es können lediglich die Summenwerte dieser Skalen betrachtet werden. Auf der Skala Vergewaltigung kann der Summenwert zwischen 36 und 144 liegen. Auf der Skala Kindesmissbrauch kann ein Summenwert zwischen 38 und 152 erreicht werden. Auf beiden Skalen erreicht die untersuchte Stichprobe einen mittleren Summenwert von 63 ($SD_{\text{Vergewaltigung}} = 18.0$, $SD_{\text{Kindesmissbrauch}} = 22.9$). Dieser Wert liegt auf beiden Skalen deutlich unter dem theoretischen Mittelwert. Eine Interpretation dieses Ergebnisses ist nur sehr eingeschränkt möglich, da es sich lediglich um einen Vergleich von Summenwerten handelt. Möchte man dennoch einen inhaltlichen Schluss aus diesem Befund ziehen, könnte man sagen, dass die Befragten im Mittel eher gering ausgeprägte kognitive Verzerrungen bezüglich des sexuellen Kontakts zu Frauen und Kindern aufweisen.

9.2.4 Psychopathologische Merkmale

Im standardisierten klinischen Interview wurde die Belastung durch Persönlichkeitsstörungen innerhalb dieser Stichprobe durch die Autorin ermittelt. Zur deskriptiven Beschreibung der Ergebnisse werden die dimensionalen Diagnosen der einzelnen Persönlichkeitsstörungen berichtet. In die spätere Analyse im Rahmen des Strukturgleichungsmodells fließen die Erkenntnisse aus diesem Diagnoseinstrument als Summenscore über die gesamten Diagnosekriterien der einzelnen Störungscluster ein, die antisoziale Persönlichkeitsstörung wird jedoch separat berücksichtigt. Da sich jede Störung aus unterschiedlich vielen Kriterien zusammensetzt, variiert entsprechend der maximal zu erreichende Summenwert zwischen den einzelnen Persönlichkeitsstörungen wie auch zwischen den Störungsclustern. Die durchschnittliche Belastung in der jeweiligen Störung wird ausschließlich für die Probanden ermittelt, die überhaupt davon betroffen sind. Es zeigt sich, dass der höchste Mittelwert bei der Antisozialen Persönlichkeitsstörung ($M = 8.07$) erreicht wird. Das überrascht nicht, da kriminelles Verhalten zu den Indikatoren dieser Persönlichkeitsstörung zählt. Dieses Ergebnis ändert sich jedoch nur minimal, wenn das Kriterium „...ist unfähig, sich gesellschaftlichen Normen im Sinne von gesetzestreuen Verhaltensweisen zu unterwerfen; führte wiederholt Handlungen aus, die Grund für eine Verhaftung gewesen wären" aus der Diagnosestellung ausgeschlossen wird. In diesem Fall ergibt sich für 42 Probanden eine mittlere Störungsbelastung von $M = 7.43$ ($SD = 2.42$). Damit nimmt die antisoziale Persönlichkeitsstörung, auch wenn der direkt kriminalitätsbezogenen Indikator außen vorgelassen wird, den größten Stellenwert in dieser Stichprobe ein. Für die borderline Persönlichkeitsstörung wird ein ähnlich hoher Mittelwert ($M = 6.39$) erreicht, vergleichbar ist die Belastung durch die paranoide Persönlichkeitsstörung ($M = 4.94$). Als vergleichsweise gering ist die Störungsbelastung für die Diagnosen histrionische Persönlichkeitsstörung ($M = 2.35$) und schizotypische Persönlichkeitsstörung ($M = 3.28$) zu bewerten (vgl. Tabelle 11). Den Abbildungen 14 bis 16 (vgl. Anhang III) ist die Verteilung der dimensionalen Diagnosen für die jeweiligen Persönlichkeitsstörungen zu entnehmen. Betrachtet man die clusterweise ermittelten Summenwerte, so ergeben sich ähnliche Mittelwerte über die gesamte Stichprobe hinweg. Es ist jedoch zu beachten, dass die Belastung in Cluster A ($M = 10.90$) und Cluster C ($M = 10.79$) höher zu bewerten sind, da hier von einem geringeren maximalen Summenwert ausgegangen werden muss.

Tabelle 11. Häufigkeiten, theoretisch möglicher maximaler Summenwert, Mittelwerte und Standardabweichungen der dimensionalen Diagnosen der einzelnen Persönlichkeitsstörungen und Störungscluster.

Persönlichkeitsstörung	N	max. Summenwert	M	SD
Cluster A	122	46	10.90	5.87
Paranoide PS	114	14	4.94	2.84
Schizoide PS	104	14	4.03	2.23
Schizotypische PS	106	18	3.28	2.25
Cluster B	115	52	10.67	6.61
Borderline PS	104	18	6.39	3.73
Histrionische PS	81	16	2.35	1.92
Narzisstische PS	92	18	4.04	2.79
Antisoziale PS	56	14	8.07	3.29
Cluster C	121	46	10.79	5.76
Selbstunsichere PS	99	14	4.82	2.84
Dependente PS	104	16	3.86	2.38
Zwanghafte PS	110	16	3.89	2.25

Anmerkungen. N = Anzahl der Probanden, für die mindestens eines der diagnoserelevanten Kriterien als mindestens teilweise erfüllt gilt.

Mit Hilfe eines vier Items umfassenden Screeningverfahrens zur Feststellung pädophiler Neigungen konnten 37 Personen (29 %) identifiziert werden, bei denen davon auszugehen ist, dass ein pädophiles Interesse vorhanden ist. Die übrigen Befragten erwiesen sich nach diesem Screening als unauffällig. Damit bei einem Probanden von einem pädophilen Interesse ausgegangen werden kann, müssen mindestens vier von fünf Punkte erreicht werden. Am größten ist der Anteil der Sexualstraftäter (37 %), die nur einen Punkt erreichen (vgl. Tabelle 23, Anhang III).

9.2.5 Lebensumstände im Zeitraum der Tatbegehung

Da angenommen wird, dass die aktuelle Lebenssituation zum Zeitpunkt der Tat mit Variablen der Tatbegehung in Verbindung stehen könnte, wurden belastende Faktoren wie die finanzielle Situation und die Arbeitssituation sowie eine mögliche Erhöhung des Substanzkonsums in dieser Lebensspanne ermittelt. Diese belastenden Faktoren wurden entlastenden Faktoren in Form von erlebter Unterstützung durch das Umfeld gegenübergestellt.

Nach ihrer eigenen Einschätzung gestaltete sich die finanzielle Situation für beinah jeden fünften Befragten (18 %) als „schlecht" bis „sehr schlecht", 44 % schätzten ihre finanzielle Situation rückblickend als „gut" oder sogar „sehr gut" ein. Für einen großen Teil der Befragten ist demnach nicht davon auszugehen, dass sie in dieser Zeit unter finanziellen Sorgen litten, die auch eine psychische Belastung darstellten. Dennoch äußern 66 % der Probanden, dass sie im Zeitraum der Tatbegehung ohne Arbeitsverhältnis waren, im Mittel bereits seit über vier Jahren. Insgesamt 39 % der Befragten geben an, dass sich ihre Substanzkonsumgewohnheiten im Zeitraum der Tatbegehung erhöht haben. Rückblickend bewerten 16 % ihren Substanzkonsum sogar als „sehr stark erhöht". Keine Veränderung ihrer Konsumgewohnheiten geben 45 % der Probanden an.

Die erlebte Unterstützung durch das Umfeld wurde, differenziert nach Unterstützung durch das soziale Nahfeld und durch Institutionen, ausgewertet. Zum sozialen Nahfeld gehören neben der eigenen und der Herkunftsfamilie auch andere Verwandte und Freunde. Als Hilfe durch Institutionen wird z. B. Unterstützung durch den Bewährungshelfer, den Therapeuten oder auch durch Vereine und Verbände angesehen. Für ihr soziales Nahfeld geben 17 % der Probanden an, dass es niemanden gab, der unterstützend tätig sein konnte, diese Personen können als sozial isoliert beschrieben werden. Den maximalen Indexwert von 16 erreicht lediglich eine Person. Im Mittel ergibt sich für das soziale Nahfeld der Personen, die grundsätzlich von Unterstützung und Hilfe berichten, ein Indexwert von sieben. Daraus lässt sich entnehmen, dass die Befragten in der Lebensphase vor dem Begehen des Bezugsdelikts eher schwache Unterstützung zur Bewältigung alltäglicher Probleme durch ihr enges soziales Umfeld erhalten haben. Hilfe und Unterstützung von Institutionen hat nur eine kleine Gruppe (22 %) der Befragten in Anspruch genommen. Allerdings wird institutionelle Unterstützung von denen, die sie in Anspruch genommen haben, mit einem Indexwert von zehn im Mittel positiver bewertet. Für neun der 28 Personen, die diese Form der Hilfe wahrgenommen haben, ergibt sich der maximale Indexwert von 16. Diese Personen haben den Eindruck, sehr gute Unterstützung durch staatliche und private Institutionen erhalten zu haben.

9.2.6 Spezifisches Täterverhalten

Das spezifische Täterverhalten gliedert sich in zehn Oberkategorien (vgl. Tabelle 12). Die erste Kategorie erfasst die Anzahl der begangenen Taten im Hellfeld. In der vorliegenden Stichprobe wurden im Mittel acht Taten begangen. Die zweite Kategorie beschreibt den gewählten Tatort, wobei auch mehrere Örtlichkeiten zutreffen können. Am häufigsten wurden die Taten im privaten Umfeld des Täters begangen (58 %), am zweit häufigsten wurde das private Umfeld des Opfers (38 %) zum Tatort. Die Oberkategorie „Kontakt und Kontrolle" gliedert sich in die beiden Subkategorien „Anbahnung des Kontakts" und „Kontrollübernahme in Situation". Zur Anbahnung der Tat bildet der größte Teil der Täter (71 %) eine Vertrauensbasis zum Opfer, dabei zählt sogar über die Hälfte der Täter (58 %) zum sozialen Nahfeld des Opfers. In der Tatsituation nutzen fast die Hälfte der Sexualstraftäter situative Gegebenheiten aus, um die Tat zu begehen. Circa ein Viertel der Täter (24 %) benutzt in der Tatsituation eine Waffe, um Kontrolle über das Opfer auszuüben. Verfolgung des Opfers (18 %) und Kontrollübernahme durch plötzlichen und massiven Gewalteinsatz (16 %) treten deutlich seltener auf (vgl. Tabelle 12). Die vierte Oberkategorie „sexuelle Handlungen" wird durch sechs Subkategorien beschrieben. Zur Subkategorie „Penetration mit Penis" ist festzuhalten, dass es in fast der Hälfte der Fälle (44 %) zur vaginalen Penetration kommt und in circa einem Viertel der Fälle (26 %) zur analen Penetration. In der Subkategorie „Penetration mit anderen Körperteilen oder Gegenständen" überwiegt die Gruppe, die mit dem Finger in das Opfer eingedrungen ist (28 %) gegenüber der Gruppe, die das Opfer unter Verwendung von Gegenständen penetriert hat (6 %). Als romantisierende sexuelle Verhaltensweisen werden vor allem das Berühren der primären und sekundären Geschlechtsmerkmale (75 %) und das Küssen des Opfers (33 %) gezeigt. Im Bereich der allgemeinen sexuellen Handlungen, ohne in das Opfer einzudringen, tritt vor allem Oralverkehr durch das Opfer beim Täter (29 %) und Masturbation des Täters durch das Opfer (28 %) auf. Aber auch der Oralverkehr am Opfer (27 %) und die Masturbation des Opfers (26 %) treten fast genauso häufig auf. Zur Ejakulation während des Tatgeschehens kommt es bei etwa jedem zweiten Täter (58 %), jeder Zehnte fertigte außerdem pornographisches Material im Rahmen der Tat an (10 %). Die fünfte Oberkategorie beschreibt, wie der Täter versucht während des Tatgeschehens die Beziehung zum Opfer zu beeinflussen. Es kommt beispielsweise in der Hälfte der Fälle dazu, dass der Täter das Opfer auffordert, sich am Geschehen physisch zu beteiligen, jeder Vierte bekundet sowohl verbal als auch nonverbal seine Zuneigung zum Opfer, bei 15 % kommt es sogar zu Entschuldigungen gegenüber dem Opfer im Rahmen des Tatgeschehens. Deutlich seltener treten Fälle auf, in denen der Täter dem Opfer Komplimente macht (6 %). Zur Depersonifizierung des Opfers durch den Täter kommt es zum überwiegenden Teil in Form von einem unpersönlichen Interaktionsstil (25 %) und dem Ignorieren von Verhaltensweisen oder Aussagen des Opfers (24 %). Seltener kommt es dazu, dass die Opfer zum Ausüben eines Fetischs genutzt werden (2 %). Die Tötung des Opfers oder der intensive Tötungsversuch bilden eine separate Oberkategorie, dazu ist es in rund 9 % der Fälle gekommen (vgl. Tabelle 12).

Tabelle 12. Auftrittshäufigkeit der einzelnen Verhaltensmerkmale in der Gesamtstichprobe (N = 126) mit der Zuordnung zu den Ober- und Subkategorien des Tatverhaltens.

Oberkategorie Subkategorie	Spezifisches Täterverhalten	n	%
Tatort	… im privaten Umfeld des Opfers	48	38.10
	… im privaten Umfeld des Täters	73	57.94
	… außerhalb von Gebäuden	41	32.54
	… innerhalb öffentlicher Gebäude	11	8.73
Kontakt & Kontrolle			
Kontaktanbahnung	Bildung eines Vertrauensstricks	89	70.63
	Täter gehört zum soz. Nahfeld des Opfers	73	57.94
Kontrollübernahme in Situation	Überraschungsangriff	50	39.68
	Blitzangriff	20	15.87
	Situative Tat	60	47.62
	Schlafendes Opfer	11	8.73
	Einsetzen einer Waffe	30	23.81
	Mittäter vorhanden	5	3.97
	Verfolgung des Opfers	22	17.46
Sexuelle Handlungen			
Penetration mit Penis	Vaginale Penetration	55	43.65
	Anale Penetration	33	26.19
	Geschlechtsverkehr á tergo	9	7.14
Penetration mit Anderem	Einführen von Fingern	35	27.78
	Einführen von Gegenständen	8	6.35
Romantisierendes sex. Verhal-	Geschlechtsmerkmale berühren	94	74.60
	Allg. Streicheln des Opfers	36	28.57
	Küssen des Opfers	41	32.54

Tabelle 12 wird fortgesetzt.

Ergebnisse 143

Fortsetzung Tabelle 12.

Andere sex. Handl. ohne Penetration	Simulieren des Geschlechtsverkehrs	18	14.29
	Täter masturbiert Opfer	33	26.19
	Opfer masturbiert Täter	35	27.78
	Oralverkehr durch den Täter	34	26.98
	Oralverkehr durch das Opfer	36	28.57
	Selbstbefriedigung vor Opfer	33	26.19
Ejakulation		73	57.94
Anfertigung von Pornographie		12	9.52
Beziehung zum Opfer während Tat herstellen	Entschuldigungen beim Opfer	19	15.08
	Komplimente an das Opfer	8	6.35
	Ausfragen des Opfers	10	7.94
	Zuneigung zeigen	32	25.40
	Aufford., sich verbal zu beteiligen	1	0.79
	Aufford., sich physisch zu beteiligen	63	50.00
	Täter übergeht das Kriminelle seines Tuns	14	11.11
Depersonifizierung des Opfers	Unpersönlicher Interaktionsstil	31	24.60
	Keine Reaktion auf das Opfer	30	23.81
	Praktizieren von Fetischen	3	2.38
Tötung(-sversuch)		11	8.73
Physische Gewalt	Quälen/ Foltern des Opfers	12	9.52
	Zufügen von Schnitt-/ Stichwunden	9	7.14
	Würgen	22	17.46
	Zufügen mind. geringf. Verletzungen	60	47.62
Allgemeines kriminelles Verhalten	Diebstahl aus persönlichem Besitz	10	7.94
	Gegenstände vom Opfer verlangen	8	6.35
	Täter ist alkoholisiert	48	38.10
	Festhalten des Opfers über Tat hinaus	26	20.63
Vorsichtsmaßnahmen	Drohung und Einschüchterung	52	41.27
	Bezugnahme auf die Polizei	5	3.97
	Täter fordert Stillschweigen	31	24.60
	Maskierung des Täters	4	3.17
	Fesseln des Opfers	7	5.56
	Fluchtvorbereitung	4	3.17
	Augen verbinden	6	4.76
	Verharmlosung der eigenen Tat	19	15.08

Für die Oberkategorie „physische Gewalt" ist vor allem das Zufügen von mindestens geringfügigen Verletzungen kennzeichnend (48 %). In fast jedem fünften Fall würgt der Täter das Opfer (18 %), seltener kommt es dazu, dass das Opfer durch den Täter gequält oder gefoltert wird (10 %) oder Stich- und Schnittwunden zugefügt werden (7 %). Neben sexuellen Handlungen wurde in der neunten Oberkategorie auch allgemeines kriminelles Verhalten im Tatgeschehen erfasst. In vielen Fällen ist der Täter während der Tat alkoholisiert (38 %). Ein Fünftel (21 %) der Täter halten ihr Opfer auch über den sexuellen Übergriff hinaus fest. Nur ein kleiner Teil der Stichprobe hat Gegenstände vom Opfer verlangt (6 %) oder Diebstahl aus dem persönlichen Besitz des Opfers begangen (8 %). Die letzte Oberkategorie fasst verschiedene Vorsichtsmaßnahmen, die Täter zur Vertuschung anwenden, zusammen. Kennzeichnend hierfür ist vor allem das Einschüchtern des Opfers in Form von Drohungen (41 %) sowie das Drängen, Stillschweigen zu bewahren (25 %) und das Verharmlosen des Tatgeschehens (15 %). Seltener wird das Opfer gefesselt (6 %) oder bekommt durch den Täter die Augen verbunden (5 %). Ebenfalls nur ein sehr kleiner Teil der Täter hat sich maskiert (3 %) oder Fluchtvorbereitungen (3 %) ergriffen (vgl. Tabelle 12).

9.2.7 Opfermerkmale

Die letzte Variablenkategorie, die im Strukturgleichungsmodell berücksichtigt wird, sind die Merkmale der Opferauswahl. Der größte Teil der Täter (63 %) hat ein Opfer, es gibt jedoch auch eine kleine Gruppe von Tätern (10 %), die vier oder mehr Opfer aufweisen. Im Durchschnitt haben die befragten Sexualstraftäter zwei Opfer. Zwei Drittel (66 %) der Täter hat ausschließlich Übergriffe auf weibliche Personen begangen, etwa ein Viertel der Befragten hat ausschließlich männliche Personen zum Opfer und circa jeder Zehnte hat Opfer beider Geschlechter. Die durchschnittliche Altersdifferenz zwischen Täter und Opfer beträgt 23 Jahre, die größte Altersdifferenz beträgt in einem Fall 53 Jahre. Lediglich in sechs Fällen war der Täter jünger als das Opfer. In diesen Fällen ist der Täter durchschnittlich 13 Jahre jünger als das Opfer. Auffällig ist, dass männliche Opfer im Durschnitt jünger sind als weibliche. Die männlichen Opfer ($n = 90$) sind im Mittel 9.87 Jahre alt, wobei das jüngste Opfer zum Zeitpunkt des sexuellen Übergriffs etwa sechs Monate und das älteste Opfer 15 Jahre alt war. Das jüngste weibliche Opfer war zwei Jahre alt und das älteste Opfer war 75, als es zu dem sexuellen Übergriff kam. Im Mittel ergibt sich für die Opfer weiblichen Geschlechts ($n = 130$) ein Durchschnittsalter von 11.24 Jahren.

Ergebnisse 145

9.3 Bivariate Zusammenhangsanalysen

Alle betrachteten Variablen wurden zunächst auf bivariate Zusammenhänge hin überprüft (vgl. Tabelle 45, Anhang III). Dabei zeigten sich zahlreiche statistisch bedeutsame Zusammenhänge sowohl innerhalb der Personeneigenschaften und der Tatverhaltensweisen wie auch zwischen diesen beiden Bereichen. Im Anschluss werden einige bivariate Zusammenhänge herausgegriffen und beschrieben.

9.3.1 Bivariate Zusammenhänge verschiedener Personeneigenschaften

Es zeigt sich, dass Probanden, die in ihrer Primärsozialisation zahlreichen Belastungen ausgesetzt waren, höhere Werte auf dem Globalfaktor Ängstlichkeit des 16-PF-R aufweisen ($r = .27$, $p \leq .001$). Extraversion korreliert sowohl mit Störungen des Clusters A ($r = -.36$, $p \leq .001$) wie auch mit Störungen des Cluster C ($r = -.31$, $p \leq .001$) negativ. Personen, die entweder eine Persönlichkeitsstörung aufweisen, die durch ängstliche und vermeidende Verhaltensweisen gekennzeichnet ist, oder durch sonderbares Verhalten und Misstrauen, sind weniger extravertiert. Probanden, die eine hohe Ausprägung in der dimensionalen Diagnostik der Cluster A Persönlichkeitsstörungen aufweisen, äußern auch verstärkt feindselige sexistische Einstellungen bezüglich des anderen Geschlechts ($r = .21$, $p \leq .001$). Personen mit einer hohen Ausprägung in diesem Einstellungskonstrukt weisen gleichzeitig auch hohe dispositionelle Aggressionswerte im STAXI auf ($r = .25$, $p \leq .001$). Personen mit ausgeprägtem dispositionellem Ärgerniveau sind beim Begehen ihrer ersten Straftat im Hellfeld eher jünger ($r = -.18$, $p \leq .05$). Ein geringes Alter bei der ersten registrierten Straftat hängt vor allem auch mit dem Ausmaß, aggressive Regungen nach außen zu tragen, zusammen ($r = -.30$, $p \leq .001$). Personen, die sehr jung straffällig geworden sind, haben im weiteren Lebensverlauf auch mehr Monate in Haft verbracht ($r = -.27$, $p \leq .01$).

9.3.2 Bivariate Zusammenhänge verschiedener Verhaltensweisen während des Tatgeschehens

Täter, bei denen der Kontakt zu Ihrem Opfer auf einem Vertrauensverhältnis basiert, haben auch mehr Taten begangen ($r = .32$, $p \leq .001$). Diese Täter haben außerdem eher auch sexuelle Handlungen ohne Penetration des Opfers begangen ($r = .17$, $p \leq .05$) und zeigen während der Tat weniger Tendenzen das Opfer zu Depersonifizieren ($r = -.19$, $p \leq .05$), indem sie beispielsweise nicht auf Aussagen reagieren oder sehr unpersönlich mit dem Opfer interagieren. Eine Depersonifikation des Opfers geht eher mit physischer Gewalt im Tatgeschehen einher ($r = .39$, $p \leq .001$), mit vermehrt allgemeinem kriminellen Verhalten, wie

Diebstahl ($r = .34$, $p \leq .001$) und dem Ergreifen von Vorsichtsmaßnahmen ($r = .21$, $p \leq .01$), wie Fesseln oder Einschüchtern des Opfers. Täter, die ihr Opfer im Verlauf der Tat getötet haben oder zumindest den intensiven Versuch unternahmen, benutzten bereits zu Beginn der Tat plötzliche massive Gewalt oder eine Waffe, um das Opfer unter ihre Kontrolle zu bringen ($r = .16$, $p \leq .01$). Die Tötung des Opfers oder der Versuch der Tötung geht auch mit erhöhter physischer Gewalt während des Tatgeschehens einher ($r = .34$, $p \leq .001$). Täter, die eine große Anzahl von Opfern aufweisen, begehen vermehrt sexuelle Handlungen ohne das Opfer zu penetrieren ($r = .42$, $p \leq .001$) und fertigen während des sexuellen Übergriffs häufiger pornographisches Material an ($r = .35$, $p \leq .001$). Das Opfergeschlecht zeigt statistisch bedeutsame Zusammenhänge zum Ausmaß und Intensität des Übergriffs. Weibliche Opfer werden häufiger durch den Täter penetriert ($r = .21$, $p \leq .01$), erleiden mehr physische Gewalt während der Tat ($r = .24$, $p \leq .001$) und die Täter tendieren mehr dazu, ihre weiblichen Opfer zu depersonifizieren ($r = .19, p \leq .01$).

9.3.3 Bivariate Zusammenhänge zwischen Personenmerkmalen und Verhaltensweisen während der Tat

9.3.3.1 Soziodemographie

Auffällig ist eine positive Korrelation zwischen der Schulbildung des Probanden und dem Ausmaß an romantisierenden Verhaltensweisen während der Tat ($r = .16$, $p \leq .05$). Probanden mit einer vergleichsweise hohen Schulbildung zeigen vermehrt romantisierendes Verhalten in Form von Streicheln und Küssen des Opfers während der Tat. Die berufliche Qualifikation korreliert in ähnlicher Stärke mit der Skala Kontaktanbahnung ($r = .17$, $p \leq .05$). Probanden, die eine höhere berufliche Qualifikation vorweisen können, haben auch eher aufgrund einer Vertrauensbasis, z. B. durch ein gemeinsames soziales Umfeld, Zugang zum Opfer. Außerdem zeichnen sich Probanden, die sich auf Grundlage eines Vertrauensverhältnisses Zugang zu ihrem Opfer verschaffen, durch eine hohe Belastung in der Sekundärsozialisation aus ($r = .35$, $p \leq .001$). Bei diesen Befragten lagen besonders viele Probleme in der eigenen Familie vor, z. B. in Form von Gewalt, Substanzmissbrauch durch die/den Partner/in oder den Heimaufenthalt des eigenen Kindes.

9.3.3.2 Delinquenzbelastung

Hinsichtlich der Zusammenhänge zur Delinquenzbelastung lässt sich feststellen, je älter die Probanden bei ihrem ersten Delikt im Hellfeld waren, desto mehr Taten wurden im Bezugsdelikt abgeurteilt ($r = .29$, $p \leq .001$). Außerdem haben

Probanden, die bei ihrer ersten registrierten Straftat eher älter waren, während der aktuellen Tat auch eher sexuelle Handlungen ohne Penetration am oder mit dem Opfer durchgeführt ($r = .13$, $p \leq .05$), wie beispielsweise Oralverkehr, Simulieren des Geschlechtsverkehrs oder Masturbation vor dem Opfer. Gleichzeitig zeigen diese Personen auch seltener die Absicht, ihr Opfer zu töten ($r = -.19$, $p \leq .05$).

9.3.3.3 Persönlichkeit und Einstellungen

Im Bereich der Persönlichkeitseigenschaften, die durch die Globalfaktoren des 16-PF-R beschrieben werden, zeigt sich, dass Befragte mit einer höheren Ausprägung auf dem Faktor Ängstlichkeit eher zu Mitteln der Kontrollübernahme in der Tatsituation greifen ($r = .33$, $p \leq .001$), wie das Einsetzen einer Waffe, Verfolgung des Opfers oder das Anwenden von rabiater Gewalt, um das Opfer in einem Blitzangriff zu überwältigen. Probanden mit einer höheren Ausprägung auf dem Faktor Ängstlichkeit greifen auch im Verlauf der Tat in einem größeren Maße zu physischer Gewalt ($r = .22$, $p \leq .01$), wie Würgen oder dem Zufügen anderer Verletzungen. Ängstlichere Probanden zeigen auch ein höheres Ausmaß an Depersonifikation des Opfers ($r = .34$, $p \leq .001$), dazu zählt ein unpersönlicher Interaktionsstil, das Rumkommandieren des Opfers oder, dass der Täter auf Aussagen oder Verhaltensweisen des Opfers keine Reaktion zeigt. Dieses Tatverhalten geht ebenfalls mit höheren Werten auf dem Globalfaktor Unnachgiebigkeit des 16-PF-R einher ($r = .23$, $p \leq .01$).

Das Ausmaß sexistischer Einstellungen steht ebenfalls im Zusammenhang zu einigen Verhaltensweisen während der Tat. Probanden mit einer ausgeprägten benevolenten sexistischen Einstellung verzichten eher auf Vorsichtsmaßnahmen, um die begangene Sexualstraftat zu vertuschen ($r = -.18$, $p \leq .01$). Bei den Befragten mit einem höheren Ausmaß benevolenter sexistischer Einstellungen kam es auch seltener zu einer Ejakulation während des Tatgeschehens ($r = -.23$, $p \leq .001$). Im Falle von hostilen Ansichten gegenüber dem anderen Geschlecht ist festzustellen, dass diese Personen eher seltener pornographisches Material während des Tatgeschehens angefertigt haben ($r = -.11$, $p \leq .05$). In den Bumby Molest and Rape Scales zeigen sich vor allem Zusammenhänge zwischen dem Ausmaß kognitiver Verzerrungen im Hinblick auf Kindesmissbrauch und verschiedenen Tatverhaltensweisen. Täter, bei denen die Ansicht zu sexuellem Kontakt zu Kindern in einem höheren Ausmaß durch kognitive Verzerrungen geprägt ist, weisen eine größere Opferzahl ($r = .18$, $p \leq .05$) und eher ein geringes Maß an physischer Gewalt während der Tat ($r = -.27$, $p \leq .001$), jedoch mehr romantisierende Verhaltensweisen ($r = .18$, $p \leq .05$) auf.

Psychopathologische Ausprägungen der Persönlichkeit zeigen im Bereich der antisozialen Persönlichkeitsstörung Zusammenhänge zu der Bemühung während der Tat eine Beziehung zum Opfer aufzubauen ($r = .21, p \leq .05$). Diese Probanden haben auch eher Opfer im gleichen Alter gewählt ($r = -.29, p \leq .05$). Da hierfür die Altersdifferenz zwischen Täter und Opfer herangezogen wurde, ist dieses Ergebnis so zu verstehen, dass bei einer hohen Ausprägung der Variable zur Antisozialen Persönlichkeitsstörung eine geringe Altersdifferenz vorliegt. Eine hohe dimensionale Ausprägung der Cluster A Persönlichkeitsstörungen korreliert mit dem Ausmaß die begangene Straftat durch verschiedene Maßnahmen, wie Drohung und Einschüchterung oder Verharmlosung der Tat, zu vertuschen ($r = .15, p \leq .05$). Probanden, die im Pädophilie Screening hoch scoren, weisen eine größere Anzahl an Opfern auf ($r = .57, p \leq .001$), zeigen eher romantisierende Verhaltensweisen ($r = .19, p \leq .01$) und fertigten häufiger Pornographie während der Tat an ($r = .18, p \leq .05$).

9.3.3.4 Lebensumstände im Tatzeitraum und Verhalten

Bezüglich der Lebensumstände im Zeitraum der Tatbegehung ist festzustellen, dass vor allem ein erhöhter Substanzkonsum bivariate Zusammenhänge zu spezifischen Tatverhaltensweisen zeigt. Befragte, die in dieser Lebensphase mehr Alkohol o. ä. konsumiert haben als es sonst für sie üblich war, haben während der Tatbegehung mehr physische Gewalt angewendet ($r = .19, p \leq .05$). Diese Personen haben auch mehr allgemeines kriminelles Verhalten, wie beispielsweise Diebstahl aus dem persönlichen Besitz des Opfers, gezeigt ($r = .35, p \leq .001$). Ein erhöhter Substanzkonsum im Zeitraum der Tatbegehung korreliert ebenfalls mit der Wahl eines weiblichen Opfers ($r = .19, p \leq .05$). Die Altersdifferenz zwischen Täter und Opfer zeigt einen statistisch bedeutsamen Zusammenhang zur Dauer der Arbeitslosigkeit im letzten halben Jahr vor der Tatbegehung beziehungsweise während des Zeitraums der Taten ($r = .34, p \leq .01$). Je größer der Altersunterschied zwischen Täter und Opfer ist, desto länger ist auch die Phase der Arbeitslosigkeit des Täters gewesen.

9.3.4 Zusammenfassung der bivariaten Zusammenhänge

Die zentralen Befunde aus der bivariaten Zusammenhangsanalyse lassen sich wie folgt zusammenfassen. Bereits auf bivariater Ebene lassen sich substantielle Zusammenhänge zwischen dem Opfergeschlecht und spezifischer Tatelemente feststellen. Weibliches Opfergeschlecht korreliert substantiell mit gewalttätigen Verhaltensweisen und Interaktionsmustern, die zum Ausdruck bringen, dass das Opfer nicht als Person anerkannt wird. Zudem berichten Täter, die einen sexuellen Übergriff auf ein weibliches Opfer begehen, von einem vermehrten Alkoholkonsum im Zeitraum vor der Tatbegehung. Ein erhöhter Alkoholkonsum im Vorfeld der Tat korreliert wiederum signifikant mit einer hohen

Gewaltanwendung während der Tat. Diese sehr gewalttätigen Übergriffe korrelieren außerdem negativ mit einer großen Altersdifferenz zwischen Täter und Opfer. Demnach wird geschlussfolgert, dass die beschriebenen bivariaten Zusammenhänge vor allem auf Vergewaltigungen zutreffen.

Im Hinblick auf Konstellationen, die eher für Delikte des Kindesmissbrauchs charakteristisch sind, zeigen sich bedeutsame Zusammenhänge zwischen dem Pädophilie-Score und der Opferzahl sowie dem Verhalten während der Tat. Täter, bei denen ein pädophiles Interesse zu vermuten ist, attackieren eine größere Zahl von Opfern und zeigen mehr romantisierende Verhaltensweisen während des Übergriffs. Täter, die sich auf diese Weise während der Tat verhalten, weisen auch auf Einstellungsebene Auffälligkeiten auf. Ein hohes Maß an kognitiven Verzerrungen im Hinblick auf den sexuellen Kontakt zu Kindern korreliert signifikant mit einer großen Opferzahl und romantisierendem Verhalten.

Hinsichtlich der Persönlichkeitsstruktur ist auffällig, dass hohe Ausprägungen auf dem Faktor Ängstlichkeit mit starker Gewalt und Kontrolle über das Opfer während der Tat einhergehen. Hohe Werte auf diesem Globalfaktor gehen zudem in statistisch bedeutsamer Weise mit einer hohen Belastungserfahrung in der Herkunftsfamilie einher.

9.4 Ergebnisse der Strukturgleichungsmodellierung

Im ersten Schritt wurden mit Hilfe explorativer Faktorenanalyse die Itemstruktur der Tatbegehungsvariablen überprüft und die Zuordnung der manifesten Variablen zu latenten Konstrukten vorgenommen (vgl. Tabelle 24 bis 27, Anhang III). Um eine optimale Faktorstruktur zu erreichen, wurden einige Variablen ausgeschlossen. Zur Beschreibung des Verhaltens während der Tat ergeben sich fünf latente Variablen (vgl. Tabelle 27, Anhang III): „gewalttätiges", „sexuell-abweichendes", „non-sexuelles", „missbräuchliches" und „pseudo-intimes Verhalten". Diese latenten Konstrukte weisen ein standardisiertes Cronbachs α zwischen .33 und .62 auf. Die geringste Reliabilität weist das Konstrukt des „pseudo-intimen Verhaltens" auf. Gewalttätiges Verhalten während der Tat ist vor allem durch physische Gewaltanwendung und den Versuch der erfolgreichen Tötung des Opfers gekennzeichnet. Zusätzlich lässt sich diese latente Variable durch die Abwesenheit von anderen sexuellen Handlungen ohne Penetration beschreiben. Abweichendes Tatverhalten im Bezug auf die sexuellen Praktiken ist vor allem durch eine große Opferzahl, das Anfertigen von Pornographie während der Tat und durch Penetration mit Anderem als dem eigenen Geschlechtsteil charakterisiert. Das zusätzliche Begehen von allgemeinem kriminellen Verhalten, Depersonifizierung des Opfers, das Ergreifen von

Vorsichtsmaßnahmen vor und während der Tat sowie das erstmalige Ergreifen des Kontakts zum Opfer in der Tatsituation wird durch den Faktor non-sexueller Tatelemente abgebildet. Missbräuchliches Verhalten ist gekennzeichnet durch eine große Altersdifferenz zwischen Täter und Opfer sowie der längeren Anbahnung des Kontakts zum Opfer, was wiederum häufig einhergeht mit dem Aufbau eines Vertrauensverhältnisses. Der sexuelle Kontakt kann bei diesen Tätern durch romantisierende Verhaltensweisen, wie Küssen und Streicheln beschrieben werden. Dieses Verhalten ist außerdem durch den signifikanten Zusammenhang zum pädophilen Interesse des Täters charakterisiert ($r = .21$, $p \leq .05$). Das fünfte latente Verhaltenskonstrukt ist durch ein Verhalten beschrieben, welches einem pseudo-intimen Verhalten zu zuordnen ist. Täter, die dieses Verhalten zeigen, sind bestrebt während des Tatgeschehens eine Beziehung zum Opfer herzustellen, wobei der sexuelle Kontakt mit einer Ejakulation beim Täter einhergeht.

Außerdem wurden die normalpsychologischen und psychopathologischen Persönlichkeits- und Einstellungsvariablen ebenfalls mit Hilfe einer explorativen Faktorenanalyse zu übergeordneten latenten Konstrukten zusammengefasst (vgl. Tabelle 26, Anhang III). Es wurden drei Merkmalsgruppen konstruiert, die im Folgenden als Dimension 1, 2 und 3 bezeichnet werden. Die Skalenzusammenfassungen zu diesen drei Dimensionen der Tätereigenschaften weisen zufriedenstellende bis sehr gute interne Konsistenzen (Range: .63 - .93) auf. Zur Optimierung des Modells wurden einige Persönlichkeits- und Einstellungsvariablen ausgeschlossen, u. a. kognitive Verzerrungen bezüglich des sexuellen Kontakts mit Kindern sowie drei Globalfaktoren des 16-PF-R.

Die erste Dimension ist durch ein hohes Maß an Zustandsärger, nach außen gerichteten Ärgerreaktionen, Ängstlichkeit und einer Störungsbelastung aus Cluster C gekennzeichnet. Personen, die hohe Ausprägungen auf dieser Dimension aufweisen, können als frustrationsintolerante, emotional instabile Täter beschrieben werden, die selbstunsicher und leicht verletzlich sind. Zudem fühlen sie sich schnell unfair behandelt und äußern die daraus entstehenden Frustrationen oftmals auch in verbaler oder nonverbaler Form.

Die zweite Täterdimension zeichnet sich durch nach innen gerichtete Ärgerreaktionen, feindselige sexistische Einstellungen gegenüber Frauen und den Glauben an Vergewaltigungsmythen sowie einer Störungsbelastung aus Cluster A der Persönlichkeitsstörungen aus. Ein Täter, der eine hohe Ausprägung dieser Dimension aufweist, kann durch das Vorhandensein sonderbarer und exzentrischer Überzeugungen und Eigenschaften gekennzeichnet werden. Diese Personen verhalten und äußern sich oftmals in der Wahrnehmung ihrer Umwelt eigentümlich oder befremdlich und dürften somit häufig auf Unverständnis und Ablehnung stoßen. Sie kehren die Frustration und den Ärger, der dadurch auftreten kann, nach innen. Teil dieser sonderbaren Überzeugungen sind vor allem auch die oben genannten kognitiven Verzerrungen, wie der Glaube an Vergewaltigungsmythen und feindselige Einstellungen gegenüber dem weiblichen Geschlecht.

Die dritte Dimension wird durch eine gering ausgeprägte Fähigkeit seinen Ärger zu kontrollieren, einer geringen Selbstkontrolle und der hohen Störungsbelastung aus Cluster B sowie hohen Werten auf der Variable der antisozialen Persönlichkeitsstörung beschrieben. Personen, die hohe Werte auf dieser dritten Dimension aufweisen, sind als unkontrollierte und sozial unangepasste Täter zu charakterisieren. Diese Personen fallen durch geringe Frustrationstoleranz, ausgeprägte Verantwortungslosigkeit, einer gering ausgeprägten Fähigkeit Ärgerreaktionen zu steuern und genereller Impulsivität auf, die auch zu einer niedrigen Schwelle für gewalttätiges und aggressives Verhalten führt.

Zusätzlich zu den beschriebenen Persönlichkeitsvariablen wurden die Variablen der Soziodemographie (vgl. Tabelle 12, Anhang III) und der Lebensumstände im Zeitraum der Tatbegehung (vgl. Tabelle 25, Anhang III) hinsichtlich ihrer Faktorstruktur analysiert. Es wurde der Faktor Vordelinquenz ermittelt, der die Variablen Vortaten, Hafterfahrung und Alter bei der ersten Tatbegehung umfasst. Personen mit einer hohen Ausprägung dieses Faktors weisen eine hohe Vorstafenbelastung auf. Zur Beschreibung der Lebensumstände im Zeitraum der Tatbegehung wird der Faktor Substanzmissbrauch/ -abhängigkeit ausschließlich von der Variable erhöhter Substanzkonsum vor der Tat gebildet. Der Faktor zur Beschreibung der sozialen Lebensumstände während der Tat umfasst die Variablen Arbeitslosigkeit vor der Tat, Belastungen in der Sekundärsozialisation und die Unterstützung durch das Nahfeld. Letztere Variable geht negativ gepolt in den Faktor ein, der bei einer hohen Ausprägung eine ungünstige Lebenssituation wiedergibt. Dieser Faktor wurde theoriegeleitet, abweichend vom Ergebnis der explorativen Faktoranalyse, gebildet. Des Weiteren konnten einige Variablen, wie beispielsweise der Bildungsstatus, zwar faktoranalytisch gezeigt werden, sich aber nicht im Strukturmodell durchsetzen.

Die latenten Variablen des Tatverhaltens werden zur Modellierung von vier Strukturgleichungsmodellen herangezogen. Außerdem beinhaltet jedes der vier Modelle zwei manifeste Variablen zur Beschreibung des Geschlechts des Opfers. Die Ausprägung des Opfergeschlechts wird auf zwei getrennten Variablen erfasst, da es Täter gibt, die sowohl männliche als auch weibliche Opfer haben.

9.4.1 Modell 1 Persönlichkeit und Einstellungen

In das erste Modell wurden ausschließlich normalpsychologische und psychopathologische Persönlichkeits- und Einstellungsvariablen aufgenommen, deren Zusammenhang zu Verhaltensweisen während der Tat betrachtet wurde. Die Persönlichkeit und Einstellungen der Probanden werden dabei durch die drei konstruierten latenten Merkmalsgruppen abgebildet. Der modellierte Zusammenhang zwischen den Eigenschaftsdimensionen der Täter und den oben beschriebenen latenten Verhaltenskonstrukten kann Abbildung 10 entnommen werden. Eine umfassende Darstellung der einzelnen Ergebniswerte ist Tabelle 29 bis 32 im Angang III zu entnehmen.

Die Gütekriterien dieses Modells erreichen leider kein zufriedenstellendes Niveau (vgl. Tabelle 28, Anhang III). Somit kann alleine mit Hilfe von Persönlichkeitseigenschaften und Einstellungskonstrukten keine verlässliche Vorhersage von Verhaltensmerkmalen erfolgen. Folglich sollte dieses Modell verworfen werden.

Es ergeben sich lediglich einige wenige signifikante Pfadkoeffizienten im Strukturmodell. Täter, die hoch auf der Dimension 1 scoren, wählen eher männliche Opfer ($Logit = 3.96, p \leq .01$). Täter, deren Persönlichkeit und Einstellungen zu hohen Werten auf der dritten Eigenschaftsdimension führen, wählen eher keine männlichen Opfer ($Logit = -2.52, p \leq .05$). Zur Wahl weiblicher Opfer zeigt diese Persönlichkeitsdimension jedoch keinen signifikanten Zusammenhang ($Logit = 3.26, n.s.$). Die Präsenz von abweichenden sexuellen Praktiken während der Tat lässt keinen Schluss auf die Opferwahl zu, diese Variable zeigt mit beiden Opfergeschlechtsvariablen signifikante Zusammenhänge ($Logit_{männlich} = .87, p \leq .001$; $Logit_{weiblich} = .42, p \leq .001$). Die untersuchten Täter haben sowohl bei Übergriffen auf weibliche wie auch auf männliche Opfer abweichende sexuelle Praktiken während der Tat gezeigt. Die Dimension 1 und 3, als auch die Dimension 1 und 2 korrelieren signifikant.

Ergebnisse 153

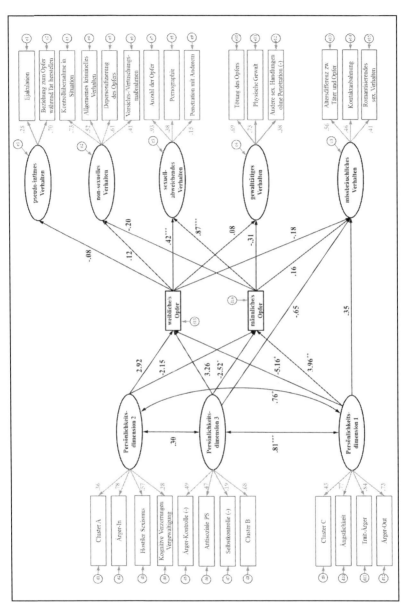

Abbildung 10. Strukturmodell Persönlichkeit und Einstellungen.

9.4.2 Modell 2 Soziobiographie und Lebensumstände

Im zweiten Modell wurden ausschließlich soziobiographische Informationen aufgenommen, um die Zusammenhänge zum Tatverhalten zu modellieren (vgl. Abbildung 11). Zur Optimierung des Modells wurden einige Variablen ausgeschlossen, u. a. die Belastungsfaktoren der Primärsozialisation und die Bildungsvariablen berufliche Qualifikation und Schulausbildung. Dieses Modell stellt sich ebenfalls als sehr schwach heraus (vgl. Tabelle 28, Anhang III). Die Gütekriterien des Gesamtmodells weisen ebenfalls darauf hin, dass dieses Modell nicht akzeptabel ist und verworfen werden sollte.

Im Strukturmodell enthalten sind die latenten Variablen Vordelinquenz, soziale Lebensumstände im Zeitraum vor der Tatbegehung und Substanzmissbrauch oder -abhängigkeit vor der Tat. Innerhalb des Strukturmodells erreichen lediglich die Pfadkoeffizienten zwischen Substanzmissbrauch /-abhängigkeit und den beiden Opfergeschlechtsvariablen statistische Bedeutsamkeit ($\beta_{\text{männlich}} = -.81, p \leq .05$; $\beta_{\text{weiblich}} = .96, p \leq .05$). Weitere Ergebniswerte dieses Modells können den Tabelle 33 bis 36 im Anhang III entnommen werden.

Ergebnisse 155

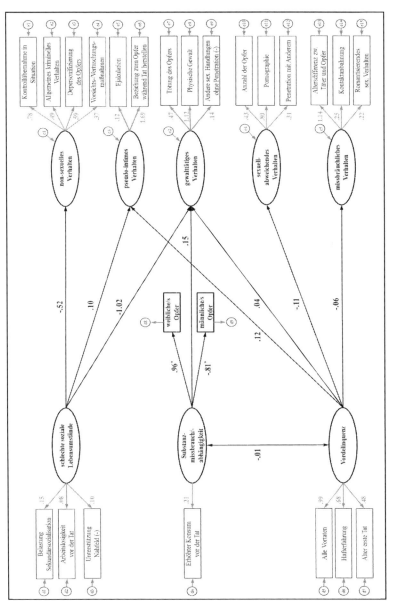

Abbildung 11. Strukturgleichungsmodell Soziobiographie.

9.4.3 Gesamtmodell 1 aus Personenmerkmalen und Merkmalen der Lebensumstände zum Zeitpunkt der Tat

Im dritten Strukturmodell werden die stärksten persönlichkeitsbeschreibenden Variablen mit den soziobiographischen Informationen zu den Tätern zusammengeführt und einer gemeinsamen Modellierung unterzogen (vgl. Abbildung 12). Aus den beiden vorangegangenen Strukturgleichungsmodellierungen wurden die latenten Konstrukte der Eigenschaftsdimensionen 1 und 3 sowie aus dem Bereich der Soziobiographie die Konstrukte soziale Lebensumstände im Zeitraum der Tatbegehung und Substanzmissbrauch oder -abhängigkeit in die Berechnung miteinbezogen.

Dieses Gesamtmodell mit der Zusammenführung aus exogenen Persönlichkeits- und Einstellungsvariablen sowie Variablen zur psychosozialen Lebenssituation im Zeitraum der Tatbegehung erreicht deutlich bessere Modellfitwerte als die separate Modellierung dieser Prädiktorvariablen (vgl. Tabelle 13). Das Modell enthält 464 empirische Varianzen und Kovarianzen, denen gegenüber 106 zu schätzende Parameter stehen, das führt zu 358 Freiheitsgraden. Die durchgeführte ML-Schätzung erreicht ihr Minimum nach 24 Iterationen mit einem Wert von 5 198. AMOS weist für dieses Modell einen χ^2-Wert von 649.74 ($p = .000$) aus, das spricht für eine Ablehnung des Modells. Setzt man den χ^2-Wert mit den Freiheitsgraden ins Verhältnis, erhält man eine erste deskriptive Aussage zur Modellgüte. Im betrachteten Modell liegt dieser Quotient unterhalb der kritischen Schwelle von 2.50, was auf einen guten Modell-Fit hinweist (Homburg & Baumgartner, 1995). Folgt man der Einschätzung von Browne und Cudeck (1993) zeigt ein *RMSEA*-Wert von .08 ebenfalls einen akzeptablen Modell-Fit an. Demgegenüber sprechen zwei weitere Gütekriterien, die zur Beurteilung herangezogen werden, gegen die Gültigkeit des postulierten Modells. Nach Hoelter liegt die minimale Stichprobengröße für die Irrtumswahrscheinlichkeit von 1% und 5% unterhalb der tatsächlichen Stichprobengröße von $N = 126$. Dies zeigt, dass bei einem deutlich geringeren Stichprobenumfang das Modell nach dem Ergebnis des χ^2-Tests bestätigt werden würde. Zieht man als inkrementelles Fit-Maß den CFI hinzu, kommt man bei einem CFI-Wert von .66 ebenfalls zu dem Schluss das Modell abzulehnen.

Insgesamt sprechen das deskriptive χ^2/df-Maß und der RMSEA für die Gültigkeit des Modells, wohingegen der χ^2-Test, der Hoelter-Test und der *CFI* gegen die Eignung der Modellannahme sprechen. Um einen klareren Befund zu erhalten, wurde eine Modifikation des Modells vorgenommen.

Der Zusammenhang zwischen einem Täter, der eine hohe Ausprägung auf der Dimension 1 aufweist und der Wahl eines nicht weiblichen Opfers, erhält in diesem Modell statistische Bedeutsamkeit (*Logit* = -.43, $p \leq .05$). Innerhalb des Strukturmodells wird ebenfalls offenkundig, dass Täter, die im Zeitraum der

Tatbegehung vermehrt Substanzen konsumiert haben, eher keine männlichen Opfer wählen ($\beta = -.73, p \leq .05$). Außerdem weist der Pfad von den sozialen Lebensumständen im Zeitraum der Tatbegehung zu den gewalttätigen Verhaltensweisen während der Tat einen signifikanten Koeffizienten ($\beta = -.48, p \leq .05$) auf. Wie auch bereits im ersten Modell tritt sexuell abweichendes Verhalten während des Tatgeschehens sowohl bei weiblichen ($\beta = .42, p \leq .001$) als auch bei männlichen Opfern ($\beta = .87, p \leq .001$) auf. Beide Pfadkoeffizienten erreichen statistische Bedeutsamkeit.

Darüber hinaus liegen einige Pfadkoeffizienten mit einem Betrag größer .20 vor, die nach Chin (1998) ebenfalls zu beachten sind. Männliche Opfer erfahren eher seltener non-sexuelles Verhalten während der Tat ($\beta = -.22$, *n.s.*). Ob ein Täter missbräuchliche Verhaltensweisen während der Tatbegehung zeigt, scheint durch den Persönlichkeitstypus beeinflusst zu sein, dies scheint bei Personen mit hohen Werten auf der dritten Eigenschaftsdimension eher nicht der Fall zu sein ($\beta = -.30$, *n.s.*). Ebenfalls in einer bedeutsamen Größenordnung ist der Zusammenhang zwischen den sozialen Lebensumständen vor der Tatbegehung und dem Zeigen non-sexueller Verhaltensweisen während der Tat ($\beta = -.93$, *n.s.*). Hinsichtlich der Wahl des Opfergeschlechts ist auffällig, dass die Zusammenhänge zu den Eigenschaftsdimensionen gegensätzlich gepolt sind. Personen, die hoch auf der Dimension 1 scoren, wählen eher männliche Opfer. Täter mit hohen Werten auf der Einstellungs- und Persönlichkeitsdimension 3 wählen eher weibliche Opfer. Außerdem spricht Substanzmissbrauch oder -abhängigkeit im Zeitraum der Tatbegehung eher für die Wahl weiblicher Opfer ($\beta = .94$, *n.s.*). Weibliche Opfer erfahren zudem auch eher gewalttätiges Verhalten während der Tat ($\beta = .21$, *n.s.*), männliche Opfer hingegen eher missbräuchliches ($\beta = .20$, *n.s.*) und kein nonsexuelles Verhalten ($\beta = -.22$, *n.s.*). Angaben zu den Ergebnissen dieses Modells sowie zu allen totalen, direkten und indirekten Effekten sind in Tabelle 37 bis 40 im Anhang III zu finden.

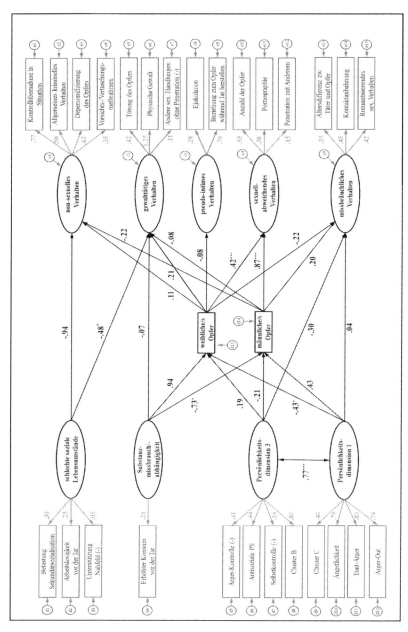

Abbildung 12. Gesamtmodell 1.

Ergebnisse 159

9.4.4 Modifiziertes Gesamtmodell 2

Gemeinhin werden möglichst sparsame Modelle angestrebt. Ein sparsam spezifiziertes Modell zeichnet sich dadurch aus, dass „ein guter Modellfit mit wenigen Parametern und einer hohen Anzahl von Freiheitsgraden erreicht wird" (Reinecke, 2005, S. 127). Durch die Reduktion der Messmodelle und des Strukturmodells konnte eine Optimierung erreicht werden, die letztlich zu einem akzeptablen Kausalmodell führt. Bei dem resultierenden reduzierten Modell handelt es sich um ein nicht genestetes Modell, da sowohl Regressionspfade wie auch latente Variablen verändert werden.

Dieses reduzierte Modell weist durchgängig gute bis adäquate Gütewerte auf (vgl. Tabelle 13). Es enthält 324 empirische Varianzen und Kovarianzen, denen gegenüber 89 zu schätzende Parameter stehen, das führt zu 235 Freiheitsgraden. Das Minimum des ML-Schätzverfahrens wurde nach 17 Iterationen mit einem Wert von 2 967 erreicht. Aus dieser Modellschätzung resultiert ein χ^2-Wert von 370.82 ($p = .000$), der wiederum zur Ablehnung des Modells führen würde. Der Quotient χ^2/df liegt mit einem Wert von 1.58 unter der kritischen Schwelle von 2.50 und spricht für eine gute Modellanpassung. Das inferenzstatistische Gütekriterium *RMSEA* hat sich weiter verbessert und weist einen Wert von .07 auf und spricht nach wie vor für ein akzeptables Modell. Das wird zusätzlich durch das angegebene Konfidenzintervall [.05; .08] bestätigt. Auch für das inkrementelle Fit-Maß *CFI* weist AMOS mit .80 einen besseren Wert aus, der nach Knight, Tein, Shell und Roosa (1992) als adäquat, wenn auch marginal anerkannt werden kann. Demgegenüber spricht der Hoelter-Test gegen die Gültigkeit des postulierten Modells. Um nach Hoelter das Modell bei einer Irrtumswahrscheinlichkeit von 1 % zu bestätigen, liegt die minimale Stichprobengröße bei $N = 98$ und somit unterhalb der tatsächlichen Stichprobengröße. Das heißt, hierbei handelt es sich um ein Modell, welches sich nur bei deutlich kleineren Stichproben aufrechterhalten lässt.

Auf Seiten der exogenen Variablen wurde das Konstrukt „soziale Lebensumstände" zum Zeitraum der Tatbegehung um die manifeste Variable „Unterstützung durch das Nahfeld" reduziert, da die latente Variable nur eine sehr schwache Ladung auf diese manifeste Variable aufweist. Nach ähnlichem Vorgehen wurde auf endogener Seite das Konstrukt der gewalttätigen Verhaltensweisen während des Tatgeschehens um die Variable „sexuelle Handlungen ohne Penetration" sowie das latente Konstrukt „abweichendes sexuelles Verhalten" um die manifeste Variable „Penetration mit Anderem" als dem eigenen Geschlechtsteil reduziert. Außerdem wurde das latente Konstrukt „pseudo-intimes Verhalten" inklusive der zugehörigen manifesten Variablen aus der Modellierung entfernt, da hiervon zu wenig Erklärungsgehalt ausging und es zudem nur eine sehr geringe Reliabilität von $\alpha = .33$ aufwies (vgl. Abbildung 13). Durch die Reduktion um die Variable „sexuelle Handlungen ohne Penetration" verbessert sich die interne Konsistenz des latenten Konstrukts „gewalttätiges Verhalten" von $\alpha = .45$ auf $\alpha = .71$. Die interne Konsistenz des Konstrukts „abweichendes sexuelles Verhalten" bleibt auf ähnlichem Niveau erhalten.

Die Bedeutsamkeit der einzelnen Parameter ändert sich durch die Modifikation des Modells. Alle bisher signifikanten Pfadkoeffizienten werden durch diese Modellierung bestätigt. Zusätzlich erlangt der Zusammenhang, dass Täter, die eine hohe Ausprägung der ersten Dimension aufweisen, mehr männliche Opfer wählen ($\beta = .44$, $p \leq .05$) statistische Bedeutsamkeit. Zudem wird der Zusammenhang zwischen Substanzmissbrauch/ -abhängigkeit und der Wahl weiblicher Opfer auf dem Niveau .03 signifikant. Alle inhaltlich relevanten Pfadkoeffizienten, die einen Wert größer .20 annehmen, bleiben ebenfalls weitestgehend erhalten. Der Zusammenhang, dass weibliche Opfer eher nonsexuelles Verhalten erfahren, verfehlt nach wie vor diesen Grenzwert. Auch dieses Modell weist darauf hin, dass Täter, die in ihren Persönlichkeitseigenschaften der Dimension 3 entsprechen, eher weibliche Opfer wählen ($\beta = .21$, $n.s.$).

Einige Zusammenhänge, die sich bereits in den bivariaten Analysen zeigten, können auch im Rahmen der Strukturgleichungsanalyse bestätigt werden. Die Aussagen des oben beschriebenen Kausalmodells zum Zusammenhang von Täterpersönlichkeit, Lebensumständen des Täters und dessen Verhalten während der Tat lassen sich wie folgt zusammenfassen. Es zeigt sich, dass weibliche Opfer eher von Tätern attackiert werden, die im Zeitraum vor der Tatbegehung einen erhöhten Substanzkonsum entwickelt haben. Täter, die hingegen männliche Opfer bevorzugen, weisen keinen Substanzmissbrauch in diesem Zeitraum auf. Diese Täter lassen sich als ängstliche Personen beschreiben, die ein hohes Maß an dispositionellem Ärger aufweisen und diesen auch ausagieren. In pathologischen Dimensionen weisen diese Täter vor allem Störungen aus Cluster C der Persönlichkeitsstörungen auf. Diesen Störungen ist ein Verhaltensmuster gemeinsam, dass durch soziale Unsicherheit und Angst vor Zurückweisung gekennzeichnet ist. Das Ausüben von sexuell abweichenden Praktiken durch den Täter hängt scheinbar nicht mit der Wahl eines bestimmten Opfergeschlechts zusammen. Eine detaillierte Ergebnisdarstellung ist in Tabelle 41 bis 44 im Anhang III zu finden.

Ergebnisse 161

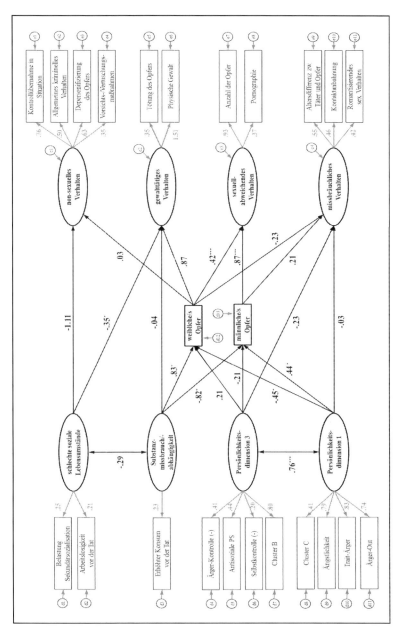

Abbildung 13. Modifiziertes Gesamtmodell 2.

Aus dem Vergleich des oben beschriebenen Gesamtmodells (vgl. Kapitel 9.4.3) mit dem modifizierten Gesamtmodell ergibt sich eine *PNFI*-Differenz von .085 (vgl. Tabelle 13). Bei einer *PNFI*-Differenz von .06 bis .09 kann von substantiellen Unterschieden der betrachteten Modelle ausgegangen werden (Williams & Holahan, 1994). Demnach ist anzunehmen, dass die Modellreduktion zu einer substantiellen Veränderung geführt hat. Außerdem wird als inkrementelles Fit-Maß mit Parsimony-Korrektur das Akaike Information Criterion (*AIC*) herangezogen. Hierbei ist die Empfehlung, das Modell mit dem kleinsten *AIC* zu wählen (Weiber & Mühlhaus, 2010). Dieses Parsimony Fit-Maß spricht ebenfalls für die Wahl des modifizierten Gesamtmodells (vgl. Tabelle 13).

Tabelle 13. Gütekriterien des Gesamtmodells 1 und des modifizierten Gesamtmodells 2.

Modell	Gütekriterien								Parsimony Fit-Maße	
	χ^2	df	χ^2/df	Hoelter ≤.05	Hoelter ≤.01	*CFI*	*RMSEA*	*PNFI*	*AIC*	
Gesamt 1	649.74	358	1.82	78	82	.66	.08	.406	861.74	
Gesamt 2	370.82	235	1.58	92	98	.80	.07	.491	548.82	

Abschließend ist festzuhalten, dass keines der betrachteten Modelle hinsichtlich der χ^2-Werte und der darauf aufbauenden Hoelter-Testungen einen akzeptablen Fit aufweist. Es ist jedoch zu beachten, dass die χ^2-Statistik nur sehr eingeschränkt als Teststatistik für Strukturgleichungsmodelle zu verwenden ist (Reinecke, 2005). Aus diesem Grund sind diese abzulehnenden Fit-Werte zu vernachlässigen. Allerdings ist zu bemerken, dass alle drei im Interesse stehenden Fit-Werte (χ^2/df, *RMSEA*, *CFI*) dafür sprechen, dass das modifizierte Gesamtmodell die Kausalstruktur der untersuchten Stichprobe mindestens auf adäquatem Niveau wiedergibt. Im Rahmen der abschließenden Gesamtbeurteilung kann resümiert werden, dass das modifizierte Gesamtmodell unter Vorbehalt anzunehmen ist.

9.5 Zusammenfassung und Beantwortung der Hypothesen

Ziel der vorgelegten Arbeit ist es, Zusammenhänge zwischen persönlichkeitsbezogenen sowie soziobiographischen Merkmalen und dem Tatverhalten einer

Person zu ermitteln. In dieser Untersuchung ist es gelungen, auf Basis des aufgestellten Hypothesensystems den Zusammenhang zwischen Personeneigenschaften, sozialen Lebensumständen im Zeitraum der Tatbegehung und Verhaltensweisen des Täters beim Begehen eines Sexualdelikts in einer Strukturgleichung zu modellieren. Es ist davon auszugehen, dass bestimmte Persönlichkeitstypen eine Auswirkung auf die Opferwahl haben. Des Weiteren werden Verhaltensweisen während der Tat auch durch die sozialen Lebensumstände des Täters im Zeitraum der Tatbegehung und dem Opfergeschlecht beeinflusst. Für die Beantwortung der aus Sachlogik, Theorie und den bisherigen empirischen Erkenntnissen abgeleiteten Hypothesen ergibt sich das Folgende. Der nachfolgenden Tabelle 14 ist ein Überblick zur Beantwortung der getesten Hypothesen zu entnehmen.

Hypothese (1) wird angenommen. Die untersuchte Stichprobe stützt die Annahme, dass Täter die frustrationsintolerant, emotional instabil und ängstlich sind (Dimension 1), eher männliche Opfer wählen. Zudem wird dieses Ergebnis davon gestützt, dass der umgekehrte Zusammenhang in Bezug auf weibliche Opfer ebenfalls signifikant ist.

Hypothese (2) wird abgelehnt. Nach dieser Hypothese sollten Täter mit sonderbaren und exzentrischen Überzeugungen und Eigenschaften eher Übergriffe auf weibliche Opfer begehen. Die Datenlage kann diese theoriegeleitete Annahme nicht bestätigen.

Hypothese (3) muss gemäß dem modifizierten Gesamtmodell verworfen werden. Betrachtet man jedoch das Modell „Persönlichkeit", ist festzustellen, dass unkontrollierte und sozial unangepasste Täter eher nicht männliche Opfer wählen. Dieses Strukturmodell stütz diese Hypothese zumindest inhaltlich.

Hypothese (4) und *(5)* können nicht bestätigt werden. Für die analysierte Stichprobe kann nicht davon ausgegangen werden, dass bestimmte Persönlichkeits- und Einstellungsmerkmale einen statistisch bedeutsamen Einfluss auf das Zeigen von missbräuchlichen Verhaltenselementen während der Tat durch den Täter haben.

Nach *Hypothese (6)* sollte ein Zusammenhang zwischen der bisherigen kriminellen Karriere und gewalttätigen Verhaltensweisen während des sexuellen Übergriffs bestehen. Diese Hypothese muss nach den Erkenntnissen der vorgelegten Arbeit verworfen werden.

Der erwartete Zusammenhang in *Hypothese (7)* konnte nicht bestätigt werden, allerdings erweist sich der umgekehrte Zusammenhang als statistisch bedeutsam. Je schlechter die sozialen Lebensumstande der Täter im Zeitraum der Tatbegehung waren, desto weniger Gewalt kam während der Tat zur Anwendung.

Hypothese (8) und *(9)* müssen auf Basis der hier untersuchten Daten abgelehnt werden. Es zeigt sich weder zwischen den sozialen Lebensumständen der Täter und non- sexuellen Verhaltensweisen während der Tat noch zwischen dem Ausmaß des Substanzkonsums und gewalttätigem Verhalten ein Zusammenhang.
Hypothese (10) wird angenommen. Die Annahme, dass Täter, die vermehrt Substanzen konsumierten, eher keine männlichen Opfer auswählen, kann bestätigt werden. Dieser Zusammenhang wird zusätzlich davon gestützt, dass diese Täter überzufällig häufig eher sexuelle Übergriffe auf weibliche Opfer begehen.
Hypothese (11), *(12)* und *(13)* müssen auf Grundlage der untersuchten Stichprobe abgelehnt werden. Für weibliche Opfer lässt sich weder ein signifikanter Zusammenhang zu gewalttätigen oder zu non-sexuellen Verhaltensweisen noch zu pseudo-intimen Tatbegehungsmerkmalen feststellen.
Hypothese (14) wird angenommen. Gemäß dieser Hypothese sollte im Fall von männlichen Opfern das Tatgeschehen vor allem von sexuell abweichenden Elementen gekennzeichnet sein. Diese Annahme kann empirisch bestätigt werden. Allerdings scheint es sich dabei nicht um opfergeschlechtspezifisches Verhalten zu handeln, da dieser Zusammenhang auch für weibliche Opfer statistische Bedeutsamkeit erreicht.
Hypothese (15) wird abgelehnt. Der in dieser Hypothese postulierte Zusammenhang zwischen einem männlichen Opfergeschlecht und missbräuchlichen Tatelementen zeigt sich in der vorgelegten Untersuchung nicht.

Tabelle 14. Zusammenfassung der Ergebnisse der Hypothesentestung in den vier aufgestellten Strukturgleichungsmodellen.

Hypothese	Modell Persönlichkeit	Modell Soziobiographie	Gesamtmodell 1	Gesamtmodell 2
Personenmerkmale und Tatbegehung				
H 1 Frustrationsintolerante Täter, die emotional instabil sind (Dimension 1), wählen eher männliche Opfer.	$p \leq .01$	-	n.s.	$p \leq .05$
H 2 Täter mit sonderbaren und exzentrischen Überzeugungen und Eigenschaften (Dimension 2) wählen eher weibliche Opfer.	n.s.	-	n.s.	n.s.
H 3 Unkontrollierte und sozial unangepasste Täter (Dimension 3) wählen eher weibliche Opfer.	n.s	-	n.s.	n.s.

Tabelle 14 wird fortgesetzt.

Ergebnisse 165

Fortsetzung Tabelle 14.

H 4	Je frustrationsintoleranter, emotional instabiler Täter (Dimension 1) sind, desto mehr ist das Tatgeschehen von missbräuchlichen Verhaltensweisen gekennzeichnet.	*n.s.*	-	*n.s.*	*n.s.*
H 5	Umso unkontrollierter und sozial unangepasster Sexualstraftäter (Dimension 3) sind, desto weniger ist das Tatverhalten von missbräuchlichen Elementen gekennzeichnet.	*n.s.*	-	*n.s.*	*n.s.*
Soziobiographische Merkmale und Tatbegehung					
H 6	Je höher die Delinquenzbelastung von Sexualstraftätern ist, desto mehr ist das Tatverhalten von Gewalt geprägt.	-	*n.s.*	-	-
H 7	Je schlechter die sozialen Lebensumstände im Zeitraum der Tatbegehung sind, desto mehr kommt es zu gewalttätigen Verhaltensweisen während der Tat.	-	*n.s.*	*n.s.* (umgek. Zusammenhang: $p \leq .05$)	*n.s.* (umgek. Zusammenhang: $p \leq .05$)
H 8	Je schlechter die sozialen Lebensumstände im Zeitraum der Tatbegehung sind, desto mehr non-sexuelle Tatelemente werden im Rahmen des sexuellen Übergriffs begangen.	-	*n.s.*	*n.s.*	*n.s.*
H 9	Je höher der Substanzkonsum im Zeitraum der Tatbegehung ist, desto gewalttätiger verhalten sich die Täter während der Tat.	-	*n.s.*	*n.s.*	*n.s.*
H 10	Täter, die im Zeitraum der Tatbegehung vermehrt Substanzen konsumiert haben, wählen eher keine männlichen Opfer.	-	$p \leq .05$	$p \leq .05$	$p \leq .05$
Opfergeschlecht und Täterverhalten					
H 11	Weibl. Opfern widerfährt mehr gewalttätiges Verhalten während Tat	*n.s.*	-	*n.s.*	*n.s.*
H 12	Wenn das Opfer der Tat weiblich ist, dann ist das Tatgeschehen eher von pseudo-intimem Verhalten gekennzeichnet.	*n.s.*	-	*n.s.*	-
H 13	Ist das Opfer weiblich, dann werden mehr non-sexuelle Tatelemente im Rahmen des sexuellen Übergriffs begangen.	*n.s.*	-	*n.s.*	*n.s.*

Tabelle 14 wird fortgesetzt.

Fortsetzung Tabelle 14.

H 14	Wenn das Opfer des sexuellen Übergriffs männlich ist, dann dominieren sexuell abweichende Verhaltensweisen die Tat.	$p \leq .001$	-	$p \leq .001$	$p \leq .001$
H 15	Handelt es sich um ein männliches Opfer, dann ist das Tatverhalten mehr von missbräuchlichen Elementen gekennzeichnet.	n.s.	-	n.s.	n.s.

Auffällig ist, dass drei der vier Hypothesen, die statistisch bestätigt werden können, Zusammenhänge zum Opfergeschlecht wiedergeben. Dem Geschlecht des Opfers kommt demnach in der oben beschriebenen Modellierung ein zentraler Stellenwert in Bezug auf die Beschreibung von Zusammenhängen zwischen Persönlichkeits- und Verhaltensmerkmalen von Sexualstraftätern zu. Das Strukturgleichungsmodell legt eine Unterscheidung von homosexuell und heterosexuell orientierten Tätern nahe. Am stabilsten erweist sich dabei der postulierte Zusammenhang zwischen erhöhtem Substanzkonsum im Zeitraum vor der Tatbegehung und dem Verüben einer sexuellen Gewalttat an einem weiblichen Opfer. Es bestätigt sich zwar auch in allen Modellen die Hypothese, dass männliche Opfer mehr abweichende Sexualpraktiken erleiden, hierbei ist jedoch zu berücksichtigen, dass dieser Zusammenhang auch bei Opfern weiblichen Geschlechts signifikant ist. Betrachtet man jedoch zusätzlich zu diesem direkten Kausaleffekt indirekte kausale Effekte und die sich daraus ergebenden standardisierten totalen Effekte, so wird deutlich, dass eine hohe Ausprägung auf der dritten Persönlichkeitsdimension einen negativen Effekt auf sexuell-abweichende Verhaltensweisen während der Tat hat. Eine hohe Ausprägung auf der ersten Dimension hingegen hat einen positiven Effekt auf diese Tatverhaltenselemente (vgl. Tabelle 42, Anhang III). Daraus kann man schließen, dass eine hohe Ausprägung auf der dritten Persönlichkeitsdimension eher mit der Wahl eines weiblichen Opfers einhergeht, aber eher nicht mit sexuell-abweichenden Tatelementen. Anders bei Tätern mit einer hohen Ausprägung auf der ersten Persönlichkeitsdimension, diese wählen eher männliche Opfer und zeigen häufiger auch abweichende Sexualpraktiken während der Tat.

10 Diskussion

In diesem Kapitel werden die einzelnen Befunde vor dem Hintergrund bisheriger empirischer Erkenntnisse diskutiert. Es werden außerdem die eingesetzten Methoden einer kritischen Würdigung unterzogen. Abschließend werden die potentiellen theoretischen und praktischen Implikationen der Ergebnisse sowie deren Beitrag zum wissenschaftlichen Kenntnisstand reflektiert und für weiterführende Forschung diskutiert.

10.1 Kritische Würdigung der Befunde

Ziel dieser Arbeit ist es, den Zusammenhang von Täterpersönlichkeit und Täterverhalten bei Begehen von Sexualstraftaten näher zu beleuchten. Dazu wurden Persönlichkeits- und Einstellungsmerkmale sowie soziodemographische Angaben der Täter untersucht und Charakteristika des Tatablaufs gegenübergestellt. Es ist gelungen die Zusammenhangsstrukturen zwischen den personenzentrierten Eigenschaften und den handlungsfokussierten Merkmalen der Tat mit Hilfe einer Strukturgleichung zu modellieren.

Die untersuchte Stichprobe von Sexualstraftätern scheint hinsichtlich der soziodemographischen Merkmale und der Vorstrafenbelastung vergleichbar mit Untersuchungsgruppen anderer Studien zu sein. Die untersuchten Sexualstraftäter weisen alle Merkmale auf, die auch von anderen Autoren beschrieben wurden (vgl. Ullrich & Marneros, 2006; Bussmann et al., 2008; Elz, 2011). Die Täter stammen aus stark belasteten, häufig auch strukturell unvollständigen Familien, die bereits in ihrer Primärsozialisation erhebliche Gewalterfahrungen innerhalb des Elternhauses machten und häufig auch dort schon mit Delinquenz und Substanzmissbrauch konfrontiert wurden. Auch der Anteil derer, die angaben im Kindesalter selbst Opfer eines sexuellen Übergriffs geworden zu sein, rangiert in dem Bereich, der auch in anderen Studien bestätigt wird. Mit einem Anteil von 29 % aller Befragten, die selbst einen Missbrauch in der Kindheit erfahren, liegt diese Stichprobe zwischen den 7 % bis 40 %, die andere Autoren dazu angeben (Burgess & Douglas, 1988; Mokros, 2007; Ressler et al., 1988; Elz, 2011). Auch hinsichtlich der allgemeinen und auch einschlägigen Vorstrafenbelastung bildet diese Stichprobe keine Ausnahme. Die einschlägige

Delinquenzbelastung entspricht jedoch mehr einer Stichprobe aus der Sicherungsverwahrung, als aus dem Regelvollzug (vgl. Mokros, 2007; Elz, 2011). Hinsichtlich dieser soziodemographischen und delinquenzspezifischen Aspekte ist nicht davon auszugehen, dass bei der untersuchten Stichprobe besondere Selektionseffekte zum Tragen gekommen sind. Der Vergleich mit anderen Studien aus dem deutschsprachigen und englischsprachigen Raum spricht für eine Übertragbarkeit der Ergebnisse, die anhand der untersuchten Straftäter gewonnen werden können.

Auch die Belastungsschwerpunkte im Zeitraum der Tatbegehung sind in der analysierten Gruppe von sexuellen Gewalttätern und Missbrauchstätern ähnlich, wie sie in vergleichbaren Studien beschrieben werden. Berufliche und soziale Randständigkeit ist für die befragten Sexualstraftäter kennzeichnend. Jedoch ist auch hier zu konstatieren, dass die untersuchten Probanden hinsichtlich der psychosozialen Belastungen im Vorfeld der Tat, anderen Stichproben aus dem Maßregelvollzug ähnlicher sind als den psychisch gesunderen Regevollzugsinsassen (vgl. Nowara, 2001; Müller et al., 2005). Etwa jeder Dritte Untersuchte (32 %) der vorliegenden Arbeit war zum Zeitpunkt der Befragung im Maßregelvollzug untergebracht.

Hinsichtlich der psychologischen Dimensionen bestätigt sich auch in der vorgelegten Arbeit der Befund, dass Straftäter im Allgemeinen und Kindesmissbraucher im Speziellen hohe Werte im Faktor Selbstkontrolle aufweisen (vgl. Karson et al., 1999; Bussmann et al., 2008). Die untersuchten Straftäter sind in einem hohen Maß von Kontrollwünschen und dem Festhalten an unflexiblen Normen betroffen. Zusätzlich kommen eine ausgeprägte Ängstlichkeit und die Neigung Ärgerreaktionen nach innen zu richten hinzu. Das erzeugt eine unvorteilhafte Ausgangssituation, die auch schon von anderen Autoren beschrieben wurde. Diese führt dazu, dass die Täter nicht angemessen mit Zurückweisungen durch andere, beruflichen Niederlagen oder anderen Sorgen umgehen können, keine adäquaten Lösungsstrategien finden und der Zugang zu anderen unterstützenden sozialen Kontakten ebenfalls nicht gefunden wird. Ist der Täter zusätzlich noch durch psychopathologische Veränderungen seiner Persönlichkeit belastet, ist die Gefahr besonders groß, dass sich die betroffenen Personen entweder intensiv kindlichen Kontakten zuwenden, da sie dort weniger Unterlegenheit und Zurückweisung erleben, oder dass sie aufgestaute Frustrationen und Ärger aggressiv an Erwachsenen ausagieren und sich über moralische und persönliche Grenzen hinwegsetzen, um Gefühle der Unzulänglichkeit und des Versagens zu bekämpfen.

In der untersuchten Stichprobe kommt der antisozialen Persönlichkeitsstörung die größte Bedeutung zu. Die bisherige Forschung zeigt jedoch auch, dass diese Störung keinesfalls kennzeichnend für einen einzelnen Delikttyp ist, sondern vielmehr ein Verhaltensmuster ständiger Normverletzungen und Regelverstöße beschreibt, wobei es unter anderem auch zu Straftaten gegen die sexuelle Selbstbestimmung kommen kann. Ein signifikanter Zusammenhang zwischen der Altersdifferenz zwischen Täter und Opfer und der dimensionalen Belastung im Bereich der antisozialen Persönlichkeitsstörung weist in dieser Untersuchung darauf hin, dass Täter mit einer antisozial geprägten Persönlichkeit eher Opfer in einem ähnlichen Alter attackieren. Somit kann bei dieser Diagnose zwar nicht auf eine bestimmte Deliktgruppe innerhalb des StGB geschlossen werden, innerhalb der Gruppe der Sexualstraftäter sind von dieser Diagnose jedoch häufiger Vergewaltiger als sexuelle Missbrauchstäter betroffen. Ebenfalls eine hohe Belastung liegt im Bereich der Borderline Störung vor. Auch in anderen Studien konnten vor allem für diese beiden Störungen aus Cluster B der Persönlichkeitsstörungen eine erhöhte Belastung für zornige und von Rachsucht getriebene Täter festgestellt werden (Eher et al., 2003).

Zusammenhänge zwischen Ausprägungen der gesunden funktionalen Persönlichkeit, akzentuierten Wesenszügen und dysfunktionalen pathologischen Persönlichkeits-anteilen konnten bereits für eine Stichprobe gesunder Probanden wie auch für eine klinische Gruppe nachgewiesen werden (Pukrop et al., 2002). In der vorliegenden Arbeit konnten ebenfalls Persönlichkeitsdimensionen identifiziert werden, die sowohl gesunde Persönlichkeitsfacetten wie auch Persönlichkeitsstörungen umfassen. Die drei identifizierten Dimensionen beschreiben unterschiedliche Akzentuierungen der Persönlichkeit. Die erste Dimension umfasst Ängstlichkeit und dispositionelle Ärgergefühle sowie die Tendenz zu ängstlich-vermeidenden pathologischen Persönlichkeitsveränderungen, die durch das Cluster C repräsentiert werden. Damit weist diese Dimension Parallelen zum Kontinuum von introvertiertem Verhalten über ängstliche Wesenszüge bis hin zu einem Muster tiefgreifender sozialer Gehemmtheit, welches in einer klinischen wie auch gesunden Probandengruppen nachgewiesen werden konnte (Pukrop et al., 2002). Die zweite Dimension beschreibt ein sonderbar exzentrisches Verhalten, welches mit gegen sich selbst gerichteten Aggressionen sowie mit feindseligen Überzeugungen und verzerrten Kognitionen gegenüber Frauen einhergeht. Es besteht eine konzeptionelle Ähnlichkeit dieser Dimension zum Kontinuum von aggressiven Persönlichkeitsmerkmalen innerhalb eines sozial akzeptierten Rahmens hin zu einem rigiden Muster des Misstrauen und der Feindseligkeit (Pukrop et al., 2002). Eine hohe Ausprägung dieser zweiten Persönlichkeitsdimension zeigte zwar einen positiven Zusammenhang zur Wahl weiblicher Opfer, erwies sich in der strukturanalytischen Gesamtschau jedoch noch nicht als aussagekräftig genug. Die dritte Persönlichkeitsdimension, die sich aus den Analysen der vorliegenden Arbeit ergab, bildet die Ausprägung einer unkontrollierten, sozial unangepassten und emotional-instabilen

Persönlichkeit ab. Diese Dimension entspricht nach Pukrop und Kollegen (2002) einem Kontinuum angefangen bei aggressiven Persönlichkeitszügen über ungesteuerte Wesenszüge bis hin zu einem tiefgreifenden Muster von zwischenmenschlicher Instabilität und Impulsivität. Der Nutzen von dimensionalen Ansätzen wurde bereits im Zusammenhang mit der Diagnosestellung bei Persönlichkeitsstörungen dargestellt (vgl. Kapitel 8.4.3). Aber auch über die pathologische Ausprägung einer Persönlichkeit hinaus kann dimensionalen Ansätzen zur Beschreibung von Erlebens- und Verhaltensmustern eine praktische Bedeutung zukommen. Mit Hilfe einer solchen gesunden und klinische Faktoren überspannenden dimensionalen Beschreibung können Informationen erschöpfender genutzt werden und unterschwellige Ausprägungen können auf diese Art ebenfalls Beachtung finden. Des Weiteren umgeht man den Umstand, dass multiple Diagnosen benachbarter Störungen vergeben werden, da es sich in vielen Fällen nicht um voneinander trennbare Problembereiche handelt, sondern um den Übergang von einem pathologischen Schwerpunkt zum Nächsten. Vor allem in der Beschreibung von Täterpersönlichkeiten, sei es aus ermittlungspolizeilichen oder therapeutischen Gründen, kann das Einordnen auf einer Persönlichkeitsdimension von großem Nutzen sein, da auf diese Weise markante, aber dennoch häufig subpathologische Merkmalsausprägungen greifbar gemacht werden können und ein umfassendes Bild von typischen Denk-, Urteils- und Handlungsmustern entworfen werden kann. Diese kognitiven Muster können dann wiederum mit Mustern von Verhaltensweisen in Verbindung gebracht werden.

Die in der vorliegenden Arbeit extrahierten Tatverhaltensdimensionen können in Teilbereichen bisherige Befunde anderer Autoren replizieren (vgl. Tabelle 17, Anhang II). Deutliche Parallelen erweisen sich vor allem hinsichtlich der Verhaltensdimensionen, die non-sexuelle, gewalttätige und pseudointime Verhaltensweisen während der Tat beschreiben. Erstere Gruppe an Tatverhalten wird von anderen Autoren beispielsweise als „unpersönliches Verhalten", „Kriminalität" (Canter & Heritage, 1990), „Kontrolle", „Diebstahl" (Canter et al., 2003), „kriminelle Ausbeutung" (Mokros, 2007) oder „kriminellopportunistisches Verhalten" (Canter et al., 1998) bezeichnet. Hinter diesen Clusterbezeichnungen wie auch hinter der non-sexuellen Verhaltensdimension der vorliegenden Arbeit verbergen sich diverse Maßnahmen, durch die der Täter seine Tatziele leichter verfolgen kann. Beispielsweise Fesseln des Opfers sowie das Begehen weiterer nicht sexueller Straftaten wie Diebstahl als auch Verhaltens- und Kommunikationsaspekte verdeutlichen, dass der Täter das Opfer nicht als Person wahrnimmt.

Auch über die zweite genannte Gruppe der gewalttätigen Verhaltensweisen herrscht weitestgehend Einigkeit. Von anderen Autoren wird diese Dimension auch als „Feindseligkeit" (Canter et al., 2003), „Aggression" (Canter et al.,

1998) oder übereinstimmend mit der vorgelegten Arbeit als „Gewalt" (Canter & Heritage, 1990) bezeichnet. Diesen von verschiedenen Autoren beschriebenen Verhaltensdimensionen ist gemeinsam, dass es zu massiver physischer Gewalt bis hin zur Tötung des Opfers kommt. Auch in den Analysen der vorgelegten Arbeit kann diese Verhaltensdimension bestätigt werden.

Übereinstimmung mit den Analysen anderer Forschungsgruppen findet sich ebenfalls hinsichtlich des pseudo-intimen Verhaltens während des sexuellen Übergriffs. Unter dieser Dimension, die auch als „Intimität" (Canter & Hertitage, 1990; Canter et al., 1998) oder „Beziehungsaufbau" (Canter et al., 2003) bezeichnet wird, verstehen die meisten Autoren ein Verhalten, wie es üblicherweise auch in einvernehmlichen Liebesbeziehungen vorzufinden ist. Der Täter ist bemüht, eine Beziehung zum Opfer aufzubauen, indem er Zuneigung und Interesse an der Person des Opfers zeigt. Diese Dimension kann mit ähnlichem Bedeutungsgehalt in der vorgelegten Arbeit repliziert werden.

Die beiden weiteren Verhaltensdimensionen „sexuell-abweichendes" und „missbräuchliches Verhalten" finden keine inhaltliche Entsprechung in den Befunden anderer empirischer Arbeiten. Beide Skalen beschreiben im Tatgeschehen durch den Täter ausgeübte Sexualität. Bei sexuell-abweichenden Praktiken handelt es sich jedoch eher um Verhaltensweisen, die das Ausmaß eines üblichen Geschlechtsaktes zur Befriedung sexueller Bedürfnisse übersteigen. In der vorliegenden Arbeit wird darunter das Anfertigen von Pornographie und eine große Opferzahl verstanden. Davon differenziert sind die sogenannten missbräuchlichen Tatelemente zu betrachten. Diese beinhalten vor allem den Missbrauch einer aufgebauten Vertrauensbeziehung zwischen Täter und Opfer sowie das Reduzieren des Opferwiderstandes indem romantisierendes Verhalten gezeigt wird, womit der Täter den Anschein erzeugt, dem Opfer nichts Unrechtes zu tun. Denkbar sind hierbei auch Konstellationen, in denen das Opfer aus eigenem Antrieb Zuneigung und Geborgenheit sucht, dieses Bedürfnis wird vom Täter missbraucht, indem er dieses nicht-sexuelle Bedürfnis des Opfers zur Befriedigung seiner eigenen sexuellen Wünsche nutzt. Es ist denkbar, dass Täter mit diesen Verhaltensweisen möglicherweise auch gezielt dazu beitragen, den sexuellen Missbrauch eines einzelnen Opfers über einen längeren Zeitraum aufrechtzuerhalten. Eine psychische Auswirkung einer Missbrauchserfahrung kann die Sexualisierung des Opfers sein. Diese Sexualisierung äußert sich beispielsweise in verführerischem, sexuell aufforderndem Verhalten der Opfer (Amann & Wipplinger, 2012). Dieser Effekt kann durch Verstärkungslernen erklärt werden, das Opfer wird für sexuelles Verhalten mit Aufmerksamkeit und Zuwendung belohnt und zeigt vermehrt sexuelles Verhalten. Diese Konsequenzen sind vor allem bei Täter-Opfer-Konstellationen zu befürchten, die über Jahre fortbestehen. Nicht zuletzt trägt diese pathologische psychische

Veränderung beim Opfer zur Entwicklung oder Aufrechterhaltung von kognitiven Verzerrungen und Rechtfertigungsstrategien beim Täter bei. Diese Vermutung begründet sich vor allem darin, dass diese Verhaltensdimension einen signifikanten Zusammenhang zum Ausmaß pädophiler Neigungen beim Täter zeigt. Somit ist im überwiegenden Fall auf kindliche Opfer dieses missbräuchlichen Täterverhaltens zu schließen. Auch andere Autoren berichten im Fall von kindlichen männlichen Opfern von einem zurückhaltenden, passiven Täterverhalten und dem manipulativen Einsatz einer bestehenden Vertrauensbasis zwischen Täter und Opfer (Baurmann, 1996; Hodges & Canter, 1998).

Unter Verwendung eines strukturprüfenden multivariaten Verfahrens besteht der Kern dieser Arbeit darin, Zusammenhänge zwischen Eigenschaften des Täters und dessen Verhaltensweisen bei der Tat zu identifizieren. Dabei erwies sich vor allem das Opfergeschlecht als zentraler Aspekt. Wie bereits auch schon andere Autoren zeigen konnten, lässt sich bei Personen mit bestimmten Eigenschaftsmerkmalen die bevorzugte Wahl eines bestimmten Opfergeschlechts feststellen. Täter deren Persönlichkeit von ausgeprägter Selbstunsicherheit, Ängstlichkeit, emotionaler Instabilität und Frustrationsintoleranz gekennzeichnet ist, begehen bevorzugt sexuelle Übergriffe auf männliche Opfer. Bei den männlichen Opfern dieser Untersuchung handelt es sich ausnahmslos um kindliche Opfer mit einem durchschnittlichen Alter von unter zehn Jahren. Somit entsprechen alle sexuellen Übergriffe, die sich hinter diesem Zusammenhang verbergen, einer sexuellen Missbrauchstat nach §§ 176, 176 a, b StGB.

In der vorliegenden Untersuchung werden Eigenschaften von Tätern, die männliche Opfer bevorzugen, durch eine hohe Ausprägung der Persönlichkeitsdimension 1 abgebildet. Diese Täter scheinen sehr anfällig für das Erleiden von Frustrationen zu sein und können mit diesen Frustrationen nicht adäquat umgehen, woraus wiederum auch Aggressionen bei der Tatbegehung entstehen können. Die pathologische Steigerung dieser Persönlichkeitsakzentuierung bildet eine Störungsbelastung im Cluster C der Persönlichkeitsstörungen. Dieser Befund stimmt mit den Erkenntnissen anderer Autoren überein. Auch Eher und Kollegen (2003) berichten, dass Kindesmissbraucher vor allem Diagnosen aus dem Bereich der ängstlich-vermeidenden Persönlichkeitsstörungen (Cluster C) aufweisen. Für pädophile Täter können Hall und Hall (2009) diesen Störungsschwerpunkt ebenfalls bestätigen und betonen, dass diese Täter besonders häufig Gefühle der Isolation, Ausgrenzung und Unterlegenheit erleben. Dieses charakteristische Bild für Täter, die auf kindliche Opfer fixiert sind, lässt sich auch in den Analysen der vorliegenden Arbeit bestätigen. Univariate Untersuchungen anderer Autoren (Eher et al., 2010; Fazel et al., 2007) konnten bereits einen Hinweis darauf erbringen, dass sexuelle Missbrauchstäter signifikant seltener Alkoholmissbrauch begehen oder eine Alkoholabhängigkeit aufweisen.

Dieser Befund bestätigt sich auch in den multivariaten Analysen der vorliegenden Arbeit. Scheinbar gegenläufig zu bisherigen Erkenntnissen scheint der Sachverhalt zu sein, dass ein Teilaspekt der beschriebenen ersten Persönlichkeitsdimension ein ausgeprägter Zustandsärger ist, der auch nach Außen gerichtet wird. Bisherige Studien wiesen eher darauf hin, dass Missbrauchstäter aggressionsgehemmt sind und Frustrationen und Aggressionen eher gegen sich selbst richten (Eher et al., 2003; Bussmann et al., 2008). Eine mögliche Ursache für diesen abweichenden Befund könnte sein, dass die beschriebenen Studien nicht zwischen Kindesmissbrauchern mit weiblichen und männlichen Opfer unterschieden haben und der in der vorliegenden Arbeit gefundene Zusammenhang ein Charakteristikum für homosexuell orientierte Missbrauchstäter darstellt.

Dieser signifikante Befund wird durch das Teilergebnis ergänzt, dass homosexuell orientierte Missbrauchstäter neben der hohen Ausprägung auf der ersten Persönlichkeitsdimension eine geringe Ausprägung der dritten persönlichkeitsbeschreibenden Dimension ausweisen. Diese Dimension beschreibt, wie gut Personen sich selbst und den erlebten Ärger kontrollieren können; als pathologische Ausprägung bildet diese Dimension die Störungsbelastung des Cluster B ab. Personen mit einer geringen Ausprägung dieser Dimension, somit auch homosexuell orientierte Missbrauchstäter, sind demnach eher dazu in der Lage, ihren Ärger zu kontrollieren und weisen ein hohes Maß an Selbstkontrolle auf.

Des Weiteren fällt diese Tätergruppe eher nicht durch gewalttätiges oder aggressives Verhalten auf. Zieht man die Ausprägung dieser Tätergruppe in beiden Dimensionen zur Interpretation heran, zeichnet sich ein Bild von einem Täter, der sehr selbstunsicher ist, leicht verletzlich, starke Stimmungsschwankungen hat, sich von seinem Umfeld ausgegrenzt und unfair behandelt fühlt. Diese Konstellation führt bei Tätern dieser Gruppe zu einem hohen Maß an Frustrationen, die sich in ausgeprägten Ärgergefühlen manifestieren. Gleichzeitig scheinen diese Personen stark selbstkontrolliert zu sein, so dass anzunehmen ist, dass sich diese Täter die überwiegende Zeit unauffällig verhalten und aufgebaute Frustrationen und Ärgergefüle im Tatgeschehen kanalisiert werden. Wobei auch hier davon auszugehen ist, dass es sich nicht um ein impulshaftes Ausagieren von Aggression und Gewalt handelt, sondern eher um ein kontrolliertes Ausüben von Macht und Erniedrigung des Opfers. Dafür spricht zum einen der eher nicht vorhandene Substanzkonsum und zum anderen der signifikante Zusammenhang zu sexuell-abweichenden Tatverhaltensweisen, unter denen das Anfertigen von Pornographie und eine große Opferanzahl verstanden werden. Diese Verhaltensweisen zeigen sowohl zu der Wahl männlicher wie auch weiblicher Opfer einen signifikanten Zusammenhang. Betrachtet man jedoch den

Einfluss der Persönlichkeitsdimensionen, welcher über das Opfergeschlecht vermittelt wird, erhellt sich dieser Zusammenhang. Im Fall von sexuellabweichenden Sexualpraktiken scheint nicht das Opfergeschlecht alleine den entscheidenden Einfluss zu haben, sondern hier kommt der Einfluss der vorherrschenden Persönlichkeitsdimension des Täters zum Tragen. Die erste Persönlichkeitsdimension beeinflusst die Ausprägung der sexuell-abweichenden Verhaltensdimension positiv. Negativ beeinflusst wird die Präsenz von sexuellabweichendem Verhalten hingegen von der dritten Persönlichkeitsdimension. Demnach ist davon auszugehen, dass Täter mit einer ängstlichen, vermeidenden Persönlichkeit, die zudem häufig Ärgergefühle erleben, eher sexuellabweichendes Verhalten zeigen als Täter die eine hohe Ausprägung auf der dritten Persönlichkeitsdimension aufweisen. Eine unkontrollierte, sozial unangepasste und leicht reizbare Persönlichkeit scheint das Auftreten von sexuellabweichenden Verhaltensweisen zu reduzieren. Denkbar ist, dass ein Zusammenhang zu sexuell-abweichenden Verhaltensweisen vor allem für junge Opfer besteht. Da Opfer weiblichen Geschlechts sowohl erwachsen wie auch im Kindesalter sein können, ist es denkbar, dass durch den Anteil kindlicher Opfer zwar ein signifikanter, aber auch schwächerer Effekt besteht, als das bei den ausschließlich kindlichen männlichen Opfern der Fall ist.

Die homosexuell orientierten Täter der vorliegenden Untersuchung sind hinsichtlich ihrer Merkmale vergleichbar mit den depressiven Missbrauchstätern nach Rehder (2004). Auch diese Täter zeichnen sich durch Gefühle der Hilflosigkeit, Passivität und Abhängigkeit aus. Auch Rehder ist der Ansicht, dass die verübten sexuellen Übergriffe einen Versuch darstellen, dieses mangelhafte Selbstvertrauen mit Überlegenheit und Macht gegenüber deutlich unterlegenen Personen auszugleichen. Es lassen sich ebenfalls Parallelen zu den sozial inkompetenten und fixierten Tätern nach Knight und Prentky (1990) erkennen, die ihre Opfer eher nicht verletzen. Das Anfertigen von Pornographie könnte allerdings auch ein Hinweis auf sadistische Tendenzen sein, was letztlich den vierten Tätertyp dieser Typologie beschreiben würde (vgl. Kapitel 6.2).

Zur plastischen und beispielhaften Darstellung einer Tatkonstellation, wie sie bei einem homosexuell orientierten Täter mit einer hohen Ausprägung auf der ersten Persönlichkeitsdimension auftreten kann, wird ein Fall aus der untersuchten Stichprobe im Folgenden verkürzt dargestellt. Die Diagnostikergebnisse für diesen Täter sind Tabelle 46 im Anhang IV zu entnehmen.

> Herr A. wurde Mitte der 1980er Jahre als Zweites von drei Kindern geboren und wuchs bei seiner Mutter und seinem Stiefvater auf. Als Kind litt Herr A. unter der abwertenden Behandlung seines Stiefvaters, der ihn zudem häufig schlug. Während der gesamten Schulzeit hatte Herr A. Probleme, den Lernstoff zu bewältigen und hatte im Klassenverband eine Außenseiterrolle inne. Im weiteren Verlauf brach er die begonnene Ausbildung zum Verkäufer nach wenigen Monaten ab, da er dort aufgrund seiner sexuellen Neigungen

Diskussion 175

gemobbt wurde. In der Folgezeit war er in verschiedenen Drückerkolonnen tätig und die meiste Zeit ohne festen Wohnsitz. Er übernachtete zum Teil in Gartenlauben, Obdachlosenheimen oder bei Bekannten. In diesem Zeitraum kam es auch zu den ersten aktenkundigen sexuellen Übergriffen. Das männliche Opfer war zu diesem Zeitpunkt sieben Jahre alt und aufgrund des Bekanntschaftsverhältnisses zur Familie des Opfers dem siebzehnjährigen Herr A. wiederholt zur Aufsicht anvertraut. Herr A. fasste den Entschluss, diese Vertrauenssituation zu nutzen. Beim gemeinsamen Fernsehen zog er seine Hose aus und forderte das Opfer auf, sein entblößtes Geschlechtsteil anzufassen, um Herr A. dadurch zu befriedigen. Das kindliche Opfer kam dieser Aufforderung an mehreren Abenden nach. Fünf Jahre später knüpfte Herr A. Kontakt zu einer aus dem Kosovo stammenden Familie, dabei lernte er auch den zu diesem Zeitpunkt zehnjährigen Sohn kennen. Es entwickelte sich ein freundschaftliches Verhältnis zu den Familienmitgliedern. An einem Abend war Herr A. alleine mit dem Sohn der Familie in der Wohnung. Er nutzte diese Gelegenheit um sich dem Kind sexuell zu nähern. Mit dem Ziel, das Opfer seiner sexuellen Annäherung gegenüber aufgeschlossen zu machen, zeigte Herr A. dem Jungen im Internet Bilder von nackten Frauen. Dieser Anblick rief bei dem Jungen eine Erektion hervor. Herr A. forderte das Kind auf, ihm sein Geschlechtsteil zu zeigen, was dieses auch tat. In den folgenden Monaten wiederholte sich diese Situation auf ähnliche Weise. Die sexuellen Handlungen durch Herrn A. steigerten sich, indem er zu späteren Zeitpunkten Oralverkehr beim Opfer durchführte und sich dabei selbst befriedigte. Dieses Tatgeschehen wiederholte sich in den Folgemonaten an verschiedenen Opfern. Dabei handelte es sich in allen Fällen um Jungen im Alter von zehn bis 14 Jahren, zu denen er zunächst über mehrere Tage und Wochen eine Bekanntschaft aufbaute und dann eine günstige Gelegenheit nutzte, um sich den Kindern sexuell zu nähern. Herr A. wurde im Rahmen des Strafverfahrens einer Begutachtung unterzogen, bei der der Sachverständige zu dem Ergebnis kam, dass es sich bei Herrn T. um einen stimmungslabilen, leicht verletzbaren und reizbaren Menschen mit einer geringen Frustrationstoleranz und einer starken Gehemmtheit im sozialen Umgang handelt. Zudem diagnostizierte der Sachverständige eine homosexuelle Pädophilie bei selbstunsicherer Persönlichkeitsstruktur und unterdurchschnittlicher Intelligenz.

Für heterosexuell orientierte Täter ergibt sich eine spiegelbildliche Charakterisierung. Kennzeichnend für diese Tätergruppe sind eine hohe Ausprägung der dritten und eine geringe Ausprägung der ersten Persönlichkeitsdimension. Eine Person mit dieser Merkmalskombination ist als sehr impulsiv, aggressiv, unkontrolliert und sozial unangepasst zu beschreiben. Außerdem ist bei den Betreffenden eine geringe Verhaltenshemmung zu vermuten, die zu einer erhöhten Gewaltbereitschaft führt. Erschwerend kommt bei heterosexuell orientierten Tätern erhöhter Substanzkonsum als zusätzlicher Katalysator ins Spiel, der Hemmungen senkt und das Ausmaß ausagierter Gewalt im Tatgeschehen erhöht. Auch generell gehen antisoziale Verhaltensweisen im hohen Maße mit Substanzkonsum einher; die antisoziale Persönlichkeitsstörung weist die häufigste Komorbidität zur Diagnose Substanzabhängigkeit auf. Es ist davon auszugehen, dass vor allem durch die psychoaktive Wirkung veränderte Kognitionen Gewaltauslöser und -beschleuniger in kritischen Situationen sind (Klein, 2000). Die Gruppe der heterosexuell orientierten Täter dieser Untersuchung hat sowohl sexuelle Übergriffe auf erwachsene als auch kindliche Opfer begangen. Somit befinden sich in dieser Tätergruppe sowohl Personen, die sich nach §§ 176, 176 a, b StGB strafbar gemacht haben, als auch Personen, die aufgrund eines Verstoßes gegen §§ 177, 178 StGB verurteilt wurden. Jeder Dritte heterosexuell orientierte Täter hat ein weibliches Opfer im Erwachsenenalter (18 Jahre und älter) attackiert, gegen kindliche Opfer unter 14 Jahren richtet sich der sexuelle Übergriff in etwa jedem zweiten Fall (55 %). Somit scheinen die Merkmale heterosexueller Täter sowohl für Vergewaltiger wie auch Missbraucher kennzeichnend zu sein.

Die beschriebenen Merkmale des heterosexuell orientierten Täters weisen Parallelen zu verschiedenen Klassifikationsansätzen anderer Autoren auf. Es lassen sich Übereinstimmungen mit der Vergewaltiger-Typologie von Rehder (2004) erkennen. Der dritte und fünfte Typus dieser Typologie weisen ähnliche Merkmale auf (vgl. Kapitel 6.3). Vergewaltiger des dritten Typs werden von Rehder als sexuell aggressiv und explosiv agierend beschrieben, bei diesen Personen ist der Zusammenbruch der Aggressionskontrolle ursächlich für das straffällige Verhalten. Täter des fünften Typs weisen ebenfalls eine ausgeprägte aggressive Durchsetzungsbereitschaft auf, die allerdings in feindseligen Ansichten gegenüber Frauen ihren Ursprung hat. Des Weiteren bestehen Parallelen zur Typologie nach Groth (1978, 1982), der unter anderem den „power rapist" und den „anger rapist" unterscheidet (vgl. Kapitel 6.1). Bei beiden Tätertypen sind die Demonstration von Überlegenheit beziehungsweise subjektiv empfundene Kränkung, mit der der Täter nicht adäquat umgehen kann, ursächlich für die Vergewaltigung. Zentrales Charakteristikum sowohl der bestehenden Typologien als auch der Befunde zum heterosexuell orientierten Täter der vorgelegten Arbeit, ist ein ausgeprägtes Maß an Feindseligkeit und Aggression, die im Rahmen des sexuellen Übergriffs zum Ausdruck kommen.

Wie bereits andere Autoren in zumeist univariaten Analysen zeigen konnten, setzt sich die Feindseligkeit und Aggression heterosexuell orientierter Täter auch im Verhalten bei sexuellen Übergriffen auf weibliche Opfer fort. Frauen erleben demnach mehr Bedrohung, Gewalt und Demütigungen (vgl. Baurmann, 1996; Canter et al., 2003). In der multivariaten Analyse der vorliegenden Arbeit zeigte sich dieser Zusammenhang zumindest in der Tendenz.

Eine Tat, die durch einen heterosexuell orientierten Täter begangen wird, der eine hohe Ausprägung der dritten Persönlichkeitsdimension aufweist, soll ebenfalls beispielhaft anhand eines Falls aus der untersuchten Stichprobe dargestellt werden. Die Diagnostikergebnisse dieses Täters sind dem Anhang zu entnehmen (Tabelle 46, Anhang IV).

> Herr B. wurde Anfang der 1980er Jahre geboren und wuchs in seinem Elternhaus gemeinsam mit einem jüngeren Bruder auf. Bis zur Trennung seiner

Diskussion 177

Eltern verlief seine schulische Ausbildung problemlos. Als Herr B. acht Jahre alt war, ließen sich seine Eltern scheiden und seine schulischen Leistungen nahmen stetig ab, Konflikte mit Eltern und Lehrer hingehen nahmen zu. Nachdem er seinen Hauptschulabschluss auf einer Sonderschule erworben hatte, begann er eine gastronomische Ausbildung, die er jedoch vorzeitig abbrach. Seitdem ist Herr B. arbeitslos, lebt von Sozialhilfe und hat den Kontakt zu seiner Familie gänzlich abgebrochen. Seine Zeit verbringt er seither mit Fernsehen und PC-Spielen. Außerdem trifft er sich mit Bekannten auf Partys, auf denen er erhebliche Mengen an Alkohol und andere Drogen konsumiert. Seit seinem 16. Lebensjahr greift Herr B. wiederholt zu Drogen und Alkohol, um Schwierigkeiten und Konflikten auszuweichen. Herr B. lebte zwei Jahre in einer Lebensgemeinschaft mit dem erwachsenen weiblichen Opfer, welches er im Alter von 20 Jahren kennenlernte. Herr B. vermutete bereits über einen längeren Zeitraum, dass ihn seine Partnerin betrügt und sich emotional von ihm abwendet. Herr B. litt sehr unter dieser Zurückweisung und es kam aus diesem Grund mehrfach zum Streit. Als es erneut zu einer Auseinandersetzung wegen der Untreue seiner Partnerin kommt, fasst Herr B. den Entschluss, dass seine Partnerin nun auch so leiden solle, wie er unter ihrer Untreue litt. Herr B. forderte unter Vorhalten einer Armbrust und der Drohung, sie umzubringen, das Opfer dazu auf, sich zu entkleiden. Aus Angst kommt das Opfer seiner Aufforderung nach. Diese Situation erstreckt sich über den Zeitraum von zwei Stunden, in denen Herr B. das Opfer immer wieder mit der Waffe bedroht. Als das Opfer letztlich nackt auf dem Bett liegt, zieht sich Herr B. selbst die Hose aus, drückt die Beine des Opfers auseinander und versucht den vaginalen Geschlechtsverkehr durchzuführen. Der Versuch scheiterte jedoch, was Herrn B. dazu veranlasste mit seinen Fingern in die Scheide des Opfers einzudringen. Das Opfer schrie und wehrte sich daraufhin, worauf es von Herrn B. mit beiden Händen gewürgt wurde. Schließlich befriedigte er sich vor dem Opfer selbst und ejakulierte gezielt auf den Körper des Opfers. Im Rahmen des Strafverfahrens wurde Herr B. einer Begutachtung unterzogen. Der Sachverständige kam zu dem Schluss, dass Herr B. wenig empathisch ist und unter einer unbeständigen Stimmung leidet. Bei Herrn B. liegt dem Sachverständigen zufolge eine emotional-instabile Persönlichkeitsstörung vom impulsiven Typ und vom Borderline Typ sowie Züge der dissozialen Persönlichkeitsstörung und ein Alkoholabhängigkeitssyndrom vor.

Die Informationen, auf denen die beiden dargestellten Fälle basieren, sind den Urteilen und Gutachten der beiden Täter entnommen. Es handelt sich somit um die verkürzte Darstellung des Tatablaufs, wie er vom Gericht als wahrheitsgemäß anerkannt wurde.

Die Forschung zur Ermittlung rückfallrelevanter Kriterien (vgl. Kapitel 2.5) weist darauf hin, dass von Tätern mit vielen und vor allem männlichen Opfern eine höhere Rückfallgefahr ausgeht. Diese Merkmale erfüllen in der vorliegenden Arbeit vor allem die ängstlichen, vermeidenden Täter, jene die eine hohe Ausprägung der ersten Persönlichkeitsdimension aufweisen. Diese Täter haben, verglichen mit den Tätern, die durch eine hohe Ausprägung der dritten Persönlichkeitsdimension charakterisiert sind, mehr Opfer und vor allem mehr männliche Opfer. Außerdem zeigen diese Täter auch eher

Verhaltensweisen wie vertrauensbildende Kommunikation und bahnen den Kontakt zum Opfer über einen längeren Zeitraum an. Des Weiteren zeigen die Ergebnisse der vorliegenden Arbeit, dass ängstliche, vermeidende Täter, die vor allem männliche Opfer attackieren eher auch romantisierendes Sexualverhalten zeigen, welches nicht mit Geschlechtsverkehr einhergeht. Diesen Verhaltensweisen kommt ebenfalls rückfallprognostische Relevanz zu (Nowara, 2001; Dahle et al., 2010). Vor dem Hintergrund der rückfallprognostischen Forschung ist für den oben beschriebenen homosexuell orientierten Täter von einer erhöhten Rückfallgefahr auszugehen.

Bemerkenswert ist, dass die Annahme von Zusammenhängen der Lebensumstände im Zeitraum der Tatbegehung, die in Hypothese 7 formuliert wurde, nicht bestätigt werden konnte und sich ein völlig konträres Bild ergibt. Es liegt ein signifikanter empirischer Zusammenhang in umgekehrter Richtung vor, wie theoriegeleitet zu vermuten war. Je höher die Belastungen in der Sekundärsozialisation sind, also in der eigenen Familie, und je länger die Arbeitslosigkeit im Vorfeld der Tat ist, desto weniger Gewalt wird während der Tat gezeigt. Bisherige Studien und aggressionstheoretische Überlegungen (vgl. Kapitel 5.2) haben eher die Vermutung nahegelegt, dass psychosoziale Belastungen im Vorfeld der Tat eine gewalttätige Eskalation im Tatgeschehen fördern. Betrachtet man die beiden manifesten Variablen, die das latente Konstrukt der Lebensumständen im Zeitraum der Tatbegehung beschreiben, fällt auf, dass beide Variablen eine signifikante bivariate Korrelation zur Altersdifferenz zwischen Täter-Opfer aufweisen (vgl. Tabelle 45, Anhang III). Je schwerwiegender die Belastung in der eigenen Familie wahrgenommen wird, desto größer ist auch die Altersdifferenz zwischen Täter und Opfer ($r = .253$, $p \leq .01$). Ebenso verhält es sich mit der Dauer der Arbeitslosigkeit. Je länger die Täter im Vorfeld der Tat ohne Beschäftigung waren, desto größer ist die Diskrepanz zwischen Täter- und Opferalter ($r = .340$, $p \leq .01$). Das weist daraufhin, dass Täter, die ungünstigen Lebensumständen im Vorfeld der Tat ausgesetzt waren, eher sehr junge Opfer attackieren. In diesem Zusammenhang findet sich auch die Begründung dafür, dass diese Täter eher nicht mit gewaltgeprägten Taten in Verbindung zu bringen sind. In der hier untersuchten Stichprobe sind männliche Opfer ohne Ausnahme im Kindesalter. Täter, die diese Opfer wählten, zeigten im Verlauf des sexuellen Übergriffs kaum gewalttätiges Verhalten. Im Unterschied zu erwachsenen Opfers ist es bei Kindern oftmals nicht notwendig Gewalt anzuwenden, um den Opferwiderstand zu brechen, Täter greifen in diesen Fällen häufiger zu vertrauensbildenden Maßnahmen. Somit wird der Zusammenhang aus einer hohen Belastung in den aktuellen Lebensumständen und geringer Gewalt während der Tat über dem Umstand vermittelt, dass es sich bei den Betreffenden vorwiegend um Missbrauchstäter handelt. Es wäre auch denkbar, dass dieses Ergebnis durch die Art der Datengewinnung beeinflusst ist. Die Informationen, die diesen Variablen zu den Lebensumständen zugrunde liegen, wurden in Form eines retrospektiven Selbstberichts erhoben. Die befragten Täter sollten in Haft Aussagen über ihre Lebensumstände im Zeitraum der Tat treffen, in den meisten Fällen handelt es sich dabei gleichzeitig um den Zeitraum vor Inhaftierung. Es wäre denkbar, dass die Befragten diese Lebensphase rückblickend stark idealisieren beziehungsweise Probleme und Schwierigkeiten nicht als solche wahrnehmen und dementsprechend auch nicht berichten.

Die ursprüngliche Modellierung berücksichtigte eine weitere Persönlichkeitsdimension, die vor allem sonderbare und exzentrische Eigenschaften einer Person beschreibt, die zudem mit kognitiv verzerrten und feindseligen Ansichten einhergehen. Personen mit einer hohen Ausprägung auf dieser Dimension zeichnen sich sowohl in ihren Ansichten wie auch im Umgang mit Anderen durch Eigentümlichkeit aus. Des Weiteren neigen diese Personen dazu Ärgergefühle gegen sich selbst zu richten, was sich ebenfalls durch sonderbar anmutendes Verhalten äußern kann. Täter, die hohe Ausprägungen auf dieser Dimension aufweisen, wählen in der Tendenz eher weibliche Opfer und zeigen während der Tat tendenziell gewalttätiges und non-sexuelles Verhalten. Hierbei liegt die Vermutung nahe, dass es diesen Tätern aufgrund ihres befremdlichen Verhaltens nicht gelingt, Kontakt zu einem Opfer aufzubauen und auf Basis eines Vertrauensverhältnisses sexuell übergriffiges Verhalten zu zeigen. Insbesondere bei kindlichen Opfern sollte es solchen Personen schwerfallen Vertrauen und Kontakt herzustellen, damit sind männliche Opfer in dieser Analyse seltener von Tätern mit einer hohen Ausprägung der zweiten Persönlichkeitsdimension betroffen.

10.2 Methodenkritik

Die Analysen der vorliegenden Arbeit weisen hinsichtlich Größe und Repräsentativität der Stichprobe ähnliche Schwächen auf wie andere Untersuchungen an Sexualstraftätergruppen. Es handelt sich um eine Stichprobe, die aus einer bereits stark selektierten Grundgesamtheit gezogen wurde. Demnach besteht grundsätzlich die Frage, ob Erkenntnisse, die anhand einer Gruppe inhaftierter Sexualstraftäter gewonnen wurden, auf die Gesamtheit aller Sexualstraftäter übertragbar sind. Diese Frage ergibt sich vor allem aus dem Umstand, dass bei inhaftierten Sexualstraftätern zum einen von schweren und häufigeren Delikten auszugehen ist und zum anderen auch eine Selektion aufgrund von Ressourcen des Täters zu vermuten ist. Straftäter, die über umfangreiche kognitive und finanzielle Ressourcen verfügen, haben zugleich auch mehr Möglichkeiten eine Inhaftierung zu umgehen, sowohl im Vorfeld der Entdeckung als auch im

Strafverfahren selbst. Des Weiteren könnte die im Rahmen der Erhebung offerierte Entlohnung zur weiteren Selektion der Gruppe beigetragen und die Repräsentativität der Stichprobe beeinflusst haben. Außerdem wurden Sexualstraftäter mit einer diagnostizierten Intelligenzminderung aus der Erhebung ausgeschlossen. Es ist davon auszugehen, dass die kognitive Hürde zur aussagekräftigen Beantwortung einzelner Items für diese Straftäter zu hoch gewesen wäre. Allerdings wird die Stichprobe durch diese Beschränkung weiter selektiert. Mit einem Anteil von etwa 16 % (Wößner, 2006; Krause, 2003) stellt die Gruppe der intelligenzgeminderten Täter einen nicht unerheblichen Teil innerhalb der Sexualstraftäterpopulation dar. Es ist fraglich, ob die Differenzierung von heterosexuell und homosexuell orientierten Tätern, die sich auch in Persönlichkeits- und Verhaltensdimensionen unterscheiden, auch auf intelligenzgeminderte Täter übertragbar ist. Möglicherweise spielt das Opfergeschlecht für diese Täter nur eine untergeordnete Rolle oder es lassen sich Verhaltensweisen während der Tat identifizieren, die intelligenzgeminderte Täter von den übrigen Sexualstraftätern unterscheiden. Wößner (2006) zufolge, ist bei dieser Tätergruppe davon auszugehen, dass es sich um überfallartige, kaum gewaltsame Übergriffe auf zu meist fremde Opfer handelt. Für die Übertragbarkeit und Generalisierung der Ergebnisse der vorgelegten Arbeit spricht allerdings, dass Straftäter aus allen Unterbringungsformen, die in der deutschen Rechtsprechung vorgesehen sind, befragt wurden. Außerdem weist die untersuchte Stichprobe eine hohe Vergleichbarkeit zu anderen Sexualstraftäterstudien bezüglich soziodemographischer und deliktischer Merkmale auf.

 Hinsichtlich der verwendeten Quellen ist kritisch anzumerken, dass alle Informationen, die im direkten Probandenkontakt erhoben wurden, durch Bagatellisierung, Verschweigen aus Scham oder Dramatisierung einzelner Aspekte, verfälscht sein könnten. Dieses Problem kann allerdings nicht vollständig umgangen werden, lediglich der Einsatz von erfahrenen Interviewern kann diese Verfälschungstendenzen reduzieren. Das wurde in der vorliegenden Arbeit berücksichtigt. Neben den face-to-face Interviews stellen Strafakten eine wesentliche Datenquelle der vorliegenden Arbeit dar. Dabei ist zu berücksichtigen, dass diese nur bedingt eine gute Datengrundlage zur Analyse des Tathergangs bieten. Zwar werden einige Sachverhalte oftmals in ausreichendem Umfang dargestellt, dabei handelt es sich jedoch in den meisten Fällen um Aspekte, die einen direkten Bezug zur Urteilsfindung oder Strafzumessung haben, wie beispielsweise die Örtlichkeit, Allein- oder Mittäterschaft oder auch Aspekte der Tatplanung. Vor allem Motivstrukturen, die Bedeutung bestimmter sexueller Handlungen für den Täter oder auch Merkmale der Täter-Opfer-Interaktion bleiben im Rahmen des Strafverfahrens oftmals im Dunkeln. Ebenso kritisch ist anzumerken, dass viele Sachverhalte und detaillierte Informationen, die möglicherweise im

Ermittlungsprozess erhoben wurden, in der Entscheidungsbegründung zu Gunsten globalerer Informationen keine Berücksichtigung mehr finden. Auch Elz (2011, S. 227) kritisierte bereits, dass „das konkrete Tatgeschehen [...] mehr [ist] als die Summe jener Tatsachen", die zur strafrechtlichen Subsumption und Strafzumessung erforderlich sind. Die Berücksichtigung von Informationen aus dem Begutachtungsprozess kann zwar dazu dienen Informationslücken zu schließen, zieht jedoch die Problematik nach sich, dass Situationen entstehen, in denen unvereinbare Informationen zu einem Sachverhalt vorliegen. Hier empfiehlt es sich jedoch auf mögliche Details zu verzichten und den Angaben in den Strafakten den Vorzug zu geben, da diese im Rahmen des Strafverfahrens als Tatsachen anerkannt wurden. Vor allem Aspekte der verbalen Interaktion zwischen Täter und Opfer nehmen vor Gericht oftmals einen untergeordneten Stellenwert ein und finden demnach weniger Berücksichtigung in der Urteilsbegründung. Die Befragung der Opfer könnte vor allem über kommunikative Aspekte der Tat Aufschluss geben. Hierbei ist jedoch einzuräumen, dass es sowohl unter datenschutz-rechtlichen Gesichtspunkten wie auch forschungsethischen Erwägungen kaum möglich und vertretbar sein wird, Kontakt zu den Opfern der befragten Täter herzustellen.

Grundsätzliche Schwächen der einzelnen Verfahren zur Datengewinnung müssen ebenfalls berücksichtigt werden. Sowohl die Inhaltsanalyse der Strafakten wie auch das Verfahren der schriftlichen und mündlichen Befragung der inhaftieren Straftäter kann zu Qualitätsmängeln der gewonnenen Daten führen. Im Falle der Inhaltsanalyse liegt das Kernproblem im Prozess der Datenreduktion und einem damit verbundenen Informationsverlust. Dabei sind vor allem die Konsistenz und die Zuverlässigkeit der vorgenommenen Klassifikation von zentraler Bedeutung (Schnell et al., 2011). Inkonsistenzen beim Extrahieren von Informationen können beispielsweise durch die Mehrdeutigkeit von Begriffen oder der uneindeutigen Definition der Analysekategorien entstehen. Nach Krippendorff (2004) sind zentrale Elemente der Zuverlässigkeit einer Inhaltsanalyse die Stabilität, Wiederholbarkeit und die Genauigkeit der extrahierten Information. Die Wiederholbarkeit und Stabilität der kodierten Information wurde in der vorgelegten Arbeit durch den Einsatz mehrerer Kodierer bei einer Zufallsauswahl von Urteilen und Gutachten und dem anschließendem Abgleich des Kodierergebnisses überprüft.

Die Schwäche einer direkten Befragung der Versuchsperson besteht vor allem in der Anfälligkeit für Verfälschung des Untersuchungsergebnisses. In der empirischen Sozialforschung wird eine Vielzahl möglicher Antwortverzerrungen diskutiert (Schnell et al., 2011). Sowohl bei der mündlichen als auch schriftlichen Befragung ist mit sozial erwünschtem Antwortverhalten zu rechnen. Die Ursache hierfür kann zum einen in dem Bedürfnis nach sozialer Anerkennung liegen und zum anderen im Beschönigen oder Verschweigen bestimmter Sachverhalte aus Scham oder weil Konsequenzen befürchtet werden. Die Verfälschung der Antwort hängt jedoch nicht nur von den Merkmalen der erhobenen Thematik oder der befragten Person ab, sondern kann von der Erwartung, die der Untersuchte an die Untersuchungssituation oder den Interviewer hat, beeinflusst werden. In der vorliegenden Arbeit ist eine Beeinflussung des Antwortverhaltens vor allem durch die Inhaftierungssituation zu erwarten. Des Weiteren weisen die Probanden zum Teil deutlich voneinander abweichende Inhaftierungsdauer und dementsprechend auch unterschiedliche Behandlungserfahrung auf. Probanden mit längerer Haft- und vor allem auch Behandlungserfahrung könnten eher dazu geneigt sein, in sozial erwünschter Weise zu antworten und Probleme und Schwierigkeiten eher zu verschweigen oder die Anonymität der Befragung stärker anzuzweifeln. Generell kann die Befragung in Haft natürlich den Effekt haben, dass die Probanden gehemmt sind, entsprechend ihrer ehrlichen Meinung zu antworten und möglicherweise vermehrt das Bedürfnis haben, sich in einem guten Licht darzustellen oder sich zumindest unkritisch zu äußern. Im Rahmen der mündlichen Befragung kann es zusätzlich zu einer Beeinflussung durch den Interviewer kommen bspw. durch Nachfragen, Mimik, Gestik und Körperhaltung sowie durch Effekte spontaner Sympathie oder Antipathie zwischen Interviewer und Probanden. In der vorgelegten Arbeit wurde durch den Einsatz der gleichen Interviewerin bei allen Probanden versucht, die Varianz im Befragungsstil und somit auch die Auswirkung des Interviewereffekts zu reduzieren.

Auch ein Teil des eingesetzten Fragebogenverfahrens ist mit Problemen behaftet, auf die an dieser Stelle kurz eingegangen werden soll. Der 16-PF-R (Schneewind & Graf, 1998) zur Erfassung verschiedener nicht-pathologischer Merkmalsbereiche der Persönlichkeit ist zwar ein häufig eingesetztes Verfahren, weist jedoch auch Schwächen auf. Zum einen ist anzumerken, dass die Normierung dieses Verfahrens bereits über 15 Jahre zurückliegt. Zudem weisen die Globalskalen zwar Korrelationen zu anderen Tests, die die fünf Hauptdimensionen der Persönlichkeit („Big Five") erfassen, auf (Kubinger, 1997), dennoch werden die „Big Five" der Persönlichkeit nicht direkt durch dieses Messverfahren abgebildet. Somit ist es wünschenswert, die in der vorliegenden Arbeit postulierten Persönlichkeitsdimensionen nochmals mit einem Messinstrument, welches auf Grundlage des „Big Five"-Modells konstruiert wurde, zu bestätigen. Hinsichtlich der Ermittlung sexistischer Einstellungen und kognitiver Verzerrungen bezüglich des sexuellen Kontakts zu Frauen und Kindern ist anzumerken, dass diese Skalen im hohen Maße von sozial erwünschtem Antwortverhalten betroffen sein könnten. Gerade bei inhaftierten Sexualstraftätern ist davon auszugehen, dass ihnen die Fragwürdigkeit und Zweifelhaftigkeit

Diskussion 183

bestimmter Ansichten und Einstellungen im Gerichtsverfahren und der sich daran anschließenden Inhaftierung vor Augen geführt wurde. Es ist daher durchaus möglich, dass sich diese Erfahrung in der Beantwortung von Items wie „Viele Frauen haben Spaß daran, mit Männern zu spielen, indem sie sich zuerst verführerisch geben, dann aber die Annäherungsversuche der Männer zurückweisen." (Eckes & Six-Materna, 1999) niederschlägt. Das könnte auch erklären, weshalb sich die befragten Sexualstraftäter scheinbar durch ein erhöhtes Maß benevolenter Einstellungen auszeichnen. Zudem weisen die Analysen der übergeordneten Persönlichkeitsdimensionen darauf hin, dass die Skala zur Erfassung wohlwollender sexistischer Einstellungen gegenüber Frauen nicht zwischen Sexualstraf-tätertypen unterscheiden kann, da diese Skala keiner der drei Persönlichkeitsdimensionen zuzuordnen ist. Vielmehr sind es die von Feindseligkeit geprägten Ansichten gegenüber Frauen (hostiler Sexismus), die zwischen Tätergruppen differenzieren können. Diese Skala ist Teil der zweiten Persönlichkeitsdimension.

Neben den genannten Einschränkungen und Schwächen, die bereits bei der Datenerhebung entstanden sein könnten, muss auch die Auswertung der gewonnenen Daten kritisch betrachtet werden. Wie bereits in der Darstellung der Methoden und Durchführung der Untersuchung erläutert, wurden die einzelnen Items zur Beschreibung der Tatbegehung zunächst theoriegeleitet in Subkategorien zusammengefasst und anschließend faktoranalytisch zu Verhaltensdimensionen zusammengeführt. Dass für die Bildung der Verhaltensdimensionen nicht ausschließlich statistische Erwägungen ausschlaggebend waren, kann eine Ursache für die zum Teil sehr schlechten internen Konsistenzen dieser Dimensionen und der untergeordneten Skalen sein. Darin liegt zugleich auch die größte Schwäche der Analysen dieser Arbeit. Bei besseren internen Konsistenzen der einzelnen Subkonstrukte wären möglicherweise auch mehr signifikante und stabilere Zusammenhänge im Strukturmodell zu erzielen gewesen. Diese schwachen Reliabilitäten könnten zudem einen Einfluss auf die Replizierbarkeit der Ergebnisse dieser Arbeit haben. Vor allem der latente Faktor, der die sozialen Lebensumstände im Zeitraum der Tatbegehung abbildet, weist eine inakzeptabel geringe Reliabilität auf. Hier liegt die Vermutung nahe, dass die Items Belastungen in der eigenen Familie und Arbeitslosigkeit vor der Tat kein gemeinsames latentes Konstrukt bilden. Wie bereits erwähnt, handelt es sich bei den Daten zur Lebenssituation in der Phase der Tatbegehung um retrospektive Selbstberichte, worin die schwache interne Konsistenz auch begründet sein könnte (Krohn, Thornberry, Gibson & Baldwin, 2010).

Des Weiteren ist zu beachten, dass die dichotome Erfassung der Tatbegehungsmerkmale die Varianz der Daten reduziert. Eine mehrstufige Skalierung zur Erfassung der Verhaltensvariablen wäre wünschenswert, um Unterschiede zwischen Personen besser abbilden zu können. Gerichtsakten weisen in vielen Fällen nicht die nötigen Details auf, um eine mehrstufige Datenerfassung zu ermöglichen. Zudem misst nicht jeder Richter jedem Aspekt der Tat die gleiche Bedeutung bei, wodurch es schwer zu beurteilen ist, ob Varianz aus unterschiedlichem Tatverhalten oder unterschiedlicher Aktenlage resultiert. Bei einer postalischen Befragung besteht immer die Möglichkeit, dass Probanden einzelne Fragestellungen oder Items nur teilweise oder gar nicht beantworten. Daraus ergeben sich unvollständige Fälle, welche die Spanne der anwendbaren statistischen Analysemethoden limitieren. Unvollständige Datensätze, die in der Forschungspraxis jedoch Normalität sind, schränken die Wahl der einsetzbaren Schätzmethoden im Rahmen der Strukturgleichungsanalyse ein (vgl. Kapitel 8.5.3). Der Ausschluss aller unvollständigen Fälle ermöglicht die Anwendung von noch präziseren Schätzverfahren im Strukturgleichungsmodell, reduziert jedoch erheblich die Fallzahl.

10.3 Fazit und praktische Implikation

Aus den Analysen der vorliegenden Arbeit hat sich ergeben, dass einzelne Zusammenhänge zwischen Tatverhaltensweisen, vor allem der Auswahl des Opfers, und Eigenschaften des Täters zu finden sind. Mit einem anspruchsvollen multivariaten Analyseverfahren konnten Erkenntnisse früherer Studien zum Teil bestätigt und erweitert werden. Die zentrale Variable scheint nach den Befunden der vorliegenden Arbeit das Geschlecht des Opfers zu sein. Täter, die weibliche Opfer wählen, weisen andere Charakteristika auf als Täter, die männliche Opfer attackieren. Diese beiden Tätergruppen werden als heterosexuell bzw. homosexuell orientierte Täter bezeichnet. Erste sind eher als impulsive, unkontrollierte und sozial unangepasste Personen zu beschreiben, die in der Tendenz sehr gewalthaltige Taten begehen. Zweitere sind als frustrationsintolerante, emotional instabile und sozial ängstliche Personen zu beschreiben, die ein Vertauensverhältnis für einen sexuellen Übergiff missbrauchen und eine große Opferzahl haben.

Aus diesem Befund ergeben sich einige praktische Implikationen, die vor allem in der Ausgestaltung therapeutischer Interventionen Berücksichtigung finden sollten. Die Differenzierung in hetero- und homosexuell orientierte Täter sollte beispielsweise bei der Zusammensetzung von Therapiegruppen beachtet werden. Dadurch könnten homogenere Gruppen gebildet werden, was ein effektiveres Hinarbeiten auf gruppentherapeutische Ziele ermöglichen würde. Desweiteren können die herausgearbeiteten Verhaltensmuster im Rahmen der Therapie thematisiert und genutzt werden, um Risikosituationen, die durch das Zusammenwirken von Persönlichkeits- und Verhaltensdimensionen entstehen,

Diskussion 185

zu erarbeiten. Außerdem weisen die Befunde der vorliegenden Untersuchung darauf hin, dass ein uneingeschränktes Bearbeiten und Trainieren von kognitiver und emotionaler Perspektivenübernahme im therapeutischen Kontext nicht ratsam ist. Speziell die Gruppe der homosexuell orientierten Täter scheint hier zunächst keine Defizite zu haben. Diese Täter sind überwiegend dazu in der Lage, einen vertrauensvollen Kontakt zu ihren Opfern aufzubauen, um diesen später zu nutzen. Die Erkenntnisse dieser Arbeit können somit dazu beitragen, dass Therapieangebote differenzierter auf die Defizite der Täter, durch die Berücksichtigung von Persönlichkeits- und auch Verhaltensdimensionen, abgestimmt werden können.

10.4 Ausblick für weitere empirische Arbeiten

Der Einfluss der Täterpersönlichkeit auf die Bevorzugung eines Opfergeschlechts konnte in dieser Untersuchung gezeigt werden. Welche konkreten Tatverhaltenselemente mit der Wahl eines bestimmten Opfers in Verbindung stehen, scheint jedoch noch etwas diffus zu sein. Möglicherweise ergibt sich ein noch genaueres Bild, wenn Folgeuntersuchungen nicht nur nach Opfergeschlecht, sondern zusätzlich nach Alter des Opfers differenzieren. Vielversprechend könnte eine Trennung der weiblichen Opfer nach erwachsenen und kindlichen Personen sein. Wobei es zu Ungenauigkeiten kommen kann, wenn man ausschließlich das numerische Alter betrachtet, eine wesentlichere Rolle sollte das Erscheinungsbild gegenüber dem Täter spielen bzw. dessen Alterseinschätzung. Das größte Problem bei diesem Vorgehen ist in einer unverfälschten Informationsgewinnung zu erwarten. Wenn der Täter rückblickend um eine Einschätzung des Opferalters gebeten wird, kann dieses Urteil unbewusst durch Informationen aus dem Gerichtsverfahren wie auch bewusst durch Rechtfertigungstendenzen verzerrt sein.

Da die vorliegende Arbeit einen Hinweis darauf liefert, dass dem Geschlecht des Opfers eine entscheidende Rolle in der Zusammenhangsstruktur von Täterpersönlichkeit und Täterverhalten zukommt, ist es denkbar, dass weitere Merkmale des Opfers diese Zusammenhangsstruktur weiter ausdifferenzieren können. Für Folgeuntersuchungen könnte es daher hilfreich sein, zusätzliche Opfervariablen in der Analyse zu berücksichtigen, wie beispielsweise Kommunikations- oder Abwehrverhalten durch das Opfer. Die Vermutung liegt nahe, dass jede Aktion des Opfers eine entsprechende Reaktion auf Seiten des Täters erzeugt. Diese Informationen sind jedoch sehr schwer zugänglich, da eine Befragung der Opfer in der notwendigen Detailliertheit kaum zumutbar ist.

Wie bereits erwähnt, stellt die Erfassung des Tatgeschehens gegenüber allen anderen Konstrukten die größte Schwachstelle dar. Es wäre wünschenswert, wenn zukünftige Studien dazu beitragen würden, standardisierte Instrumente zur Erfassung des Tatverhaltens zu entwickeln. Ebenso sollte in Folgeuntersuchungen in Erwägung gezogen werden, Informationen zu Tatverhaltensweisen auch anhand anderer Quellen als ausschließlich mit Hilfe von Gutachten und Urteilen zu erheben. Wie zuvor dargelegt, können Strafakten als Datengrundlage einige Nachteile mit sich bringen, die durch Berücksichtigung zusätzlicher Quellen, wie beispielsweise polizeilicher Ermittlungsakten, ausgeglichen werden können. Es ist jedoch davon auszugehen, dass diese Unterlagen für Forschungszwecke nur sehr schwer zugänglich sind. Eine weitere Möglichkeit wäre Schilderungen durch den Täter zum Tatgeschehen heranzuziehen, wobei hier mit Verzerrungen und Verfälschungen zu rechnen ist.

Zum weiteren Erkenntnisgewinn wäre es in diesem Zusammenhang wünschenswert, die Stabilität des Tatverhaltens einzelner Täter oder Tätergruppen über mehrere Taten hinweg zu betrachten. Zum einen könnte damit die Entwicklung standardisierter zuverlässiger Verhaltensskalen vorangetrieben werden und zum anderen könnte der Einfluss des Opferverhaltens auf das Tatgeschehen und das Täterverhalten, den viele Autoren vermuten, aufgehellt werden. Von zusätzlichem Interesse wäre es weiterhin, das Rückfallrisiko hetero- und homosexuell orientierter Täter vergleichenden Analysen zu unterziehen, mit dem Ziel, die Beschreibung dieser beiden Tätergruppen um einen prognostisch relevanten Aspekt zu erweitern.

Außerdem sollten die Erkenntnisse der vorliegenden Arbeit an größeren Stichproben erneut überprüft und bestätigt werden, um die praktische und forschungsorientierte Anwendbarkeit der ermittelten Persönlichkeits- und Verhaltensdimensionen abzusichern.

11 Literaturverzeichnis

Abel, G. G., Gore, D. K., Holland, C. L., Camp, N., Becker, J. V. & Rathner, J. (1989).The measurement of the cognitive distortions of child molesters. *Annals of Sex Research, 2*, 135-153.
Amann, G. & Wipplinger, R. (2012). Sexueller Missbrauch. In W. Senf & M. Broda (Hrsg.), *Praxis der Psychotherapie* (5. vollständig überarbeitete Aufl.). Suttgart: Thieme-Verlag.
Amelang, M. & Bartussek, D. (1997). Differentielle Psychologie und Persönlichkeitsforschung (4. Aufl.). Stuttgart: Kohlhammer.
Amelang, M. & Schmidt-Atzert, L. (2006). *Psychologische Diagnostik und Intervention.* Berlin: Springer.
Aosved, A. C. & Long, P. J. (2006). Co-occurrence of Rape Myth Acceptance, Sexism, Racism, Homophobia, Ageism, Classism, and Religious Intolerance. *Sex Roles, 55* (7-8), 481-492.
Arbuckle, J. L. (2009). *Amos 18 User's Guide.* Crawfordville: Amos Development Corporation.
Arkowitz, S. & Vess, J. (2003). An Evaluation of the Bumby RAPE and MOLEST Scale as Measures of Cognitive Disortions With Civilly Committed Sexual Offenders. *Sexual Abuse: A Journal of Research and Treatment, 15*(4), 237-249.
Asendorpf, J. B. (1996). *Psychologie der Persönlichkeit.* Berlin: Springer.
Backhaus, K., Erichson, B., Plinke, W. & Weiber, R. (2011). *Multivariate Analysemethoden. Eine anwendungsorientierte Einführung.* Berlin: Springer.
Baier, D., Kemme, S., Hanslmaier, M., Doering, B., Rehbein, F. & Pfeiffer, C. (2011). *Kriminalitätsfurcht. Strafbedürfnis und wahrgenommene Kriminalitätsentwicklung. Ergebnisse einer bevölkerungsrepräsentativen Befragung aus den Jahren 2004, 2006 und 2010. Forschungsbericht Nr. 117.* Hannover: Kriminologisches Forschungsinstitut Niedersachsen e.V.
Bancroft, J. (1985). *Grundlagen und Probleme menschlicher Sexualität.* Stuttgart: Enke.
Bandura, A. (1979). *Aggression: Eine Sozial-lerntheoretische Analyse.* Stuttgart: Klett-Cotta.
Bange, D. (1992). *Die dunkle Seite der Kindheit. Sexueller Mißbrauch an Mädchen und Jungen. Ausmaß – Hintergründe – Folgen.* Köln: Volksblatt-Verlag.
Barbaree, H. E. & Seto, M. C. (1997). Pedophilia: assessment and treatment. *Sexual Deviance: Theory, Assessment, and Treatment,* 175-193.
Barnow, S., Herpertz, S. C., Spitzer, C., Dudeck, M.,Grabe, H. J. & Freyberger, H. J. (2006). Kategoriale vs. dimensionale Klassifikation von Persönlichkeitsstörungen: Sind dimensionale Modelle die Zukunft? *Fortschritte der Psychiatrie und Psychotherapie, 74*(12), 706-713.
Baumann K. H., Maetze, W. & Mey, H. G. (1983). Zur Rückfälligkeit nach Strafvollzug: Legalbewährung von männlichen Strafgefangenen nach Durchlaufen des Einweisungsverfahrens gem. § 152 Abs. 2 StVollzG in Nordrhein-Westfalen. *Monatsschrift für Kriminologie und Strafrechtsreform, 3*, 133-148.
Baurmann, M. C. (1996). *Sexualität, Gewalt und psychische Folgen.* (2. Aufl.). Wiesbaden: Bundeskriminalamt.
Baurmann, M. C. (2004). Monster und Supermänner? Mythen und Realitäten über Tatverdächtige, Straftäter und die polizeiliche Ermittlungsarbeit. In M. Walter, H. Kania & H.-J. Albrecht

(Hrsg.). *Alltagsvorstellungen von Kriminalität*. Kölner Schriften zur Kriminologie und Kriminalpolitik, Band 5. Münster: LIT Verlag.

Beauregard, E., Lussier, P. & Proulx, J. (2005). The role of sexual interests and situational factors on rapists' modus operandi: Implications for offender profiling. *Legal and Criminological Psychology, 10*(2), 265-278.

Beier, K. M. (1995). *Dissexualität im Lebenslängsschnitt. Theoretische und empirische Untersuchungen zu Phänomenologie und Prognose begutachteter Sexualstraftäter*. Berlin: Springer.

Bennell, C., Alison, L. J., Stein, K. L., Alison, E. K. & Canter, D. V. (2001). Sexual offenses against children as the abusive exploitation of conventional adult-child relationships. *Journal of Social and Personal Relationships, 18*(2), 155-171.

Berkowitz, L. (1989). Frustration-aggression hypothesis: Examination and reformulation. *Psychological Bulletin, 106* (1), 59-73.

Berner, M. M. (2012). Sexualstörungen. In M. Berger (Hrsg.), *Psychische Störungen*. München: Elsevier GmbH.

Berner, W. & Karlick-Bolten, E. (1986). *Verlaufsformen der Sexualkriminalität*. Stuttgart: Enke.

Bickel, C. (2003). *Die polizeiliche Kriminalstatistik und ihre Alternativen – Datenquellen zur Entwicklung der Gewaltkriminalität in Deutschland*. Martin-Luther-Universität Halle-Wittenberg, Institut für Soziologie. Verfügbar unter: http://www.soziologie.uni-halle.de/publikationen/pdf/0301.pdf [23.11.2013].

Blair, R. J. R., Peschardt, K. S., Budhani, S., Mitchell, D. G. V. & Pine, D. S. (2006). The development of psychopathy. *Journal of Child Psychology and Psychiatry, 47*, 262-275.

Bleuler, M. (1983). *Lehrbuch der Psychiatrie*. Heidelberg: Springer-Verlag.

Boateng, S. & Schalast N. (2011). Dimensionale versus kategoriale Klassifikation von Persönlichkeitsstörungen. *Forensische Psychiatrie, Psychologie, Kriminologie, 5*(3), 145-153.

Boetticher, A., Nedopil, N., Bosinski, H. & Saß, H. (2005). Mindestanforderungen für Schuldfähigkeitsgutachten. *Neue Zeitschrift für Strafrecht, 25,* 57-63.

Borchard, B., Gnoth, A. & Schulz, W. (2003). Personality disorders and "psychopathy" in sex offenders imprisoned in forensic-psychiatric hospitals-SKID-II-and PCL-R-results in patients with impulse control disorder and paraphilia. *Psychiatrische Praxis, 30*(3), 133-138.

Borkenau, P. & Ostendorf, F. (1993). *Neo-Fünf-Faktoren Inventar*. Göttingen: Hogrefe.

Bortz, J. (2005). *Statistik für Human- und Sozialwissenschaftler* (6. Aufl.). Heidelberg: Springer.

Bortz, J. & Lienert, G. A. (2008). *Kurzgefasste Statistik für die klinische Forschung. Leitfaden für die verteilungsfreie Analyse kleiner Stichproben mit 97 Tabellen sowie zahlreichen Formeln*. Heidelberg: Springer.

Brand, T. (2006). *Verurteilte Sexualstraftäter: Evaluation ambulanter psychotherapeutischer Behandlung. Eine empirische Untersuchung von Angeboten freier Träger zur Prävention von Sexualdelikten in Nordrhein-Westfalen. Kölner Schriften zur Kriminologie und Kriminalpolitik* (Band 11). Hamburg: LIT Verlag.

Bronisch, T. & Mombour, W. (1998). The modern assessment of personality disorders. Part 2: reliability and validity of personality disorders. *Psychopathology, 31(6)*, 223-301.

Brosi, N. (2004). *Untersuchung zur Akzeptanz von Vergewaltigungsmythen in verschiedenen Bevölkerungsgruppen*. Verfügbar unter: http://edoc.ub.uni-muenchen.de/3002/1/Brosi_Nicola.pdf [23.11.2013].

Brosius, F. (2011). *SPSS 19*. Heidelberg: Verlagsgruppe Hüthig Jehle Rehm GmbH.

Browne, M. W. & Cudeck, R. (1993). Alternative ways of assessing model fit. In K. A. Bollen & J. S. Long (Hrsg.), *Testing Structural Equation Models*. Beverly Hills, CA: Sage.

Browne, M. W. (1993). Structured latent curve models. In C. M. Cuadras & C. R. Rao (Hrsg.), *Multivariate analysis: Future directions 2*. Amsterdam: North-Holland.

Literaturverzeichnis 189

Brüggemann, J. A. J. (2013). *Entwicklung und Wandel des Sexualstrafrechts in der Geschichte unseres StGB*. Baden-Baden: Nomos Verlag.
Bruns, M. (2006). Die Bedeutung der operativen Fallanalyse im Strafverfahren. In C. Musolff & J. Hoffmann (Hrsg.), *Täterprofile bei Gewaltverbreche. Mythos, Theorie, Praxis und forensische Anwendung des Profilings*. Heidelberg: Springer.
Bumby, K. M. (1996). Assessing the cognitive distortions of child molesters and rapists: Development and validation of the MOLEST and RAPE scales. *Sexual Abuse: A Journal of Research and Treatment, 8*(1), 37-54.
Bundesgesetzblatt (2013). *Gesetz zur Stärkung der Rechte von Opfern sexuellen Missbrauchs (StORMG)*. Verfügbar unter: http://www.bundesgerichtshof.de/SharedDocs/Downloads/DE/Bibliothek/Gesetzesmateria lien/17_wp/Stormg/bgbl.pdf;jsessionid=7D1D1512B6CCF210013E85212BE0E523.2_cid 354?__blob=publicationFile [23.11.2013].
Bundeskriminalamt (2010). *Polizeiliche Kriminalstatistik 2009 Bundesrepublik Deutschland*. Wiesbaden: Bundeskriminalamt Kriminalistisches Institut, Fachbereich KI 12.
Bundeskriminalamt (2011). *Analyse von Serienmerkmalen bei sexuell assoziierten Gewaltdelikten*. Wiesbaden: Bundeskriminalamt Kriminalistisches Institut, Fachbereich KI 13.
Bundeskriminalamt (2013). Polizeiliche Kriminalstatistik 2012. In Bundesministerium des Inneren (Hrsg.), *Polizeiliche Kriminalstatistik 2012*. Berlin: Bundesministerium des Inneren.
Bundesministerium des Inneren & Bundesministerium der Justiz (2006). *Zweiter Periodischer Sicherheitsbericht*. Berlin: Bundesministerium des Inneren & Bundesministerium der Justiz.
Burnham, K. P. & Anderson, D. R. (2002). *Model Selection and Multimodel Interference. A practical Information-Theoretic Approach* (2. Ed.). New York: Springer.
Bussmann, K.-D., Seifert, S. & Richter, K. (2008). Probanden im sozialtherapeutischen Strafvollzug: Delinquenzbelastung, Biographie und Persönlichkeitsmerkmale. *Monatsschrift für Kriminologie und Strafrechtsreform, 91*(1), 6-21.
Canter, D. & Heritage, R. (1990). A multivariate model of sexual offence behaviour: developments in "offender profiling". *Journal of Forensic Psychiatry, 1*(2), 185-212.
Canter, D. & Young, D. (2003). Beyond "Offender Profiling": The Need for an Investigative Psychology. In D. Carson & R. Bull (Hrsg.), *Handbook of Psychology in Legal Contexts*. Chichester: John Wiley & Sons, Ltd.
Canter, D. (1994). *Criminal Shadows. Inside the mind of the Serial Killer*. London: HarperCollinsPublishers.
Canter, D. V., Alison, L .J., Alison, E. & Wentink, N. (2004). Running Head: Organized/ Disorganized serial murder. The organized/ disorganized typology of serial murder: Myth or model? *Psychology, Public Policy and Law, 10* (3). 293-320.
Canter, D., Bennell, C., Alison, L. J. & Reddy, S. (2003). Differentiating Sex Offences: A Behaviorally Based Thematic Classification of Stranger Rapes. *Behavioral Sciences & the Law, 21*(2), 157-174.
Canter, D., Hughes, D. & Kirby, S. (1998). Paedophilia: pathology, criminality, or both? The development of a multivariate model of offence behaviour in child sexual abuse. *The Journal of Forensic Psychiatry, 9*(3), 532-555.
Cantor, J. M., Blanchard, R., Robichaud, L. K. & Christensen, B. K. (2005). Quantitative reanalysis of aggregate data on IQ in sexual offenders. *Psychological Bulletin, 131*(4), 555-568.
Caspi, A., McClay, J., Moffitt, T. E., Mill, J., Martin, J., Craig, I. W., Taylor, A. & Poulton, R. (2002). Role of Genotype in Cycle of Violance in Maltreated Children. *Science, 297* (2), 851-854.
Chance, S. E., Brown, R. T., Dabbs, J. M. Jr. & Casey, R. (2000). Testosterone, intelligence and behaviour disorder in young boys. *Personality and individual Differences, 28*(3), 437-445.

Chéné, S. & Cusson, M. (2007). Sexual Murderers and Sexual Aggressors: Intention and Situation. In J. Proulx, É. Beauregard, M. Cusson & A. Nicole (Hrsg.), *Sexual Murderers. A Comparative Analysis and New Perspectives*. Chichester: John Wiley & Sons, Ltd.

Chin, W. W. (1998). Issues and Opinion on Structural Equation Modeling. *MIS Quaterly, 22(1),* 7-16.

Cohen, J. (1988). *Statistical power analysis for the behavioral sciences*. Hillsdale: Erlbaum.

Corovic, J., Christianson, S. Å. & Bergman, L. R. (2012). From Crime Scene Actions in Stranger Rape to Prediction of Rapist Type: Single-Victim or Serial Rapist? *Behavioral Sciences & the Law, 30*(6), 764-781.

Cortina, J. M. (1993). What is Coefficient Alpha? An Examination of Theory and Applications. *Journal of Applied Psychology, 78*(1), 98-104.

Dahle, K. P., Biedermann, J., Gallasch-Nemitz, F. & Janka, C. (2010). Zur rückfallprognostischen Bedeutung des Tatverhaltens bei Sexualdelinquenz. *Forensische Psychiatrie, Psychologie, Kriminologie, 4*(2), 126-135.

Davies, A., Wittebrood, K. & Jackson, J. L. (1997). Predicting the criminal antecedents of a stranger rapist from his offence behaviour. *Science & Justice: Journal of the Forensic Science Society, 37*(3), 161-170.

Dern, H. (2000). Operative Fallanalysen bei Tötungsdelikten. Oder: Eine notwendige Abgrenzung zum "Täter-Profiling". *Kriminalistik, 8,* 533-541.

Dern, H. (2011). Profile sexueller Gewalttäter. *Theoretische Grundlagen und praktische Anwendungen der Operativen Fallanalyse*. Stuttgart: Richard Boorberg Verlag.

Dickey, R., Nussbaum, D., Chevolleau, K. & Davidson, H. (2002). Age as a differential characteristic of rapists, pedophiles, and sexual sadists. *Journal of Sex & Marital Therapy, 28* (3), 211-218.

Dollard, J., Miller, N. E., Doob, L. W., Mowrer, O. H. & Sears, R. R. (1939). *Frustration and aggression*. New Haven: Yale University Press.

Drajer, N. (1990). Die Rolle von sexuellen Missbrauch und körperlicher Misshandlung in der Ätiologie psychischer Störungen bei Frauen. *System Familie, 3,* 59-73.

Dreessen, L. & Arntz, A. (1998). The impact of personality disorders on treatment outcome of anxiety disorders: best-evidence synthesis. *Behaviour Research and Therapy, 36*(5), 483-504.

Dreßing, H. (2009). Persönlichkeitsstörungen. In K. Foerster & H. Dreßing (Hrsg.), *Psychiatrische Begutachtung* (5. Aufl.). München: Elsevier GmbH Urban & Fischer.

Dudeck, M., Spitzer, C., Stopsack, M., Freyberger, H. J. & Barnow, S. (2007). Forensic inpatient male sexual offenders: The impact of personality disorder and childhood sexual abuse. *The Journal of Forensic Psychiatry & Psychology, 18*(4), 494-506.

Dunieth, N. W. Jr., Nelson, E. B., Brusman-Lovins, L. A., Holcomb, J. L., Beckman, D., Welge, J. A., Roby, D., Taylor, P. Jr., Soutullo, C.A. & McElroy, S. L. (2004). Psychiatric and legal features of 113 men convicted of sexual offenses. *Journal of Clinical Psychiatry, 65*(3), 293-300.

Dünkel, F. (2005). Reformen des Sexualstrafrechts und Entwicklung der Sexualdelinquenz in Deutschland. In D. Schläfke, F. Häßler, J. M. Fegert (Hrsg.), *Sexualstraftaten. Forensische Begutachtung, Diagnostik und Therapie.* Stuttgart: Schattenbauer GmbH.

Eagly, A. H., Mladinic, A. & Otto, S. (1994). Are women evaluated more favourable than men? An analysis of attitudes, belief and emotions. *Psychology of Women Quarterly, 15*(2), 203-216.

Eckes, T. & Six-Materna, I. (1999). Hostilität und Benevolenz: Eine Skala zur Erfassung des ambivalenten Sexismus. *Zeitschrift für Sozialpsychologie, 30*(4), 211-228.

Eckes, T. (2001). Ambivalenter Sexismus und die Polarisierung von Geschlechtsstereotypen. *Zeitschrift für Sozialpsychologie, 32*(4), 235-248.

Egg, R. (2003). Kriminalität mit sexuellem Hintergrund. *Sicherheit und Kriminalität, 1,* 39-44.

Literaturverzeichnis 191

Eher, R., Neuwirth, W., Frühwald, S. & Frottier, P. (2003). Sexualization and lifestyle impulsivity: Clinically valid discriminators in sexual offenders. *International Journal of Offender Therapy and Comparative Criminology, 47*(4), 452-467.

Eher, R., Rettenberger, M. & Schilling, F. (2010). Psychiatrische Diagnosen von Sexualstraftätern. *Zeitschrift für Sexualforschung, 23* (1), 23-35.

Eid, M., Gollwitzer, M. & Schmitt, M. (2010). *Statistik und Forschungsmethoden: Lehrbuch. Mit Online-Materialien.* Weinheim: Beltz.

Ellis, L. (1991). A synthesized (biosocial) theory of rape. *Journal of Consulting and Clinical Psychology, 59*(5), 631-642.

Elz, J. (2001). *Legalbewährung und kriminelle Karrieren von Sexualstraftätern. Sexuelle Missbrauchsdelikte.* Wiesbaden: Kriminologische Zentralstelle e.V.

Elz, J. (2002). *Legalbewährung und kriminelle Karrieren von Sexualstraftätern. Sexuelle Gewaltdelikte.* Wiesbaden: Kriminologische Zentralstelle e.V.

Elz, J. (2005). Zur Rückfälligkeit von Sexualstraftätern in der DDR. Ergebnisse einer empirischen Untersuchung. In D. Schläfke, F. Häßler & J. M. Fegert (Hrsg.), *Sexualstraftaten. Forensische Begutachtung, Diagnostik und Therapie.* Stuttgart: Schattauer Verlag.

Elz, J. (2011). *Gefährliche Sexualstraftäter. Karriereverläufe und strafrechtliche Reaktionen.* Wiesbaden: Kriminologische Zentralstelle e.V.

Enders, U. (2001). *Zart war ich, bitter war's. Handbuch gegen sexuellen Missbrauch.* Köln: Kiepenheuer & Witsch.

Enders, U. (Hrsg.). (1990). *Zart war ich, bitter war's: sexueller Missbrauch an Mädchen und Jungen: Erkennen - Schützen – Beraten.* Köln: Volksblatt Verlag.

Fazel, S. & Danesh, J. (2002). Serious mental disorder in 23000 prisoners: a systematic review of 62 surveys. *The Lancet, 359,* 545-550.

Fazel, S., Sjöstedt, G., Langström, N. & Grann, M. (2007). Severe mental illness and risk of sexual offending in men: a case-control study based on Swedish national registers. *The Journal of Clinical Psychiatry, 68*(4), 588-596.

Fergusson, D. M. & Mullen, P. E. (1999). *Childhood sexual abuse: An evidence based perspective.* Thousand Oaks: Sage Publications.

Fiedler, P. (2004). *Sexuelle Orientierung und sexuelle Abweichung: Heterosexualität-Homosexualität-Transgenderismus und Paraphilien-sexueller Missbrauch-sexuelle Gewalt.* Weinheim: Beltz.

Fiedler, P. (2007). *Persönlichkeitsstörungen* (6. Aufl.). Weinheim: Beltz.

Finkelhor, D. & Araji, S. (1986). Explanations of Pedophilia: A four Factor Model. *Journal of Research, 22*(2), 145-161.

Finkelhor, D. & Baron, L. (1986). Risk Factors for Child Sexual Abuse. *Journal of Interpersonal Violence, 1,* 43-71.

Finkelhor, D. (1984). *Child Sexual Abuse: New Theory and Research.* New York: Free Press.

Finkelhor, D., Turner, H., Ormond, R. & Hamby, L.(2010). Trends in childhood violence and abuse exposure. *Archives Pediatric Adolescent Medicine, 164*(3), 238-242.

First, M. B., Spitzer, R. L., Gibbon, M., Williams, J. B. W., Davies, M., Borus, J., Howes, M. J., Kane, J., Pope, H. G., Rounsaville, B. (1995). The Structured Clinical Interview for DSM-III-R Personality Disorders (SCID-II). Part II: Multi-site Test-retest Reliability Study. *Journal of Personality Disorders , 9*(2), 92-104.

Fiske, S. T. & Glick, P. (1995). Sexuelle Belästigung am Arbeitsplatz. *Journal of Social Issues, 51,* 97-115.

Föhl, M. (2001). *Täterprofilerstellung. Ein methodenkritischer Vergleich aus rechtspsychologischer Perspektive.* Frankfurt: Verlag für Polizeiwissenschaften.

Früh, W. (2011). *Inhaltsanalyse. Theorie und Praxis.* Konstanz: UVK.

Fydrich, T., Schmitz, B., Hennch, C. & Bodem, M. (1996). Zuverlässigkeit und Gültigkeit diagnostischer Verfahren zur Erfassung von Persönlichkeitsstörungen. In B. Schmitz, T. Fydrich & K. Limbacher (Hrsg.), *Persönlichkeitsstörungen: Diagnostik und Psychotherapie.* Weinheim: Psychologie Verlags Union.

Garland, R. J. & Dougher, M. J. (1990). The abused/abuser hypothesis of child sexual abuse: A critical review of theory and research. In J. R. Feierman (Hrsg.). *Pedophilia: Biosocial dimensions.* New York: Springer-Verlag.

Glasser, M. Kolvin, I., Campbell, D., Glasser, A., Leitch, I. & Farrelly, S. (2001). Cycle of child sexual abuse: links between being a victim and becoming a perpetrator. *The British Journal of Psychiatry, 179,* 482-494.

Glick, P. & Fiske, S. T. (1996). The Ambivalence Inventory: Differentiating Hostile and Benevolent Sexism. *Journal of Personality and Social Psychology, 70*(3), 491-512.

Glick, P. & Fiske, S. T. (2001). An Ambivalence Alliance. Hostile and Benevolent Sexism as Complemntary Justifications for Gender Inequality. *American Psychologist, 56*(2), 109-118.

Gonsior, K. (2002). *Erfassung von kognitiven Verzerrungen und Opferempathie bei Sexualstraftätern.* Unveröffentlichte Diplomarbeit. Technische Universität, Dresden.

Goodwill, A. M. & Alison, L. J. (2007). When is profiling possible? Offense planning and aggression as moderators in predicting offender age from victim age in stranger rape. *Behavioral Sciences & the Law, 25*(6), 823-840.

Graham, J. (2009). Missing Data Analysis: Making It Work in the Real World. *Annual Review of Psychology,* 60, 549-576.

Groth, A. N. (1978). Patterns of Sexual Assault against Children and Adolescents. In A. W. Burgess, A. N. Groth, L. L. Holmstrom & S. M. Sgroi (Hrsg.), *Sexual Assault of Children and Adolescents.* Lexington: Lexington Books.

Groth, A. N. (1982). The Incest Offender. In S. M. Sgroi (Hrsg.), *Handbook of clinical Intervention in Child Sexual Abuse.* Lexington: Lexington Books.

Haas, H. & Killias, M. (2000). *Sexuelle Gewalt und persönliche Auffälligkeiten: Eine Studie zu 20-jährigen Männern in der Schweiz* (Crimescope Nr. 9). Lausanne: IPSC-UNIL.

Haas, H. (2001). *Gewalt und Viktimisierung. Eine Untersuchung zu nicht entdeckten Gewalt- und Sexualstraftätern.* Aarau: Verlag Sauerländer.

Hall, N. & Hirschman, R. (1992). Sexual Aggression against Children: A Conceptual Perspective of Etiology. *Criminal Justice and Behavior, 19*(8), 8-23.

Hall, R. C. W. & Hall, R. C. W. (2009). A Profile of Pedophilia: Definition, Characteristics of Offenders, Recidivism, Treatment Outcomes, and Forensic Issues. *Journal of Livelong Learning, 7*(4), 522-537.

Hanson, R. K. & Bussiere, M. T. (1998). Predicting relapse: a meta-analysis of sexual offender recidivism studies. *Journal of consulting and clinical psychology, 66*(2), 348-362.

Hanson, R. K. & Morton-Bourgon, K. (2004). Predictors of sexual recidivism: an updated meta-analysis. Online verfügbar: http://www.static99.org/pdfdocs/hansonandmortonbourgon2004.pdf [23.11.2013]

Hapke, U., von der Lippe, E., Busch, M. & Lange, C.(2010). Psychische Gesundheit bei Erwachsenen in Deutschland. In Robert Koch-Institut (Hrsg.), *Daten und Fakten: Ergebnisse der Studie »Gesundheit in Deutschland aktuell 2010«. Beiträge zur Gesundheitsberichterstattung des Bundes.* Berlin: RKI.

Harbort, S. (1997). Empirische Täterprofile. Ein Raster für die Ermittlung sexuell motivierter Mehrfach- und Serienmörder. *Kriminalistik, 51,* 569-572.

Harbort, S. (1999). Kriminologie des Serienmörders – Teil 1. Forschungsergebnisse einer empirischen Analyse serieller Tötungsdelikte in der Bundesrepublik Deutschland. *Kriminalistik, 53,* 642-650.

Harbort, S. (1999a). Kriminologie des Serienmörders – Teil 2. Forschungsergebnisse einer empirischen Analyse serieller Tötungsdelikte in er Bundesrepublik Deutschland. *Kriminalistik, 53*, 713-721.

Hare, R. D. (1998). The Hare PCL-R: *Some issues concerning its use and misuse. Legal and criminological psychology, 3*(1), 99-119.

Harris, A. J., Fisher, W., Veysey, B. M., Ragusa, L. M. & Lurigio, A. J. (2010). Sex Offending and Serious Mental Illness Directions for Policy and Research. *Criminal Justice and Behavior, 37*(5), 596-612.

Hautzinger, M. & Thies, E. (2008). *Klinische Psychologie: Anwendungsbereich psychische Störungen.* Weinheim: Beltz.

Hazelwood, R. R. & Burgess, A. W. (1999). *Practical Aspects of Rape Investigation: A Multidisciplinary Approach* (2. Ed.). Boca Raton: CRC Press.

Heinzen, H., Köhler, D., Hoffer, T. & Nijman, H. L. I. (2008). Gibt es eine Beziehung zwischen der Psychopathy Persönlichkeit und Tatbegehungsmerkmalen bei forensischen Patienten? *Praxis der Rechtspsychologie, 18*(1), 65-81.

Heyden, S. & Jarosch, K. (2010). *Missbrauchstäter. Phänomenologie – Psychodynamik – Therapie.* Stuttgart: Schattauer GmbH.

Hinde, J. (1992). Choosing between non-nested Models: a Simulation Approach. In L. Fahrmeir, B. Francis, R. Gilchrist & G. Tutz (Hrsg.), *Advances in GLIM and Statistical Modelling. Lecture Notes in Statistics* (Vol. 78). New York: Springer.

Hodges, S. & Canter, D. (1998). Victims and perpetrators of male sexual assault. *Journal of interpersonal violence, 13*(2), 222-239.

Hoffmann, J. & Musolff, C. (2000). *Fallanalyse und Täterprofil. Geschichte, Methoden und Erkenntnisse einer jungen Disziplin.* Wiesbaden: Bundeskriminalamt.

Hoffmann, J. (2006). Auf der Suche nach der Struktur des Verbrechens. Theorie des Profilings. In C. Musolff & J. Hoffmann (Hrsg.), *Täterprofile bei Gewaltverbrechern* (2. Aufl.). Heidelberg: Springer Verlag.

Hohlfeld, N. (2002). Moderne Kriminalbiologie. Eine kritische Darstellung moderner kriminalbiologischer Forschung und ihrer kriminalpolitischen Forderungen. In K. Laubenthal (Hrsg.), *Würzburger Schriften zur Kriminalwissenschaft* (Band 2). Frankfurt am Main: Peter Lang.

Homburg, C. & Baumgartner, H. (1995). Die Kausalanalyse als Instrument in der Marketingforschung, *Zeitschrift für Betriebswirtschaft, 65*, 1091-1108.

Howells, K. (1994). Child sexual abuse: Finkelhor's precondition model revisited. *Psychology, Crime & Law, 1*, 201-214.

Huchzermeier, C., Goth, N., Köhler, D., Hinrichs, G. & Aldenhoff, J. (2003). Psychopathie und Persönlichkeitsstörungen. Beziehungen der Psychopathie-Checkliste nach Hare zu der Klassifikation der DSM-IV bei Gewaltstraftätern. *Monatsschrift für Kriminologie und Strafrechtsreform, 3*, 206-215.

Jöreskog, K. G. (1970). A general method for analysis of covariance structures. Biometrika, 2(57), 239-251.

Kalichman, S. C. (1991). Psychopathology and personality characteristics of criminal sexual offenders as a function of victim age. *Archives of Sexual Behavior, 20*(2), 187-197.

Karson, M., Karson, S. & O'Dell, J. (1999). *16PF-R Interpretation in der klinischen Praxis. Ein Leitfaden für den 16PF-R (Übers. u. bearb. v. J. Graf & J. Kruse).* Bern: Huber.

Kerner, H.-J., Dolde, G. & Mey, H.-G. (Hrsg.). (1996). *Jugendstrafvollzug und Bewährung. Analysen zum Vollzugsverlauf und zur Rückfallentwicklung.* Bonn: Forum Verlag Godesberg.

Kingston, D. A., Firestone, P., Moulden, H. M. & Bradford, J. M. (2007). The Utility of the Diagnosis of Pedophilia: A Comparison of Various Classification Procedures. *Archives of Sexual Behavior, 36*, 423-436.

Klein, M. (2000). Antisoziales Verhalten, Antisoziale Persönlichkeitsstörung und Alkoholismus. *Suchttherapie, 1*, 21-26.
Knight, G. P., Tein, J. Y., Shell, R. & Roosa, M. (1992). The cross-ethic Equivalence of Parenting and Family Interaction Measures among Hispanic and anglo-american Families. *Child Development, 63*, 1392-1403.
Knight, R. A. & Prentky, R. A. (1990). Classifying Sexual Offenders. The Development and Corroboration of Taxonomic Models. In W. L. Marshall, D. R. Laws & H. E. Barbaree (Hrsg.), *Handbook of Sexual Assault: Issues, Theories, and Treatment of Offenders*. New York: Plenum Press.
Knight, R. A., Warren, J. I., Reboussin, R. & Soley, B. J. (1998). Predicting rapist type from crime-scene variables. *Criminal Justice and Behavior, 25*(1), 46-80.
Köhler, D., Müller, S., Kernbichler, A., van den Boogaart & Hinrichs, G. (2007). Die Tathergangsanalyse in der forensischen Praxis? Zur Beziehung von Täterverhalten und Persönlichkeit. *Monatsschrift für Kriminologie und Strafrechtsreform, 5,* 360-373.
Köhler, T. (2004). *Statistik für Psychologen, Pädagogen und Mediziner. Ein Lehrbuch*. Stuttgart: Kohlhammer Verlag.
Krause, U. (2003). *Straf- und Maßregelvollzug bei Sexualtätern in Deutschland*. Taunusstein: Verlag Dr. H. H. Driesen GmbH.
Kretschmer, E. (1977). *Körperbau und Charakter: Untersuchungen zum Konstitutionsproblem und zur Lehre von den Temperamenten*. Berlin: Springer.
Krippendorff, K. (2004): *Content analysis*. Newbury Park: Sage.
Kröber, H.-L. (2011). Kognitive Verzerrungen. *Forensische Psychiatrie, Psychologie und Kriminologie, 5,* 204-205.
Krohn, M. D., Thornberry, T. P., Gibson, C. L. & Baldwin, J. M. (2010). The Development and Impact of Self-Report Measures of Crime and Delinquency. *Journal of Quantitative Criminology, 26,* 509-526.
Kromrey, H. (2009). *Empirische Sozialforschung. Modelle und Methoden der standardisierten Datenerhebung und Datenauswertung*. Stuttgart: Lucius & Lucius.
Kubinger, K. D. (1997). Testrezensionen: 25 einschlägige Verfahren. *Zeitschrift für Differentielle und Diagnostische Psychologie, 18,* 1-2.
Kunz, K.-L. (2004). *Kriminologie* (4. Aufl.). Bern: Haupt Verlag.
Laaksonen,T., Sariola, H., Johansson, A., Jern, P., Varjonen, M., von der Pahlen, B. Sandnabba, N.K. & Santilla, P. (2011). Changes in the prevalence of child sexual abuse, risk factors, and their associations as a function of age cohort in a Finnish population sample. *Child Abuse & Neglet, 35,* 480-490.
Landecho, C. M. (1964). *Körperbau, Charakter und Kriminalität. Kriminologische Anwendungsmöglichkeiten der Typologie Kretschmers*. Bonn: Ludwig Röhrscheid.
Langevin, R., Wright, P. & Handy, L. (1989). Characteristics of sex offenders who were sexually victimized as children. *Annals of Sex Research, 2*(3), 227-253.
Lösel, F. & Bliesener, T. (2003). *Aggression und Delinquenz unter Jugendlichen*. Neuwied: Luchterland.
Lübcke-Westermann, D. (2002). *Persönlichkeitsstörungen, Sexualstraftat und Empathie. Theorie, Empirie und Biographie. Europäische Hochschulschriften, Reihe 6*. Frankfurt a. M.: Peter Lang.
Lüdtke, O., Robitzsch, A., Trautwein, U. & Köller, O. (2007). Umgang mit fehlenden Werten in der psychologischen Forschung: Probleme und Lösungen. *Psychologische Rundschau, 58,* 103-117.
Lykken, D. T. (2006). Psychopathic personality: The scope of the problem. In C.J. Patrick (Hrsg.), *Handbook of psychopathy*. London: Guilford Press.

Maffei, C., Fossati, A., Agostoni, I., Barraco, A., Bagnato, M., Deborah, D., Namia, C., Novella, L. & Petrachi, M. (1997). Interrater reliability and internal consistency of the structured clinical interview for DSM-IV axis II personality disorders (SCID-II), version 2.0. *Journal of Personality Disorders, 11*(3), 279-84.
Maier, W., Lichtermann, D., Klingler, T., Heun, R. & Hallmayer, J. (1992). Prevalences of personality disorders (DSM-III-R) in the community. *Journal of Personality Disorders, 6*(3), 187-196.
Marneros, A. (2000). *Sexualmörder. Eine erklärende Erzählung* (2. Aufl.). Bonn: Das Narrenschiff im Psychiatrie-Verlag.
Marshall, W. L. & Barbaree H. E. (1990). An Integrated Theory of the Etiology of Sexual Offending. In Marshall, W. L.; Laws, D. R.; Barbaree, H. E. (Hrsg.), *Handbook of Sexual Assault: Issues, Theories, and Treatment of the Offender.* New York: Plenum.
Maschwitz, R. (2000). *Selbst-, Mutter- und Vaterbild bei Sexualstraftätern. Probleme der Geschlechtsidentität bei aggressiven Sexualdelinquenten.* Gießen: Psychosozial-Verlag.
Masser, B., Viki, G. T. & Power, C. (2006). Hostile Sexism and Rape Proclivity Amongst Men. *Sex Roles, 54*(7-8), 565-574.
Mayring, P. (2010). *Qualitative Inhaltsanalyse. Grundlagen und Techniken.* Weinheim: Beltz.
McElroy, S. L., Soutullo, C. A., Taylor Jr, P., Nelson, E. B., Beckman, D. A., Brusman, L. A, Ombaba, J.M. & Keck Jr, P. E. (1999). Psychiatric features of 36 men convicted of sexual offenses. *Journal of Clinical Psychiatry, 60*(6), 414-420.
McKribben, A., Proulx, J. & Lusignan, R. (1994). Relationships between conflict, affect and deviant sexual behaviors in rapists and pedophiles. *Behaviour Research and Therapy, 32(5)*, 571-575.
Meyer, C. B. (2002). Das Täterprofil aus interdisziplinärer Sicht, unter besonderer Berücksichtigung des Strafprozessrechts. In M. Cottier, D. Rüetschi & K. Sahfeld (Hrsg.), *Information und Recht.* Basel: Helbing & Lichtenhahn.
Mokros, A. & Alison, L. J. (2002). Is offender profiling possible? Testing the predicted homology of crime scene actions and background characteristics in a sample of rapists. *Legal and Criminological Psychology, 7*(1), 25-43.
Mokros, A. (1999). *Offence style and background characteristics in rapists: An empirical test of the homology assumption in offender profiling.* Liverpool: University of Liverpool, Department of Psychology.
Mokros, A. (2006). Facetten des Verbrechens. Entwicklung in der akademischen Täterprofilforschung. In C. Musolff &J. Hoffmann (Hrsg.), *Täterprofile bei Gewaltverbrechen.* (2. überarbeitete Aufl.). Heidelberg: Springer Verlag.
Mokros, A. (2007). *Die Struktur der Zusammenhänge von Tatbegehungsmerkmalen und Persönlichkeitseigenschaften bei Sexualstraftätern.* Frankfurt: Verlag für Polizeiwissenschaft.
Money, J. (1986). *Lovemaps: clinical concepts of sexual and erotic health and pathology, paraphilia, and gender transposition in childhood, adolescence, and maturity.* New York: Irvington Publishers.
Müller, C., Bongard, S., Heiligtag, U. & Hodapp, V. (2001). Das State-Trait-Ärgerausdrucks-Inventar (STAXI) in der klinischen Anwendung: Reliabilität und faktorielle Validität. *Zeitschrift für Klinische Psychologie und Psychotherapie, 30*(3), 172-181.
Müller, S., Köhler, D. & Hinrichs, G. (2008). Tathergangsanalyse im Jugendvollzug. Zu ihrer praktischen Anwendbarkeit bei jugendlichen Straftätern mit schwerwiegenden Gewaltdelikten. *Praxis der Rechtspsychologie, 18(*1), 34-48.
Müller, T. (1998). IMAGO 300. Forschungsansätze - Definitionen - Ergebnisse. In Bundeskriminalamt (Hrsg.), *Methoden der Fallanalyse.* Wiesbaden: BKA Forschungsreihe.

Müller; S., Köhler, D. & Hinrichs, G. (2005). *Täterverhalten und Persönlichkeit. Eine empirische Studie zur Anwendbarkeit der Tathergangsanalyse in der Forensischen Psychologie und Psychiatrie.* Frankfurt: Verlag für Polizeiwissenschaften.

Müller-Isberner, R., Cabeza, S. G. & Eucker, S. (2000). *Die Vorhersage sexueller Gewalttaten mit dem SVR-20.* Haina: Institut für Psychiatrie.

Musolff, C. & Hoffmann, J.(2006). Fallanalytische Verfahren in der Behandlung von Straftätern in Justizvollzugsanstalten. In C. Musolff & J. Hoffmann (Hrsg.), *Täterprofile bei Gewaltverbreche. Mythos, Theorie, Praxis und forensische Anwendung des Profilings.* Heidelberg: Springer.

Nedopil, N. (2000). *Forensische Psychiatrie.* Stuttgart: Thieme.

Newman, D. (2003). Longitudinal Modeling with Randomy and Systematically Missing Data: A Simulation of Ad Hoc, Maximum Likeihood, and Multiple Imputation Techniques. *Organizational Research Methods, 6*(3), 328-362.

Niemeczek, A. & Richter, K. (2012). Sexualstraftäter im Land Sachsen-Anhalt Eine Vergleichsstudie im Maßregelvollzug, in der Sozialtherapeutischen Anstalt Halle (Saale) und im Regelvollzug. *Monatsschrift für Kriminologie und Strafrechtsreform, 95*(3), 205-217.

Niemeczek, A. (2010). Sexistische Einstellungen – Ein Vergleich von Sexualstraftätern und strafrechtlich nicht in Erscheinung getretenen Personen. *Polizei und Wissenschaft, 1,* 22-31.

Nowara, S. (2001). *Sexualstraftäter und Maßregelvollzug – Eine empirische Untersuchung zu Legalbewährung und kriminellen Karrieren. Band 32.* Wiesbaden: Schriftreihe der Kriminologischen Zentralstelle.

Park, J., Schlesinger, L. B., Pinizzotto, A. J. & Davis, E. F. (2008). Serial and single-victim rapists: differences in crime-scene violence, interpersonal involvement, and criminal sophistication. *Behavioral sciences & the law, 26*(2), 227-237.

Pfäfflin, F. (2009). Sexualstraftaten. In K. Foerster & H. Dreißig (Hrsg.), *Psychiatrische Begutachtung.* München: Urban & Fischer.

Pinel, J.P.J. (2001). *Biopsychologie.* In W. Boucsein (Hrsg.), Heidelberg: Spektrum Verlag.

Porter, S., Fairweather, D., Drugge, J., Herve, H., Birt, A. & Boer, D. P. (2000). Profiles of psychopathy in incarcerated sexual offenders. *Criminal Justice and Behavior, 27*(2), 216-233.

Proulx, J. (2007). *Sexual murderers: Theories, Assessment and Treatment.* Verfügbar unter: http://www.csc-scc.gc.ca/text/rsrch/special_reports/shp2007/paraphil12-eng.shtml [23.11.2013].

Proulx, J., McKibben, A. & Lusignan, R. (1996). Relationships between affective components and sexual behaviors in sexual aggressors. *Sexual Abuse: A Journal of Research and Treatment, 8*(4), 279-289.

Pukrop, R., Steinmeyer, E. M., Woschnik, M., Czernik, A., Matthies, H., Saß, H. & Klosterkötter, J. (2002). Persönlichkeit, akzentuierte Wesenszüge und Persönlichkeitsstörungen. *Nervenarzt, 73,* 247-254.

Raine, A. (1997). *The psychopatholoy of crime. Criminal behaviour as a clinical disorder.* San Diego (CA): Academic Press.

Raine, A. (2002). Biosocial studies of antisocial and violent behavior in children and adults: a review. *Journal of abnorrmal child psychology, 30*(4), 311-326.

Rambow J., Elsner, K., Feelgood, S. & Hoyer, J. (2008). Einstellungen zu Kindesmissbrauch: Untersuchungen an Missbrauchs- und Gewalttätern mit der deutschen Version der Bumby Child Molest Scale. *Zeitschrift für Sexualforschung, 21*(4), 341-355.

Rehder, U. (1996). Klassifikation inhaftierter Sexualdelinquenten – 1.Teil: Wegen Vergewaltigung und sexueller Nötigung Erwachsene Verurteilte. *Monatsschrift für Kriminologie und Strafrechtsreform, 79*(5), 291-304.

Rehder, U. (1996a). Klassifikation inhaftierter Sexualdelinquenten – 2.Teil: Wegen sexuellen Missbrauchs von Kindern Verurteilte. *Monatsschrift für Kriminologie und Strafrechtsreform, 79*(6), 373-385.
Rehder, U. (2001). *RRS – Rückfallrisiko bei Sexualstraftätern. Verfahren zur Bestimmung von Rückfallrisiko und Behandlungsnotwendigkeit.* Lingen: Kriminalpädagogischer Verlag.
Rehder, U. (2004). Klassifizierung von Tätern, die wegen sexuellen Missbrauchs von Kindern verurteilt wurden. In W. Körner & A. Lenz (Hrsg.), *Sexueller Missbrauch Band 1: Grundlagen und Konzepte.* Göttingen: Hogrefe.
Reinecke, J. (2005). *Strukturgleichungsmodelle in den Sozialwissenschaften.* München: Oldenbourg.
Renneberg, B., Chambless, D. L., Dowdall, D. J., Fauerbach, J. A. & Gracely, E. J. (1992). The Structured Clinical Interview for DSM-III-R, Axis II and the Millon Clinical Multiaxial Inventory: A concurrent validity study of personality disorders among agoraphobic outpatients. *Journal of Personality Disorders, 6*(2), 117-124.
Ressler, R. K., Burgess, A. W. & Douglas, J. E. (1988). *Sexual Homicide. Patterns and Motives.* New York: The Free Press.
Richter-Kuhlmann, E. A. (2004). Psychiater: Ohne Hausärzte geht es nicht. *Deutsches Ärzteblatt, 1,* 16.
Rodenhausen, R. (1999). Case study: Choosing selective catalytic reduction as a preferred technology for the destruction of NOx. *Environmental Progress, 18*(4), 260-266.
Rösler, M. (1997) Die Prognose der Sexualdelinquenz bei Jugendlichen und Heranwachsenden. In A. Warnke, G. E. Trott & H. Remschmidt (Hrsg), *Forensische Kinder- und Jugendpsychiatrie.* Bern: Huber.
Rotermann, I., Köhler, D. & Hinrichs, G. (2009). *Legalbewährung jugendlicher und heranwachsender Sexual- und Gewaltstraf-täter. Eine Studie zur prädiktiven Validität von Risiko- und Schutzfaktoren.* Frankfurt: Verlag für Polizeiwissenschaft.
Rückert, S. (2005). Kriminalität, Medien und Kriminalpolitik. In M. Osterheider (Hrsg.), *19. Eickelborner Fachtagung. Aufbruch oder Stillstand? Therapeutische, wissenschaftliche und ökonomische Herausforderungen im Maßregelvollzug.* Dortmund: PsychoGen Verlag.
Rudolf, M. & Müller, J. (2010). *Multivariate Verfahren.* Göttingen: Hogrefe Verlag.
Salfati, C. G & Canter, D. (1999). Differentiationg Stranger Murders: Profiling Offender Characteristics from Behavioral Styles, *Behavioral Sciences & the Law, 17*(3), 391-406.
Saß, H. Wittchen, H.-U., Zaudig, M. & Houben, I. (2003). *Diagnostisches und Statistisches Manual Psychischer Störungen – Textrevision.* Göttingen: Hogrefe.
Schiltz, K., Witzel, J., Northoff, G., Zierhut, K., Gubka, U., Fellmann, H., Kaufmann, J., Tempelmann, C., Wiebking C. & Bogerts, B. (2009). Brain Pathology in Pedophilic Offenders. Evidence of Volume Reduction in the Right Amygdala and Related Diencephalic Structures. *Archives of General Psychiatry, 64,* 737-746.
Schneewind, K. A. & Graf, J. (1998). *Der 16 Persönlichkeits-Faktoren-Test. Revidierte Fassung (16 PF-R), deutsche Ausgabe.* Göttingen: Huber.
Schneider, H. J. (1999). Kriminologie der Sexualdelikte Teil I. *Kriminalistik, 4,* 233-238.
Schnell, R., Hill, P. & Essner. E. (2011). *Methoden der empirischen Sozialforschung* (9. Aufl.). München: Oldenbourg Verlag.
Schorsch, E. (1986). Die sexuellen Deviationen und sexuell motivierten Straftaten. In U. Venzlaff (Hrsg.), *Psychiatrische Begutachtung. Ein praktisches Handbuch für Ärzte und Juristen.* Stuttgart: Fischer.
Schröer, J., Kukies, H., Gehl, A., Sperhake, J. & Püschel, K. (2004) Neue Ermittlungsansätze durch fallanalytische Verfahren. *Deutsches Ärzteblatt, 101*(33), 2249-2254.
Schwenkmezger, P., Hodapp, V. & Spielberger, C. D. (1992). *The state-trait anger expression inventory.* Göttingen: Huber.

Seto, M. C. & Lalumière, M. L. (2001). A brief screening scale to identify pedophilic interests among child molesters. *Sexual Abuse: A Journal of Research and Treatment, 13*(1), 15-25.

Seto, M. C. (2009). Pedophilia. *Annual Review of Clinical Psychology, 5,* 391-407.

Stadler, L., Bieneck, S. & Pfeiffer, C. (2012). *Repräsentativbefragung Sexueller Missbrauch 2011.* Hannover: Kriminologisches Forschungsinstitut Niedersachsen.

Stadtland, C., Hollweg, M., Kleindienst, N., Dietl, J., Reich, U. & Nedopil, N. (2006). Rückfallprognose bei Sexualstraftätern – Vergleich der prädiktiven Validität von Prognoseinstrumenten, *Nervenarzt, 77*(5), 587-595.

Statistisches Bundesamt (2010). *Rechtspflege, Strafverfolgung 2009. Fachserie 10, Reihe 3.* Wiesbaden: Statistisches Bundesamt.

Steck, P. & Pauer, U. (1992). Verhaltensmuster bei Vergewaltigung in Abhängigkeit von Täter-und Situationsmerkmalen. *Monatsschrift für Kriminologie und Strafrechtsreform, 75*(4), 187-197.

Steck, P. (2005). Tötung als Konfliktreaktion: eine empirische Studie. In B. Bojack & H. Akli (Hrsg.), *Die Tötung eines Menschen. Perspektiven, Erkenntnisse, Hintergründe.* Frankfurt: Verlag für Polizeiwissenschaft.

Steck, P., Raumann, M. & Auchter, U. (2005). Psychologische Bedingungen des Sexualmordes. *Monatsschrift für Kriminologie und Strafrechtsreform, 88,* 70-81.

Steller, M., Dahle, K.-P. & Basqué, M. (1994). *Straftäterbehandlung: Argumente für eine Revitalisierung in Forschung und Praxis.* Pfaffenweiler: Centaurus.

Straub, U. & Witt, R. (2002). *Polizeiliche Vorerkenntnisse von Vergewaltigern.* Wiesbaden: Bundeskriminalamt.

Straub, U. & Witt, R. (2003). Polizeiliche Vorerkenntnisse von Vergewaltigern. *Kriminalistik, 1,* 19-30.

Tenney, N. H., Schotte, C. K. W., Denys, D. A. J. P., van Megen, H. J. G. M. & Westenberg, H. G. M. (2003). Assessment of DSM-IV personality disorders in obsessive-compulsive disorder: Comparison of clinical diagnosis, self-report questionnaire, and semi-structured interview. *Journal of Personality Disorders, 17*(6), 550–561.

Thornhill, R & Palmer, C. (2000). *A natural history of rape. Biological bases of sexual coercion.* Cambridge: MIT Press.

Turvey, B. E. (2012). A History of Criminal Profiling. In B. E. Turvey (Hrsg.). *Criminal Profiling. An Introduction to behavioral evidence Analysis* (4. ed.). Oxford: Elsevier.

Ullrich, S. & Marneros, A. (2006). Was ist das für ein Mensch, der so etwas tun konnte? In C. Musolff & J. Hoffmann (Hrsg.), *Täterprofile bei Gewaltverbrechern* (2. Aufl.). Heidelberg: Springer Verlag.

Ullrich, S., Borkenau, P. & Marneros, A. (2001). Personality disorders in offenders: Categorical versus dimensional approaches. *Journal of Personality Disorders, 15*(5), 442-449.

Viding, E., Blair, R. J. R., Moffitt, T. E. & Plomin, R. (2005). Evidence for substantial genetic risk for psychopathy in 7-year-olds. *Journal of Child Psychology and Psychiatry, 46*(6), 592-597.

Ward, T. & Beech, A. (2006). An integrated theory of sexual offending. *Aggression and Violent Behavior, 11,* 44-63.

Warren, J. I., Reboussin, R., Hazelwood, R. R. & Wright, J. A. (1991). Prediction of Rapist Type and Violance from Verbal, Physical, and Sexual Scales. *Journal of Interpersonal Violance, 6,* 55-67.

Weiber, R. & Mühlhaus, D. (2010). *Strukturgleichungsmodellierung. Eine anwendungsorientierte Einführung in die Kausalanalyse mit Hilfe von AMOS, SmartPLS und SPSS.* Springer: Heidelberg.

Literaturverzeichnis 199

Weiss, R. D., Najavits, L. M., Muenz, L. R. & Hufford, C. (1995).Twelve-month test-retest reliability of the structured clinical interview for DSM-III-R personality disorders in cocaine-dependent patients. *Comparative Psychiatry, 36*(5), 384–389.

West, A. (2001). Clinical Assessment of homicide offenders. The significance of crime scene in offense and offender analysis. *Homicide studies, 4*(3), 219-233.

Wetzels, P. (1997). *Gewalterfahrungen in der Kindheit.* Baden Baden: Nomos Verlagsgesellschaft.

Wetzels, P., Pfeiffer, C. (1995). *Sexuelle Gewalt gegen Frauen im öffentlichen und privaten Raum. Ergebnisse der KFN-Opferbefragung 1992. Forschungsbericht des Kriminologischen Forschungsinstituts Niedersachsen e.V. im Auftrag des Bundesministeriums für Familie, Senioren, Frauen und Jugend.* Hannover: Kriminologisches Forschungsinstitut Niedersachsen.

Wiebking, C., Witzel, J., Walter, M., Gubka, U. & Northoff, G. (2006). Vergleich der emotionalen und sexuellen Prozessierung zwischen Gesunden und Patienten mit einer Pädophilie–eine kombinierte Studie aus Neuropsychologie und fMRT. *Forensische Psychiatrie und Psychotherapie-Werkstattschriften, 13*, 79-93.

Williams, L. J. & Holahan, P. J. (1994). Parsimony-based fit indices for multiple-indicator models. *Structural Equation Modeling, 1*(2), 161-189.

Wittchen, H. U., Zaudig, M. & Fydrich, T. (1997). *SKID. Strukturiertes Klinisches Interview für DSM-IV. Achse I und II. Handanweisung.* Göttingen: Hogrefe.

Wittenberg, R. (1998). *Handbuch für computergestützte Datenanalyse* (2. Aufl.). Stuttgart: Lucius & Lucius.

Wood, E. & Riggs, S. (2008). Predictors of Child Molestation: Adult Attachment, Cognitive Distortions, and Empathy. *Journal of Interpersonal Violence, 23*, 259-275.

Woodworth, M. & Porter, S. (2002). In cold blood: Characteristics of criminal homicides as a function of psychopathy. *Journal of abnormal psychology, 111*(3), 436-445.

Wößner, G. (2006). Typisierung von Sexualstraftätern. Ein empirisches Modell zur Generierung typenspezifischer Behandlungsansätze. In H.-J. Albrecht & G. Kaiser (Hrsg.), *Kriminologische Forschungsberichte. Schriftenreihe des Max-Planck-Instituts für ausländisches und internationales Strafrecht. Kriminologische Forschungsberichte, Band K 132.* Freiburg: Max-Planck-Instituts für ausländisches und internationales Strafrecht.

Anhang I – Auswertungsgrundlage der Aktenanalyse

Tabelle 15. Kodierungsvorschrift, die bei der Inhaltsanalyse der Gutachten und Urteile zum Einsatz gekommen ist.

	Bereich B Tatort
1.	Tatort im privaten Umfeld des Opfers
	Die Tat/Mehrzahl der Taten fand im Wohn-/Lebensumfeld des Opfers statt (z. B. Wohnung des Opfers, Arbeitsplatz des Opfers).
2.	Tatort im privaten Umfeld des Täters
	Die Tat/Mehrzahl der Taten fand im Wohn-/Lebensumfeld des Täters statt (z. B. Wohnung des Täters, Auto des Täters).
3.	Tatort außerhalb Gebäude
	Die Tat/Mehrzahl der Taten fand im Freien statt (z. B. Park, Straße, Wald).
4.	Tatort innerhalb öffentlicher Gebäude
	Die Tat/Mehrzahl der Taten fand innerhalb geschlossener Gebäude satt, die nicht zum privaten Umfeld des Täters oder Opfers gehören (z. B. Jausen-Stationen, Bahnhofshalle).
	Bereich C Opferauswahl
5.	Jüngstes Opfer unter 14 Jahre
	Das Opfer mindestens einer Tat ist nach dem Gesetz noch ein Kind, d. h. unter 14 Jahre alt.
6.	männliche/s Opfer
	Das/Die Opfer ist/sind männlichen Geschlechts.
7.	weibliche/s Opfer
	Das/Die Opfer sind weiblichen Geschlechts.
8.	Es besteht mindestens eine oberflächliche Bekanntschaft.
	Es besteht eine zumindest oberflächliche Bekanntschaft von Täter und Opfer schon vor dem Delikt (alles außer völlig fremd und flüchtige Bekanntschaft). Das Opfer kann den Täter einem bestimmten Wohn-/Lebensumfeld zuordnen.
9.	Täter-Opfer-Beziehung
	Die Beziehung zwischen Täter und Opfer ist nochmals näher zu beschreiben: 0 'Fremd' 1 'Flüchtige Bekanntschaft' 2 'Geschäftsbeziehung, Versorgungsbeziehung, bekannter Freier' 3 'Patient oder Klient' 4 'derselbe Arbeitsplatz, Schule' 5 'Hausgemeinschaft (Haus, Wohnung, Zelle)' 6 'Gemeinsame Freizeitaktivitäten' 7 'Freunde oder gute Bekannte (auch der Familie des Opfers)' 8 'Familie (ausgenommen Ehe)' 9 'Ehe, Partnerschaft (auch in der Vergangenheit)'.

Tabelle 15 wird fortgesetzt.

Fortsetzung Tabelle 15.

Bereich D Kontakt-/Kontrollaufnahme

10.	Bildung eines Vertrauensstrickes
	Der Täter bringt das Opfer unter Vorspiegelung falscher Tatsachen unter seine Kontrolle (z. B. durch die Bitte um einen Gefallen).
11.	Überraschungsangriff - plötzliche Drohung
	Der Täter bringt das Opfer durch plötzliche Drohungen (unter Umständen mit einer Waffe) oder durch unvermittelte, dosierte körperliche Gewalt unter seine Kontrolle (z. B. ins Auto ziehen).
12.	Blitzangriff - plötzlicher massiver Gewalteinsatz
	Der Täter bringt das Opfer durch plötzlichen und massiven Gewalteinsatz außer Gefecht (unter Umständen mit Hilfe einer Waffe). Das Opfer ist nachfolgend durch Schmerzen, Verletzungen, Benommenheit oder Bewusstlosigkeit nicht mehr zu Gegenwehr in der Lage (z. B. Angriff aus dem Hinterhalt und Einschlagen auf das Opfer).
13.	Situative Tat - Ausnutzung situativer Gegebenheiten
	Die Tat entspricht einer Ausnutzung situativer Gegebenheiten. Die Verfügbarkeit und/oder besondere Wehrlosigkeit des Opfers wird ausgenutzt (z. B. geistig/körperlich behinderte Opfer, betrunkene Opfer).
14.	Verfolgung des Opfers durch den Täter
	Der Täter verfolgt das Opfer zunächst, bevor es zu einer direkten Konfrontation kommt (z. B. zu Fuß auf dem Nachhauseweg, mit dem PKW).
15.	Schlafendes Opfer
	Der Täter greift ein schlafendes Opfer an.

Bereich E sexuelle Handlungen

16.	Vaginale Penetration
	Der Täter dringt mit seinem Penis in die Vagina des Opfers ein oder versucht dies.
17.	Simulieren des Geschlechtsverkehrs
	Der Täter führt Bewegungen aus, durch die er seinen Penis am Geschlechtsteil oder Gesäß des Opfers reibt.
18.	Anale Penetration
	Der Täter dringt mit seinem Penis in den Anus des Opfers ein oder versucht dies.
19.	Geschlechtsverkehr á tergo
	Der Täter führt den vaginalen Geschlechtsverkehr von hinten aus oder versucht dies.
20.	Einführen von Fingern
	Der Täter führt einen oder mehrere Finger in Vagina oder Anus des Opfers ein bzw. versucht dies.
21.	Täter masturbiert das Opfer
	Der Täter manipuliert mit seinen Fingern an Vagina oder Penis des Opfers.

Tabelle 15 wird fortgesetzt

Anhang I – Auswertungsgrundlage der Aktenanalyse

Fortsetzung Tabelle 15.

22.	OV (Cunnilingus/Fellatio) des Täters beim Opfer
	Der Täter führt beim Opfer Oralverkehr durch (weibliches Opfer = Cunnilingus, männliches Opfer = Fellatio) oder versucht dies.
23.	OV (Fellatio) des Opfers beim Täter
	Das Opfer muss beim Täter Oralverkehr durchführen (Fellatio) oder versucht dies.
24.	Geschlechtsmerkmale (primär oder sekundär) berühren
	Der Täter berührt primäre (Vagina, Penis) oder sekundäre (Schambereich, Brüste, Gesäß) Geschlechtsmerkmale des Opfers.
25.	Streicheln an Stellen außer t_e_07 oder t_e_12
	Der Täter streichelt das Opfer an Stellen, die nicht zu den primären und sekundären Geschlechtsmerkmalen gehören (z. B. Gesicht, Hals, Beine).
26.	Einführen von Gegenständen in Vagina/Anus des Opfers
	Der Täter führt Gegenstände in Körperöffnungen des Opfers ein (z. B. Sexspielzeug, Alltagsgegenstände, Werkzeuge).
27.	Ejakulation
	Der Täter ejakuliert während der Tat (nach eigenen Angaben oder nach Angaben des Opfers).
28.	Fetische
	Der Täter lässt in der Tatausführung oder nach eigenen Angaben oder nach Angaben des Opfers eine Fokussierung auf bestimmte Körperbereiche oder Handlungen erkennen, die ihm im besonderen Maße sexuelle Erregung bereiten bzw. Befriedigung verschaffen.
29.	Welche Art Fetische
	Fetisch benennen oder beschreiben (z. B. Sadomasochismus, Transvestismus).
30.	Pornographie anfertigen
	Der Täter fertigt Bild- oder Filmmaterial vom Tatgeschehen oder vom Opfer an.
31.	Küssen des Opfers
	Der Täter küsst das Opfer oder versucht dies (z. B. Mund, Gesicht, Nacken).
60.	Opfer masturbiert Täter
	Täter fordert das Opfer auf, an seinem Penis zu manipulieren.
61.	Täter masturbiert vor Opfer
	Der Täter befriedigt sich vor den Augen des Opfers oder mindestens in dessen Beisein selbst, oder versucht dies.
Bereich F Verbales Verhalten	
32.	Entschuldigungen beim Opfer
	Der Täter entschuldigt sich für seine Tat beim Opfer oder bringt Rationalisierungen für sein Verhalten vor, egal zu welchem Zeitpunkt bis zum Öffentlichwerden der Tat.

Tabelle 15 wird fortgesetzt.

Fortsetzung Tabelle 15.

33.	Drohung/Einschüchterung
	Der Täter zwingt dem Opfer seinen Willen mit Hilfe von Drohungen auf, sowohl auf den aktuellen Moment bezogen als auch auf die Zukunft gerichtet (z. B. Gewaltandrohung, Androhung von Unannehmlichkeiten für Andere).
34.	Unpersönlicher Interaktionsstil (Befehlston)
	Die verbale Kommunikation des Täters gegenüber dem Opfer ist von einem unpersönlichen Befehlston geprägt. Der Täter befiehlt dem Opfer bestimmte Dinge zu tun oder zu lassen.
35.	Übergeht das Kriminelle seines Tuns
	In den Äußerungen des Täters wird deutlich, dass er das Kriminelle oder Aggressive seines Handelns leugnet. Der Täter versucht den Eindruck zu erwecken, es handle sich um einvernehmlichen Geschlechtsverkehr (z. B. Nachfrage, ob das Opfer Lust empfindet).
36.	Bezugnahme auf die Polizei
	In seinen Äußerungen gegenüber dem Opfer nimmt der Täter Bezug auf die Ermittlungsarbeiten der Polizei oder andere rechtliche Konsequenzen (z. B. „Der Richter glaubt dir sowieso kein Wort!").
37.	Stillschweigen
	Der Täter fordert das Opfer auf, über die Tat Stillschweigen zu bewahren. Ist diese Aufforderung mit einer Drohung oder eine Bezugnahme auf Behörden oder Justiz verbunden, ist entsprechend t_f_06 bzw. t_f_15 mit „1" zu kodieren.
38.	Komplimente an das Opfer
	Der Täter macht dem Opfer innerhalb des Tatgeschehens Komplimente über dessen Äußeres, Verhalten etc. Diese Komplimente werden jedoch nicht zum Entwickeln einer Täter-Opfer-Beziehung verwendet.
39.	Keine Reaktion auf Verhalten/Aussagen des Opfers
	Der Täter reagiert nicht auf abwehrende Handlungen bzw. Aussagen des Opfers, weder verbal noch nonverbal (z. B. keine Reaktion auf Benennung von Schwangerschaft oder Krankheiten).
40.	Aufforderung an das Opfer, sich verbal zu beteiligen
	Der Täter fordert das Opfer verbal dazu auf, sich innerhalb des Tatgeschehens verbal zu selbigen zu äußern.
41.	Aufforderung an das Opfer, sich physisch zu beteiligen
	Der Täter fordert das Opfer verbal dazu auf, eine aktive Rolle innerhalb des Tatgeschehens einzunehmen.
42.	Ausfragen des Opfers
	Der Täter erfragt persönliche Details des Opfers innerhalb des Tatgeschehens (z. B. sexuelle Vorlieben, Hobbys, Interessen).
Bereich G Physische Gewalt	
43.	Entkleiden des Opfers
	Der Täter entkleidet das Opfer zumindest teilweise oder bringt das Opfer dazu, sich zumindest teilweise zu entkleiden.

Tabelle 15 wird fortgesetzt.

Anhang I – Auswertungsgrundlage der Aktenanalyse 205

Fortsetzung Tabelle 15.

44.	Quälen/Foltern des Opfers
	Der Täter setzt das Opfer besonderen Schmerzen oder Demütigungen aus, die nicht zwingend zum Durchführen der sexuellen Handlung erforderlich sind, (z. B. Quetschen empfindlicher Körperstellen, Urinieren auf das Opfer, Versengen von Hautpartien).
45.	Stich-/ Schnittwunden zufügen
	Der Täter fügt dem Opfer mit einem spitzen oder scharfen Gegenstand Stich- und Schnittwunden zu, dies geschieht mit dem Ziel die Kontrolle über das Opfer zu erlangen oder zu erhalten. Das Beibringen von Stich- und Schnittwunden gegen ein bereits passives Opfer wird unter t_g_06 kodiert.
46.	Würgen
	Der Täter führt mit seinen Händen oder Hilfsmitteln (z. B. Seil) einen Angriff gegen den Hals des Opfers aus und hindert somit zumindest kurzzeitig das Opfer am freien Atmen oder versucht dies.
47.	Mindestens geringfügige Verletzungen des Opfers
	Der Täter bringt dem Opfer im Rahmen des Tatgeschehens physische Verletzungen bei, die einer ärztlichen Behandlung bedürfen oder schmerzhaft sind (z. B. Hämatome, Prellungen, Brüche, Schürfwunden).
48.	Tötung des Opfers
	Der Täter tötet das Opfer im Verlauf des Tatgeschehens oder die physischen Verletzungen des Opfers führen nachfolgend zum Tod des Opfers oder der Täter begeht den intensiven Versuch bzw. führt gezielt Handlungen durch, die den Tod des Opfers zur Folge haben sollen.
Bereich H Allgemein kriminelles Verhalten	
49.	Diebstahl aus dem persönlichen Besitz des Opfers
	Der Täter entwendet Dinge aus dem persönlichen Besitz des Opfers (z. B. Geld, Auto).
50.	Verlangt Gegenstände
	Der Täter fordert das Opfer zur Herausgabe von Gegenständen auf (z. B. Herausgabe von verschlossenen oder versteckten Dingen, PIN).
51.	Einsetzen einer Waffe
	Der Täter setzt bei der Tat einen Gegenstand als Waffe ein, wobei es sich sowohl um eine Waffe im engeren Sinn als auch um andere zweckentfremdete Gegenstände handeln kann (z. B. Messer, Pistole, Holzscheit, Eisenstange). Es ist dabei unerheblich, ob diese Waffe als Drohmittel oder zum Zufügen von Schmerzen verwendet wird.
52.	Täter ist alkoholisiert
	Nach Angaben des Täters, des Opfers oder der Ermittlungsbehörden ist von einer Intoxikation mit Alkohol zum Tatzeitpunkt auszugehen.
53.	Festhalten des Opfers über die Sexualstraftat hinaus
	Der Täter hält das Opfer über den Zeitraum der Sexualstraftat hinaus fest (z. B. Erzwingen anderer Handlungen, gemeinsamer Haushalt).

Tabelle 15 wird fortgesetzt.

Fortsetzung Tabelle 15.

Bereich I Vorsichtsmaßnahmen seitens des Täters	
54.	Maskierung
	Der Täter verwendet eine Maske oder ähnliche Gegenstände, um seine Identität zu verschleiern (z. B. Sonnenbrille, Schal, Hut).
55.	Fesseln des Opfers
	Der Täter verbindet mit geeigneten Gegenständen Hände, Füße, Arme oder Beine des Opfers, um es widerstandsunfähig zu machen (z. B. mit Handschellen, Klebeband, Stricke).
56.	Fluchtvorbereitung
	Der Täter ergreift Vorsichtsmaßnahmen, um den Tatort möglichst schnell und unbemerkt verlassen zu können und somit Zeit zu gewinnen (z. B. Unbrauchbarmachen des Telefons, Aufforderung die Augen zu schließen und bis 100 zu zählen).
57.	Augen verbinden des Opfers
	Der Täter verbindet dem Opfer die Augen, um seine Identität zu verschleiern oder das Opfer unter Kontrolle zu halten.
Bereich J Interaktion mit dem Opfer	
58.	Zuneigung zeigen
	Der Täter drückt innerhalb des Tatgeschehens verbal oder nonverbal seine Zuneigung zum Opfer aus (z. B. in den Armen nehmen, Liebesbekundungen).
59.	Verharmlosung der eigenen Tat
	Der Täter bringt Rationalisierungen für das eigene Handeln vor, wonach es im Grunde nicht so schlimm oder gar normal sei (z. B. Vergleiche mit anderen, Verweis darauf, dass es auch zu anderen Handlungen hätte kommen können).

Anmerkungen. Alle Variablen (außer 9. und 28.) sind Dummy-Variablen und nur mit „1" und „0" kodiert.

Anhang II – Empirische Erkenntnisse anderer Autoren

Tabelle 16. Übersicht der zentralen Befunde aller zitierten Studien zum Tatverhalten.

Autoren (Jahr)	untersuchte Stichprobe	zentrale Befunde
Täterverhalten bei Vergewaltigungen		
Baurmann (1996)	8 058 Opfer	Taten gegen Frauen sind gewaltgeprägter, Tatverdächtige sind häufiger alkoholisiert als bei männlichen Opfern
Beauregard, Lussier & Proulx (2005)	118 Täter	Nicht sexuelle Gewalt während der Tat vor allem bei organisiertem Tatverhalten, Ausdruck sadistischer Tendenzen
Canter & Heritage (1990)	27 Täter	Identifikation von sechs Tatfacetten, die geometrisch dargestellt Ähnlichkeiten zwischen Tätern und Taten abbilden können
Canter, Bennell, Alison & Reddy (2003)	112 Opferaussagen	Identifikation von vier Täter-Opfer-Interaktionsmustern, größten Anteil haben beziehungsaufbauende Interaktionen
Corovic, Christianson & Bergman (2012)	31 Einzeltäter 35 Serientäter	Serienvergewaltiger zeigen mehr kommunikative Aspekte während der Tat.
Davies, Wittebrood & Jackson (1997)	210 Fälle	Bivariater Zusammenhang zwischen Nachtatverhalten und einschlägiger Vorstrafenbelastung
Goodwill & Alison (2007)	85 Polizeiberichte	Regressionsanalytische Vorhersage des Täteralters anhand des Planungsgrads und Maß ausgeübter Gewalt
Heinzen, Köhler, Hoffer & Nijman (2008)	193 forensische Patienten 52 Sexualstraftäter	Täter mit ausgeprägter antisozialer Verhaltenskomponente wählen häufiger ein fremdes Opfer und machen direkten Gebrauch von einer Waffe.
Köhler, Müller, Kernbichler, Boogaart & Hinrichs (2007)	54 Sexualstraftäter	Täter, die blitzartig attackieren, sind weniger emotional stabil, gehemmter und weniger extravertiert.
Müller, Köhler & Hinrichs (2005)	54 Sexualstraftäter	Täter mit hoher Ausprägung der affektiv-interpersonalen Komponente weisen höheren Planungsgrad auf. Täter, die anal vergewaltigen weisen mehr Cluster A und B Störungen auf.
Mokros (2007)	84 Täter 32 Vergewaltiger	Instabile, dissoziale, narzisstische Täter zeigen erniedrigendes, schmerzerzeugendes Tatverhalten; psychotische Täter beuten Opfer kriminell aus; selbstbestimmt-antisoziale Täter zeigen pseudo-intimes Verhalten
Mokros & Alison (2002)	100 Sexualstraftäter	Kein Zusammenhang zw. Tatverhalten, Alter, sozioökon. Status und Vorstrafenbelastung

Tabelle 16 wird fortgesetzt.

Fortsetzung Tabelle 16.

Park, Schlesinger, Pinizzotto & Davis (2008)	22 Serientäter 22 Einzeltäter	Einzeltäter zeigen mehr Gewalt bei Tatbegehung, Serientäter wenden mehr Vorsichts- und Vertuschungsmaßnahmen an
Steck & Pauer (1992)	115 Strafakten	Sozial integrierte Täter, handeln eher spontan, kriminell erfahrene Täter wählen eher Opfer aus dem Nahfeld
Täterverhalten bei sexuellem Missbrauch		
Baurmann (1996)	8 058 Opfer	Täter mit männlichen Opfern verhalten sich eher passiv, zurückhaltend und freundlich, verursachen eher geringen körperlichen Schaden beim Opfer
Bennell, Alison, Stein, Alison & Canter (2001)	97 polizeiliche Tatbeschreibungen	Parallelen zwischen Täter-Opfer-Interaktion und nicht pathologischen Erwachsenen-Kind-Beziehungsmustern
Canter, Hughes & Kirby (1998)	97 polizeiliche Tatbeschreibungen	Identifikation von drei tatcharakterisierenden Verhaltensmustern: Intimität, Aggression, kriminell-opportunistisch
Hodges & Canter (1998)	27 hetero-/ 22 homosexuelle Missbrauchstäter	Größere Täter-Opfer-Altersdifferenz und prädeliktische Bekanntschaft bei männlichen Opfern
Tatverhalten bei sexuell assoziierten Tötungsdelikten		
Bundeskriminalamt (2011)	266 Fälle	Seltene Tatmerkmale, wie Maskierung des Täters, Verwendung einer Schusswaffe oder Blitzangriff können dazu dienen, Tatserien zu identifizieren.
Chéné & Cusson (2007)	40 Sexualstraftäter	Höheres Ausmaß an Gewalt geht mit präkriminalem Alkoholkonsum, präkriminalem Ärger und Erniedrigung des Opfers einher
Harbort (1997)	55 Sexualstraftäter	Ermittlung von 18 täter- und tatspezifischen Verhaltensindikatoren zur Fahndungsarbeit mittels deskriptiver Statistik
Ressler, Burgess & Douglas (1988)	36 Sexualmörder	Unterscheidung von organisierten und desorganisierten Tätern, organisierte Täter sind sozial integriert und soziopathisch, desorganisierte Täter sind kognitiv einfach strukturiert und sozial ausgegrenzt
Müller (1998)	169 Tötungsdelikte	Replikation der organisierter vs. desorganisierter Täter Typologie
Salfati & Canter (1999)	82 Tötungsdelikte	Identifikation von 3 Tatbegehungsthemen: impulsiv, instrumentell-kognitiv, instrumentell-opportunistisch
Steck (2005)	32 Sexualmörder	Keine soziobiographischen Unterschiede zwischen Sexualmördern und Vergewaltigern
Straub & Witt (2002)	367 Vergewaltiger 39 Sexualmörder	Sexualmörder haben höhere Deliquenzbelastung und mehr fremde Opfer als Vergewaltiger

Tabelle 17. Gegenüberstellung der Tatverhaltensdimensionen der vorliegenden Arbeit mit den Befunden ausgewählter anderer Autoren.

Verhaltensdimension der vorgelegte Arbeit	Canter & Heritage (1990)	Canter et al. (1998)	Canter et al. (2003)	Mokros (2007)
nonsexuell	unpersönlich & Kriminalität	kriminell-opportunistisch	Kontrolle & Diebstahl	kriminelle Ausbeutung
pseudo-intim	Intimität	Intimität	Beziehungsaufbau	-
gewalttätig	Gewalt	Aggression	Feindseligkeit	aggr. Kontrollaufnahme
sex. abweichend	-	-	-	pseudo-intim
missbräuchlich	-	Intimität	Beziehungsaufbau	pseudo-intim

Tabelle 18. Einteilung und Beschreibung der Störungscluster der Persönlichkeitsstörungen nach DSM-IV (Davison & Neale, 2002).

Cluster	Beschreibung des Clusters	Persönlichkeitsstörungen	Kurzbeschreibung der Störung
Cluster A	Betroffene verhalten sich absonderlich, befremdlich und exzentrisch.	Paranoide	misstrauisch, feindselig, zweifelnd
		Schizoide	gleichgültig gegenüber Anderer, Lob & Kritik
		Schizotypische	absonderliche Denken, soz. zurückgezogen
Cluster B	Betroffene verhalten sich dramatisch, emotional und launenhaft.	Borderline	impulsiv, instabil, reizbar, leicht kränkbar
		Histrionische	übertrieb. dramatisch, leicht beeinflussbar
		Narzisstische	ausbeutend, egozentrisch, arrogant
		Antisoziale	verantwortungslos, aggressiv, impulsiv
Cluster C	Betroffene verhalten sich furchtsam ängstlich und vermeidend.	Selbstunsichere	empfindsam, sozial ängstlich, verlegen
		Dependente	fehl. Selbstvertrauen, passiv, schwach
		Zwanghafte	perfektionistisch, unstrukturiert, unflexibel

Anhang III – Ergebnistabellen

Tabelle 19. Kinder und Vordelinquenz.

Variable	M	SD
Alter zum Zeitpunkt der Befragung	40.24	11.40
Anzahl aller Kinder	2.60	1.67
Anzahl leiblicher Kinder	1.26	1.53
Anzahl nichtleiblicher Kinder	0.31	0.80
Alter erster BZR-Eintrag	26.69	10.92
Hafterfahrung (in Monaten)	82.52	73.53
alle Vorstrafen	10.13	9.52
einschlägige Vorstrafen	2.53	2.05

Tabelle 20. Partnerschaft und Familienstand.

Variable	N	%
Partnerschaft zum Zeitpunkt der Befragung	35	27.78
Familienstand		
ledig	70	55.56
verheiratet	10	7.94
verwitwet	8	6.35
geschieden	35	27.78

Tabelle 21. Haftsituation zum Zeitpunkt der Befragung.

Variable	N	%
Sozialtherapeutische Anstalt	43	34.13
Maßregelvollzug	40	31.74
Regelvollzug	43	34.13

Tabelle 22. Interne Konsistenzen (Cronbachs α) der verwendeten Skalen.

Konstrukt	Skala	Itemzahl	Cronbachs α
Sexismus	Hostiler Sexismus	11	.85
	Benevolenter Sexismus	11	.86
Kognitive Verzerrungen	RMS-Missbrauch (Molest Scale)	38	.97
	RMS-Vergewaltigung (Rape Scale)	36	.95
Persönlichkeit	Selbstkontrolle	22	.65
	Extraversion	54	.91
	Unabhängigkeit	42	.78
	Ängstlichkeit	33	.81
	Unnachgiebigkeit	22	.68
Ärgergefühle	Trait-Ärger	10	.89
	Ärger-In	8	.84
	Ärger-Out	8	.88
	Ärger-Kontrolle	8	.76
Persönlichkeitsstörung	Selbstunsichere PS	7	.73
	Dependente PS	8	.50
	Zwanghafte PS	8	.27
	Paranoide PS	7	.61
	Schizotypische Ps	9	.45
	Schizoide PS	7	.57
	Histrionische PS	8	.53
	Narzisstische PS	9	.65
	Borderline PS	9	.73
	Antisoziale PS	7	.93
	Cluster A	23	.73
	Cluster B (ohne Antisoziale PS)	26	.79
	Cluster C	23	.70

Tabelle 22 wird fortgesetzt.

Anhang III – Ergebnistabellen 213

Fortsetzung Tabelle 22.

Tatverhalten	Kontaktanbahnung	2	.61
	Kontroll-/Kontaktaufnahme	7	.23
	Penetration ohne Penis	3	.28
	Penetration mit Anderem	2	.23
	romantisierendes sex. Verhalten	3	.42
	sex. Handlungen ohne Penetration	6	.63
	Beziehung zum Opfer herstellen	7	.25
	Depersonifizierung des Opfers	3	.26
	physische Gewalt	4	.64
	allg. kriminelles Verhalten	4	.12
	Vorsichtsmaßnahmen	8	.47

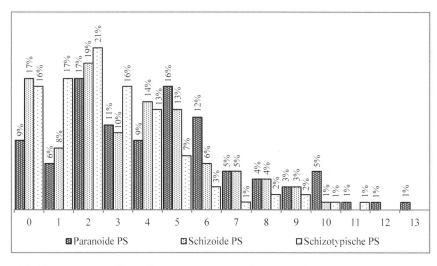

Abbildung 14. Verteilung der Summenscores der Persönlichkeitsstörungen aus Cluster A. Prozentangaben der Probanden, die den jeweiligen Summenscore innerhalb einer Diagnose erreicht haben.

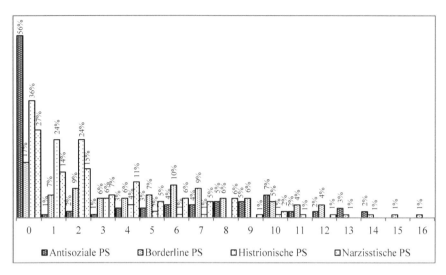

Abbildung 15. Verteilung der Summenscores der Persönlichkeitsstörungen aus Cluster B. Prozentangaben der Probanden, die den jeweiligen Summenscore innerhalb einer Diagnose erreicht haben.

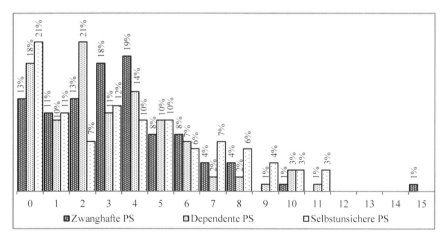

Abbildung 16. Verteilung der Summenscores der Persönlichkeitsstörungen aus Cluster C. Prozentangaben der Probanden, die den jeweiligen Summenscore innerhalb einer Diagnose erreicht haben.

Anhang III – Ergebnistabellen 215

Tabelle 23. Verteilung des Pädophilie-Scores und Beantwortung der einzelnen Items.

Kategorisierung/Item	Summenscore/Punkte	N	%
unauffällig	0	8	6.35
	1	46	36.51
	2	24	19.05
	3	10	7.94
pädophiles Interesse	4	16	12.70
	5	21	16.67
mehrere Opfer	1	43	34.13
männliche und weibliche Opfer	2	39	30.95
kindliche Opfer, 11 Jahre oder jünger	1	49	38.89
ausschließlich nichtverwandte Opfer	1	59	46.83

Tabelle 24. Strukturmatrix der explorativen Faktorenanalyse der Sozialisationsvariablen.

| | Faktor | | | |
	1	2	3	4
Alle Vortaten	**.91**	-.04	-.38	.11
Hafterfahrung (in Monaten)	**.81**	.51	-.09	-.10
Alter erste Tat	**-.59**	-.28	.53	.35
Einschlägige Vortaten	.31	**.99**	.20	-.28
Belastungen Primärsozialisation	.05	.28	-.01	-.01
Berufsqualifikation	-.13	.10	**.62**	.27
Schulbildung	-.21	.02	**.42**	-.06
Belastung Sekundärsozialisation	.05	-.08	.15	**.70**

Anmerkungen. Hauptachsen-Faktorenanalyse mit Promax-Rotation und Kaiser-Normalisierung. Variablen deren Faktorladung nicht hervorgehoben sind, wurden in der Strukturgleichungsmodellierung nicht berücksichtigt.

Tabelle 25. Strukturmatrix der explorativen Faktorenanalyse der Lebensumstände im Zeitraum der Tatbegehung.

	Faktor		
	1	2	3
Unterstützung Institution	.57	.01	.08
Arbeitslosigkeit vor Tat (in Monaten)	.53	**.60**	-.51
Finanzielle Situation vor Tat	.10	**.45**	-.11
Unterstützung Nahfeld	.09	-.24	.15
Erhöhter Substanzkonsum vor Tat	.04	-.13	**.50**

Anmerkungen. Hauptachsen-Faktorenanalyse mit Promax-Rotation und Kaiser-Normalisierung. Variablen deren Faktorladung nicht hervorgehoben sind, wurden in der Sturkturgleichungsmodellierung nicht berücksichtigt.

Tabelle 26. Strukturmatrix der explorativen Faktorenanalyse der Persönlichkeits- und Einstellungsvariablen.

	Faktor				
	1	2	3	4	5
Trait Ärger	**.88**	.40	-.26	.11	.31
Ärger-Out	**.79**	.28	-.20	.04	.29
Ängstlichkeit	**.74**	.43	-.42	.04	.66
Cluster C	**.47**	.69	-.42	.11	.69
Cluster A	.48	**.74**	-.57	.09	.46
Ärger-In	.52	**.63**	.24	.17	.12
Hostiler Sexismus	.32	**.42**	.09	.25	.01
RMS-Vergewaltigung	.29	**.37**	-.03	.67	-.02
Ärger-Kontrolle	-.32	-.11	**.63**	.09	-.38
Antisoziale PS	.27	.15	**-.54**	-.30	.28
Selbstkontrolle	-.16	-.12	**.53**	-.19	-.12
Cluster B	.65	.61	**-.63**	-.12	.71
Extraversion	.01	-.65	.02	-.12	-.11
Unnachgiebigkeit	-.37	-.11	.18	-.18	-.13

Tabelle 26 wird fortgesetzt.

Anhang III – Ergebnistabellen

Fortsetzung Tabelle 26.

Benevolenter Sexismus	.18	.06	.35	-.13	.04
RMS-Missbrauch	.20	.22	-.14	.88	.15
Unabhängigkeit	-.08	-.08	.03	.03	-.47

Anmerkungen. Hauptachsen-Faktorenanalyse mit Promax-Rotation und Kaiser-Normalisierung. Variablen deren Faktorladung nicht hervorgehoben sind, wurden in der Sturkturgleichungsmodellierung nicht berücksichtigt.

Tabelle 27. Strukturmatrix der explorativen Faktorenanalyse der Tatverhaltensvariablen.

	Faktor					
	1	2	3	4	5	6
männliche/s Opfer	**.91**	-.27	-.31	.38	.21	.14
weibliche/s Opfer	**-.81**	.25	.28	-.17	-.10	-.16
Kontrollübernahme	-.18	**.71**	.33	-.10	.03	-.31
Depersonifizierung des Opfer	-.20	**.60**	.23	.07	.11	-.12
allgemeines kriminelles Verhalten	-.20	**.53**	.12	.07	.10	-.01
Vorsichtsmaßnahmen	.05	**.39**	-.12	.10	.35	-.29
physische Gewalt	-.33	.59	**.92**	-.05	-.12	-.23
Tötung des Opfers	-.19	.06	**.61**	-.20	-.15	-.16
sex. Handlungen ohne Penetration	.55	.17	**-.39**	.69	.57	.38
Anzahl der Opfer	.50	-.14	-.26	**.61**	.39	-.03
Pornographie	.22	-.06	-.14	**.50**	.10	.03
Penetration mit Anderem	-.09	.22	.06	**.50**	-.05	.09
Ejakulation	.10	.12	-.13	.13	**.66**	.09
Penetration mit Penis	-.20	.33	.16	.09	**.39**	.14
Beziehung zum Opfer herstellen	.11	.10	-.31	-.01	**.39**	.24
Altersdifferenz Täter/Opfer	.15	-.18	-.35	.11	.19	**.52**
Kontaktanbahnung	.23	-.29	-.14	-.01	.06	**.46**
romantisierendes sex. Verhalten	.27	.15	-.27	.33	.26	**.36**

Anmerkungen. Hauptachsen-Faktorenanalyse mit Promax-Rotation und Kaiser-Normalisierung.

Tabelle 28. Gütekriterien der Modelle 1 und 2.

Modell	Gütekriterien						
	χ^2	df	χ^2/df	Hoelter $\leq.05$	Hoelter $\leq.01$	CFI	RMSEA
Modell 1 Persönlichkeit und Einstellung	777.35	359	2.17	65	69	.59	.10
Modell 2 Soziobiographie und Lebensumstände	555.61	243	2.26	64	67	.56	.10

Tabelle 29. Ergebnisse der Strukturgleichungsmodellierung zum Modell 1 Persönlichkeit und Einstellungen.

Modell 1 Persönlichkeit und Einstellung		Estimate	S.E.	C.R.	p	stand. Estimate
Dimension 1	→ weibl. Opfer	-1.47	.74	-1.97	*	-5.16
Dimension 3	→ männl. Opfer	-.56	.28	-2.01	*	-2.52
Dimension 3	→ weibl. Opfer	.65	.40	1.62	.11	3.26
Dimension 2	→ weibl. Opfer	.58	.38	1.54	.12	2.92
Dimension 1	→ männl. Opfer	1.25	.48	2.59	**	3.96
Dimension 2	→ männl. Opfer	-.47	.26	-1.82	.07	-2.15
Dimension 3	→ missbräuchlich	-2.34	1.35	-1.73	.08	-.65
Dimension 1	→ missbräuchlich	1.83	1.73	1.06	.29	.35
weibl. Opfer	→ sex.-abweichend	1.23	.39	3.35	***	.42
männl. Opfer	→ gewalttätig	-.49	.26	-1.90	.06	-.31
weibl. Opfer	→ non-sex	.24	.33	.73	.47	.12
weibl. Opfer	→ pseudo-intim	-.03	.10	-.26	.79	-.08
weibl. Opfer	→ missbräuchlich	-3.23	3.91	-.83	.41	-.18
männl. Opfer	→ sex.-abweichend	2.265	.33	6.81	***	.87
männl. Opfer	→ non-sex	-.36	.30	-1.19	.24	-.20
männl. Opfer	→ missbräuchlich	2.65	3.51	.76	.45	.16
weibl. Opfer	→ gewalttätig	.14	.29	.48	.63	.08
Dimension 3	↔ Dimension 1	2.62	.67	3.92	***	.81

Tabelle 29 wird fortgesetzt.

Fortsetzung Tabelle 29.

Dimension 1	↔	Dimension 2	2.46	.97	2.54	*	.76
Dimension 3	↔	Dimension 2	1.37	1.11	1.23	.22	.30
Dimension 1	→	Ängstlichkeit	.74	.09	8.64	***	.77
Dimension 1	→	Trait-Ärger	1.00				.84
Dimension 1	→	Ärger-Out	.88	.10	8.74	***	.73
Dimension 1	→	Cluster C	1.73	.40	4.34	***	.43
Dimension 2	→	Cluster A	1.00				.36
Dimension 2	→	host. Sexismus	.24	.08	2.89	**	.57
Dimension 2	→	Ärger-In	.80	.30	2.70	**	.78
Dimension 2	→	RMS -Vergew.	2.31	1.10	2.10	*	.28
Dimension 3	→	Ärger-Kontrolle(-)	.45	.14	3.34	***	.49
Dimension 3	→	Antisoz. PS	1.00				.47
Dimension 3	→	Selbstkontr. (-)	.14	.09	1.67	.10	.19
Dimension 3	→	Cluster B	2.21	.58	3.84	***	.68
gewalttätig	→	Tötung Opfer	.26	.06	4.49	***	.69
gewalttätig	→	Phys. Gewalt	1.00				.73
gewalttätig	→	Sex o. Penetr. (-)	.80	.28	-2.83	**	.38
sex.-	→	Anzahl Opfer	1.00				.93
sex.-	→	Pornographie	.09	.03	2.75	**	.38
sex.-	→	Penetr. Anderes	.07	.04	1.51	.13	.15
pseudo-intim	→	Bez. zum Opfer	4.85	18.59	.26	.79	.70
pseudo-intim	→	Ejakulation	1.00				.28
non-sex	→	Kontrollübernahme	1.00				.73
non-sex	→	allg. Krim. Verh.	.47	.12	3.89	***	.52
non-sex	→	Depersonifiz.	.51	.13	3.93	***	.61
non-sex	→	Vorsichtsmaßn.	.49	.13	3.72	***	.41
missbräuchlich	→	Altersdifferenz	1.00				.56
missbräuchlich	→	Kontaktanbahn.	.05	.02	2.59	**	.46
missbräuchlich	→	romant. sex. Verh.	.05	.02	2.52	**	.41

Anmerkungen. Estimate = Regressions- bzw. Logit-Koeffozienten, *S.E.* = Standardfehler der Schätzung, *C.R.* = Critical Ratio, *p* = Wahrscheinlichkeit, *$p \leq .05$, ** $p \leq .01$, *** $p \leq .001$, standard. Estimate* = standardisierter Regressions- bzw. Logit-Koeffozienten.

Tabelle 30. Standardisierte totale Effekte der Strukturgleichungsmodellierung zum Modell 1 Persönlichkeit und Einstellungen.

	Dimension 2	Dimension 1	Dimension 3	Weibliche/s Opfer	Männliche/s Opfer	Missbräuchl. Verhalten	Pseudo-intimes Verhalten	Abweichendes Verhalten	Nonsexuelles Verhalten	Gewalttätiges Verhalten
Weibliches Opfer	2.92	-5.16	3.26	0	0	0	0	0	0	0
Männliches Opfer	-2.15	3.96	-2.52	0	0	0	0	0	0	0
Missbräuchliches Verhalten	-.87	1.91	-1.64	-.18	.16	0	0	0	0	0
Pseudo-Intimes Verhalten	-.24	.43	-.27	-.08	0	0	0	0	0	0
Sex.-abweichend Verhalten	-.63	1.24	-.80	.42	.87	0	0	0	0	0
Nonsexuelles Verhalten	.78	-1.42	.90	.12	-.20	0	0	0	0	0
Gewalttätiges Verhalten	.91	-1.66	1.05	.08	-.31	0	0	0	0	0
RMS-Vergewaltigung	.28	0	0	0	0	0	0	0	0	0
Ärger In	.78	0	0	0	0	0	0	0	0	0
Kontaktanbahnung	-.40	.88	-.75	-.08	.08	.46	0	0	0	0
Altersdifferenz Täter/ Opfer	-.49	1.07	-.92	-.10	.09	.56	0	0	0	0
Ejakulation	-.07	.12	-.08	-.02	0	0	.28	0	0	0
Beziehung zum Opfer herstellen	-.17	.30	-.19	-.06	0	0	.70	0	0	0
Kontrollübernahme	.58	-1.04	.66	.09	-.15	0	0	0	.73	0
Andere sex. Handlungen ohne Penetration	-.35	.64	-.41	-.03	.12	0	0	0	0	-.38
Selbstkontrolle	0	0	.19	0	0	0	0	0	0	0
Antisoziale PS	0	0	.47	0	0	0	0	0	0	0
Ärger-Kontrolle (-)	0	0	.49	0	0	0	0	0	0	0
Cluster C	0	.43	0	0	0	0	0	0	0	0

Tabelle 30 wird fortgesetzt.

Fortsetzung Tabelle 30.

Cluster B	0	0	.68	0	0	0	0	0	0	0
Hostiler Sexismus	.57	0	0	0	0	0	0	0	0	0
Cluster A	.36	0	0	0	0	0	0	0	0	0
Ärger-Out	0	.73	0	0	0	0	0	0	0	0
Trait Ärger	0	.84	0	0	0	0	0	0	0	0
Ängstlichkeit	0	.77	0	0	0	0	0	0	0	0
Anzahl der Opfer	-.58	1.16	-.74	.39	.81	0	0	.93	0	0
Romantisierendes sex. Verhalten	-.35	.78	-.66	-.07	.07	.41	0	0	0	0
Penetration mit Anderen	-.10	.19	-.12	.07	.13	0	0	.15	0	0
Pornografie	-.24	.47	-.30	.16	.33	0	0	.38	0	0
Vorsichtsmaßnahmen	.32	-.58	.37	.05	-.08	0	0	0	.41	0
Depersonifizierung des Opfers	.48	-.86	.55	.07	-.12	0	0	0	.61	0
Allgemeines kriminelles Verhalten	.41	-.74	.47	.06	-.11	0	0	0	.52	0
Physische Gewalt	.66	-1.21	.77	.06	-.23	0	0	0	0	.73
Tötung des Opfers	.63	-1.14	.73	.06	-.22	0	0	0	0	.69

Tabelle 31. Standardisierte direkte Effekte der Strukturgleichungsmodellierung zum Modell 1 Persönlichkeit und Einstellungen.

	Dimension 2	Dimension 1	Dimension 3	Weibliche/s Opfer	Männliche/s Opfer	Missbräuchl. Verhalten	Pseudo-intimes Verhalten	Abweichendes Verhalten	Nonsexuelles Verhalten	Gewalttätiges Verhalten
Weibliche/s Opfer	2.92	-5.16	3.26	0	0	0	0	0	0	0
Männliche/s Opfer	-2.15	3.96	-2.52	0	0	0	0	0	0	0
Missbräuchliches Verhalten	0	.35	-.65	-.18	.16	0	0	0	0	0
Pseudo-Intimes Verhalten	0	0	0	-.08	0	0	0	0	0	0
Sex.-abweichendes Verhalten	0	0	0	.42	.87	0	0	0	0	0
Nonsexuelles Verhalten	0	0	0	.12	-.20	0	0	0	0	0
Gewalttätiges Verhalten	0	0	0	.08	-.31	0	0	0	0	0
RMS-Vergewaltigung	.28	0	0	0	0	0	0	0	0	0
Ärger In	.78	0	0	0	0	0	0	0	0	0
Kontaktanbahung	0	0	0	0	0	.46	0	0	0	0
Altersdifferenz Täter/ Opfer	0	0	0	0	0	.56	0	0	0	0
Ejakulation	0	0	0	0	0	0	.28	0	0	0
Beziehung zum Opfer herstellen	0	0	0	0	0	0	0	0	0	0
Kontrollübernahme	0	0	0	0	0	0	0	0	.73	0
Andere sex. Handlungen ohne Penetration	0	0	0	0	0	0	0	0	0	-.38
Selbstkontrolle	0	0	.19	0	0	0	0	0	0	0
Antisoziale PS	0	0	.47	0	0	0	0	0	0	0

Tabelle 31 wird fortgesetzt.

Fortsetzung Tabelle 31.

Ärger-Kontrolle (-)	0	0	.49	0	0	0	0	0	0	0
Cluster C	0	.43	0	0	0	0	0	0	0	0
Cluster B	0	0	.68	0	0	0	0	0	0	0
Hostiler Sexismus	.57	0	0	0	0	0	0	0	0	0
Cluster A	.36	0	0	0	0	0	0	0	0	0
Ärger-Out	0	.73	0	0	0	0	0	0	0	0
Trait Ärger	0	.84	0	0	0	0	0	0	0	0
Ängstlichkeit	0	.77	0	0	0	0	0	0	0	0
Anzahl der Opfer	0	0	0	0	0	0	0	.93	0	0
Romantisierendes sex. Verhalten	0	0	0	0	0	.41	0	0	0	0
Penetration mit Anderen	0	0	0	0	0	0	0	.15	0	0
Pornografie	0	0	0	0	0	0	0	.38	0	0
Vorsichtsmaßnahmen	0	0	0	0	0	0	0	0	.41	0
Depersonifizierung des Opfers	0	0	0	0	0	0	0	0	.61	0
Allgemeines kriminelles Verhalten	0	0	.0	0	0	0	0	0	.52	0
Physische Gewalt	0	0	0	0	0	0	0	0	0	.73
Tötung des Opfers	0	0	0	0	0	-.09	0	0	0	.69

Tabelle 32. Standardisierte indirekte Effekte der Strukturgleichungsmodellierung zum Modell 1 Persönlichkeit und Einstellungen.

	Dimension 2	Dimension 1	Dimension 3	Weibliche/s Opfer	Männliche/s Opfer	Missbräuchl. Verhalten	Pseudo-intimes Verhalten	Abweichendes Verhalten	Nonsexuelles Verhalten	Gewalttätiges Verhalten
Weibliche/s Opfer	0	0	0	0	0	0	0	0	0	0
Männliche/s Opfer	0	0	0	0	0	0	0	0	0	0
Missbräuchliches Verhalten	-.87	1.56	-.99	0	0	0	0	0	0	0
Pseudo-Intimes Verhalten	-.24	.43	-.27	0	0	0	0	0	0	0
Sex.-abweichendes Verhalten	-.63	1.24	-.80	0	0	0	0	0	0	0
Nonsexuelles Verhalten	.78	-1.42	.90	0	0	0	0	0	0	0
Gewalttätiges Verhalten	.91	-1.66	1.05	0	0	0	0	0	0	0
Kognitive Verzerrungen/ Vergewaltigung	0	0	0	0	0	0	0	0	0	0
Ärger In	0	0	0	0	0	0	0	0	0	0
Kontaktanbahnung	-.40	.88	-.75	-.08	.08	0	0	0	0	0
Altersdifferenz Täter/Opfer	-.49	1.07	-.92	-.10	.09	0	0	0	0	0
Ejakulation	-.07	.12	-.08	-.02	0	0	0	0	0	0
Beziehung zum Opfer herstellen	-.17	.30	-.19	-.06	0	0	0	0	0	0
Kontrollübernahme	.58	-1.04	.66	.09	-.15	0	0	0	0	0
Andere sex. Handlungen ohne Penetration	-.35	.64	-.41	-.03	.12	0	0	0	0	0
Selbstkontrolle	0	0	0	0	0	0	0	0	0	0

Tabelle 32 wird fortgesetzt.

Fortsetzung Tabelle 32.

Antisoziale PS	0	0	0	0	0	0	0	0	0	0
Ärger-Kontrolle (-)	0	0	0	0	0	0	0	0	0	0
Cluster C	0	0	0	0	0	0	0	0	0	0
Cluster B	0	0	0	0	0	0	0	0	0	0
Hostiler Sexismus	0	0	0	0	0	0	0	0	0	0
Cluster A	0	0	0	0	0	0	0	0	0	0
Ärger-Out	0	0	0	0	0	0	0	0	0	0
Trait Ärger	0	0	0	0	0	0	0	0	0	0
Ängstlichkeit	0	0	0	0	0	0	0	0	0	0
Anzahl der Opfer	-.58	1.16	-.74	.39	.81	0	0	0	0	0
Romantisierendes sex. Verhalten	-.35	.78	-.66	-.07	.07	0	0	0	0	0
Penetration mit Anderen	-.10	.19	-.12	.07	.13	0	0	0	0	0
Pornografie	-.24	.47	-.30	.16	.33	0	0	0	0	0
Vorsichtsmaßnahmen	.32	-.58	.37	.05	-.08	0	0	0	0	0
Depersonifizierung des Opfers	.48	-.86	.55	.07	-.12	0	0	0	0	0
Allgemeines kriminelles Verhalten	.41	-.74	.47	.06	-.11	0	0	0	0	0
Physische Gewalt	.66	-1.21	.77	.06	-.23	0	0	0	0	0
Tötung des Opfers	.63	-1.14	.73	.06	-.22	0	0	0	0	0

Tabelle 33. Ergebnisse der Strukturgleichungsmodellierung zum Modell 2 Soziobiographie und Lebensumstände.

Modell 2 Soziobiographie und Lebensumstände			Estimate	S.E.	C.R.	p	stand. Estimate
Substanzkonsum	→	weibl. Opfer	1.20	.60	2.00	*	.96
Substanzkonsum	→	männl. Opfer	-1.13	.53	-2.15	*	-.81
Substanzkonsum	→	gewalttätig	.48	.32	1.47	.14	.15
Vordelinquenz	→	missbräuchlich	-.10	.17	-.58	.56	-.06
Vordelinquenz	→	pseudo-intim	.001	.004	.21	.83	.12
Vordelinquenz	→	sex.-abweichend	-.01	.01	-.89	.37	-.11
Vordelinquenz	→	gewalttätig	.004	.01	.51	.61	.04
Lebensumstände	→	gewalttätig	-5.02	11.80	-.43	.67	-1.02
Lebensumstände	→	pseudo-intim	.03	.14	.19	.85	.10
Lebensumstände	→	non-sex	-2.09	2.08	-1.01	.32	-.52
Substanzkonsum	↔	Vordelinquenz	-.02	.30	-.07	.95	-.01
Substanzkonsum	→	erh.Substanzkon.	1.00				.21
Vordelinquenz	→	nonsex Vortaten	1.00				.99
Vordelinquenz	→	Hafterfahrung	5.23	.95	5.53	***	.68
Vordelinquenz	→	Alter 1. Straftat	1.82	.43	4.21	***	.48
Lebensumstände	→	Unterst. Nahfeld	9.74	16.35	.60	.55	.10
Lebensumstände	→	Belast. Seksoz.	1.00				.15
Lebensumstände	→	Arbeitslosigkeit	11.47	17.49	.66	.51	.08
gewalttätig	→	Tötung Opfer	.12	.04	2.97	**	.47
gewalttätig	→	Phys. Gewalt	1.00				1.12
gewalttätig	→	Sex o. Penetr. (-)	.19	.16	1.19	.23	.14
sex.-abweichend	→	Anzahl Opfer	1.00				.43
sex.-abweichend	→	Pornographie	.41	.25	1.66	.10	.80
sex.-abweichend	→	Penetr. Anderes	.29	.12	2.45	**	.31
pseudo-intim	→	Bez. zum Opfer	28.22	132.78	.21	.83	1.69
pseudo-intim	→	Ejakulation	1.00				.12
non-sex	→	Kontrollübernahme	1.00				.78

Tabelle 33 wird fortgesetzt.

Anhang III – Ergebnistabellen 227

Fortsetzung Tabelle 33.

non-sex	→	allg. Krim. Verh.	.41	.10	4.16	***	.49
non-sex	→	Depersonifiz.	.47	.11	4.37	***	.59
non-sex	→	Vorsichtsmaßn.	.41	.11	3.63	***	.37
missbräuchlich	→	Altersdifferenz	1.00				1.14
missbräuchlich	→	Kontaktanbahn.	.01	.03	.52	.61	.25
missbräuchlich	→	sex. romant. Verh.	.01	.03	.50	.61	.22

Anmerkungen. Estimate = Regressions- bzw. Logit-Koeffozienten, *S.E.* = Standardfehler der Schätzung, *C.R.* = Critical Ratio, *p* = Wahrscheinlichkeit, *$p \leq .05$, ** $p \leq .01$, *** $p \leq .001$, standard. Estimate* = standardisierter Regressions- bzw. Logit-Koeffozienten.

Tabelle 34. Standardisierte totale Effekte der Strukturgleichungsmodellierung zum Modell 2 Soziobiographie und Lebensumstände.

	Vordelinquenz	Substanzkonsum	Lebensumstände	Missbräuchl. Verhalten	Pseudo-intimes Verhalten	Abweichendes Verhalten	Nonsexuelles Verhalten	Gewalttätiges Verhalten
Missbräuchliches Verhalten	-.06	0	0	0	0	0	0	0
Pseudo-intimes Verhalten	.12	0	.10	0	0	0	0	0
Sex.-abweichendes Verhalten	-.11	0	0	0	0	0	0	0
Nonsexuelles Verhalten	0	0	-.52	0	0	0	0	0
Gewalttätiges Verhalten	.04	.15	-1.02	0	0	0	0	0
Männliche/s Opfer	0	-.81	0	0	0	0	0	0
Weibliche/s Opfer	0	.96	0	0	0	0	0	0
Alter erste Tat	.48	0	0	0	0	0	0	0
Hafterfahrung in Monaten	.68	0	0	0	0	0	0	0
Alle Vortaten	.99	0	0	0	0	0	0	0
Erhöhter Substanzkonsum vor Tat	0	.21	0	0	0	0	0	0

Tabelle 34 wird fortgesetzt.

Fortsetzung Tabelle 34.

Belastung Sekundärsozialisation	0	0	.15	0	0	0	0	0
Kontaktanbahnung	-.02	0	0	.25	0	0	0	0
Altersdifferenz Täter/Opfer	-.07	0	0	1.14	0	0	0	0
Ejakulation	.01	0	.01	0	.12	0	0	0
Beziehung zum Opfer herstellen	.21	0	.18	0	1.69	0	0	0
Kontrollübernahme	0	0	-.41	0	0	0	.78	0
Andere Handlungen ohne Penetration	.01	.02	-.14	0	0	0	0	.14
Arbeitslosigkeit	0	0	.08	0	0	0	0	0
Unterstützung Nahfeld	0	0	.10	0	0	0	0	0
Anzahl der Opfer	-.05	0	0	0	0	.43	0	0
Romantisierendes sex. Verhalten	-.01	0	0	.22	0	0	0	0
Penetration mit Anderen	-.03	0	0	0	0	.31	0	0
Pornographie	-.09	0	0	0	0	.80	0	0
Vorsichtsmaßnahmen	0	0	-.19	0	0	0	.37	0
Depersonalisierung	0	0	-.31	0	0	0	.59	0
Allgemein kriminelles Verhalten	0	0	-.26	0	0	0	.49	0
Physische Gewalt	.04	.16	-1.14	0	0	0	0	1.21
Tötung des Opfers	.02	.07	-.48	0	0	0	0	.47

Anhang III – Ergebnistabellen

Tabelle 35. Standardisierte direkte Effekte der Strukturgleichungsmodellierung zum Modell 2 Soziobiographie und Lebensumstände.

	Vordelinquenz	Substanzkonsum	Lebensumstände	Missbräuchl. Verhalten	Pseudo-intimes Verhalten	Abweichendes Verhalten	Nonsexuelles Verhalten	Gewalttätiges Verhalten
Missbräuchliches Verhalten	-.06	0	0	0	0	0	0	0
Pseudo-intimes Verhalten	.12	0	.14	0	0	0	0	0
Sex.-abweichendes Verhalten	-.11	0	0	0	0	0	0	0
Nonsexuelles Verhalten	0	0	-.50	0	0	0	0	0
Gewalttätiges Verhalten	.04	.15	-1.27	0	0	0	0	0
Männliche/s Opfer	0	-.81	0	0	0	0	0	0
Weibliche/s Opfer	0	.96	0	0	0	0	0	0
Alter erste Tat	.48	0	0	0	0	0	0	0
Hafterfahrung in Monaten	.68		0	0	0	0	0	0
Alle Vortaten	.99	0	0	0	0	0	0	0
Erh. Substanzkonsum vor Tat	0	.21	0	0	0	0	0	0
Belastung Sekundärsozialisation	0	0	.15	0	0	0	0	0
Kontaktanbahnung	0	0	0	.25	0	0	0	0
Altersdifferenz Täter/ Opfer	0	0	0	1.14	0	0	0	0
Ejakulation	0	0	0	0	.12	0	0	0
Beziehung zum Opfer herstellen	0	0	0	0	1.69	0	0	0
Kontrollübernahme	0	0	0	0	0	0	.78	0
Andere Handlungen ohne Penetration	0	0	0	0	0	0	0	.14
Arbeitslosigkeit	0	0	.08	0	0	0	0	0
Unterstützung Nahfeld	0	0	.10	0	0	0	0	0

Tabelle 35 wird fortgesetzt.

Fortsetzung Tabelle 35.

Anzahl der Opfer	0	0	0	0	0	.43	0	0
Romantisierendes sex. Verhalten	0	0	0	.22	0	0	0	0
Penetration mit Anderen	0	0	0	0	0	.31	0	0
Pornographie	0	0	0	0	0	.80	0	0
Vorsichtsmaßnahmen	0	0	0	0	0	0	.37	0
Depersonalisierung	0	0	0	0	0	0	.59	0
Allgemein kriminelles Verhalten	0	0	0	0	0	0	.49	0
Physische Gewalt	0	0	0	0	0	0	0	1.12
Tötung des Opfers	0	0	0	0	0	0	0	.47

Tabelle 36. Standardisierte indirekte Effekte der Strukturgleichungsmodellierung zum Modell 2 Soziobiographie und Lebensumstände.

	Vordelinquenz	Substanzkonsum	Lebensumstände	Missbräuchl. Verhalten	Pseudo-intimes Verhalten	Abweichendes Verhalten	Nonsexuelles Verhalten	Gewalttätiges Verhalten
Missbräuchliches Verhalten	0	0	0	0	0	0	0	0
Pseudo-intimes Verhalten	0	0	0	0	0	0	0	0
Sex.-abweichendes Verhalten	0	0	0	0	0	0	0	0
Nonsexuelles Verhalten	0	0	0	0	0	0	0	0
Gewalttätiges Verhalten	0	0	0	0	0	0	0	0
Männliche/s Opfer	0	0	0	0	0	0	0	0
Weibliche/s Opfer	0	0	0	0	0	0	0	0
Alter erste Tat	0	0	0	0	0	0	0	0

Tabelle 36 wird fortgesetzt.

Anhang III – Ergebnistabellen 231

Fortsetzung Tabelle 36.

Hafterfahrung in Monaten	0	0	0	0	0	0	0	0
Alle Vortaten	0	0	0	0	0	0	0	0
Erhöhter Substanzkonsum vor Tat	0	0	0	0	0	0	0	0
Belastung Sekundärsozialisation	0	0	0	0	0	0	0	0
Kontaktanbahnung	-.02	0	0		0	0	0	0
Altersdifferenz Täter/ Opfer	-.07	0	0	0	0	0	0	0
Ejakulation	.01	0	.01	0	0	0	0	0
Beziehung zum Opfer herstellen	.21	0	.18	0	0	0	0	0
Kontrollübernahme	0	0	-.41	0	0	0	.0	0
Andere Handlungen ohne Penetration	0	.02	-.14	0	0	0	0	0
Arbeitslosigkeit	0	0	0	0	0	0	0	0
Unterstützung Nahfeld	0	0	0	0	0	0	0	0
Anzahl der Opfer	-.05	0	0	0	0	0	0	0
Romantisierendes sex. Verhalten	-.01	0	0	0	0	0	0	0
Penetration mit Anderen	-.03	0	0	0	0	0	0	0
Pornographie	-.09	0	0	0	0	0	0	0
Vorsichtsmaßnahmen	0	0	-.19	0	0	0	0	0
Depersonalisierung	0	0	-.31	0	0	0	0	0
Allg. krimin. Verhalten	0	0	-.26	0	0	0	0	0
Physische Gewalt	.04	.16	-1.14	0	0	0	0	0
Tötung des Opfers	.02	.07	-.48	0	0	0	0	0

Tabelle 37. Ergebnisse der Strukturgleichungsmodellierung zum Gesamtmodell 1.

Gesamtmodell 1			Estimate	S.E.	C.R.	P	stand. Estimate
Substanzkonsum	→	weibl. Opfer	1.16	.71	1.64	.10	.94
Substanzkonsum	→	männl. Opfer	-1.01	.46	-2.22	*	-.73
Substanzkonsum	→	gewalttätig	-.26	.95	-.27	.79	-.07
Dimension 3	→	missbräuchlich	-1.13	1.40	-.81	.42	-.30
Dimension 3	→	weibl. Opfer	.04	.05	.84	.40	.19
Dimension 3	→	männl. Opfer	-.05	.06	-.87	.38	-.21
Dimension 1	→	missbräuchlich	.18	1.85	.10	.92	.04
Dimension 1	→	weibl. Opfer	-.12	.06	-1.94	*	-.43
Dimension 1	→	männl. Opfer	.14	.07	1.91	.06	.43
Lebensumstände	→	gewalttätig	-1.35	.62	-2.17	*	-.48
Lebensumstände	→	non-sex	-1.86	.98	-1.89	.06	-.94
weibl. Opfer	→	sex.-abweichend	1.23	.37	3.35	***	.42
weibl. Opfer	→	non-sex	.24	.33	.71	.48	.11
weibl. Opfer	→	pseudo-intim	-.03	.10	-.26	.79	-.08
weibl. Opfer	→	missbräuchlich	-3.99	3.75	-1.07	.29	-.22
weibl. Opfer	→	gewalttätig	.62	.82	.76	.45	.21
männl. Opfer	→	gewalttätig	-.20	.33	-.61	.54	-.08
männl. Opfer	→	sex.-abweichend	2.27	.33	6.81	***	.87
männl. Opfer	→	non-sex	-.41	.30	-1.35	.18	-.22
männl. Opfer	→	missbräuchlich	3.26	3.28	.99	.32	.20
Dimension 1	↔	Dimension 3	2.31	.65	3.54	***	.77
Substanzkonsum	→	erh.Substanzkon.	1.00				.21
Lebensumstände	→	Unterst. Nahfeld	2.39	5.93	.40	.69	.05
Lebensumstände	→	Belast. Seksoz.	1.00				.30
Lebensumstände	→	Arbeitslosigkeit	17.10	12.51	1.37	.17	.23
Dimension 1	→	Ängstlichkeit	.76	.10	7.66	***	.79

Tabelle 37 wird fortgesetzt.

Fortsetzung Tabelle 37.

Dimension 1	→	Trait-Ärger	1.00				.83
Dimension 1	→	Ärger-Out	.89	.10	8.55	***	.74
Dimension 1	→	Cluster C	1.64	.42	3.90	***	.41
Dimension 3	→	Ärger-Kontrolle(-)	.40	.13	3.07	**	.41
Dimension 3	→	Antisoz. PS	1.00				.44
Dimension 3	→	Selbstkontr. (-)	.15	.09	1.72	.09	.19
Dimension 3	→	Cluster B	2.75	.72	3.82	***	.80
gewalttätig	→	Tötung Opfer	.09	.04	2.19	*	.42
gewalttätig	→	Phys. Gewalt	1.00				1.25
gewalttätig	→	Sex o. Penetr. (-)	.13	.13	1.01	.32	.11
sex.-abweichend	→	Anzahl Opfer	1.00				.93
sex.-abweichend	→	Pornographie	.09	.03	2.75	**	.38
sex.-abweichend	→	Penetr. Anderes	.07	.04	1.51	.13	.15
pseudo-intim	→	Bez. zum Opfer	4.85	18.59	.26	.79	.70
pseudo-intim	→	Ejakulation	1.00				.28
non-sex	→	Kontrollübernahme	1.00				.77
non-sex	→	allg. Krim. Verh.	.43	.10	4.44	***	.50
non-sex	→	Depersonifiz.	.50	.10	4.89	***	.62
non-sex	→	Vorsichtsmaßn.	.40	.12	3.44	***	.35
missbräuchlich	→	Altersdifferenz	1.00				.55
missbräuchlich	→	Kontaktanbahn.	.05	.02	2.48	**	.45
missbräuchlich	→	romant. Verh.	.05	.02	2.35	*	.42

Anmerkungen. Estimate = Regressions- bzw. Logit-Koeffozienten, *S.E.* = Standardfehler der Schätzung, *C.R.* = Critical Ratio, *p* = Wahrscheinlichkeit, *$*p \leq .05$, $** p \leq .01$, $*** p \leq .001$, standard. Estimate* = standardisierter Regressions- bzw. Logit-Koeffozienten.

Tabelle 38. Standardisierte totale Effekte der Strukturgleichungsmodellierung zum Gesamtmodell 1.

	Substanzkonsum	Dimension 3	Dimension 1	Lebensumstände	Weibliche/s Opfer	Männliche/s Opfer	Missbräuchl. Verhalten	Abweichendes Verhalten	Pseudo-intimes Verhalten	Nonsexuelles Verhalten	Gewalttätiges Verhalten
Weibliche/s Opfer	.94	.19	-.43	0	0	0	0	0	0	0	0
Männliche/s Opfer	-.73	-.21	.43	0	0	0	0	0	0	0	0
Missbräuchliches Verhalten	-.36	-.39	.22	0	-.22	.20	0	0	0	0	0
Pseudointimes Verhalten	-.08	-.02	.04	0	-.08	0	0	0	0	0	0
Sex.-abweichendes Verhalten	-.24	-.10	.19	0	.42	.87	0	0	0	0	0
Nonsexuelles Verhalten	.27	.07	-.14	-.94	.11	-.22	0	0	0	0	0
Gewalttätiges Verhalten	.18	.06	-.12	-.48	.21	-.08	0	0	0	0	0
Sex. Handlungen ohne Penetration	.02	.01	-.01	-.05	.02	-.01	0	0	0	0	0
Unterstützung Nahfeld	0	0	0	.05	0	0	0	0	0	0	0
Substanzkonsum	.21	0	0	0	0	0	0	0	0	0	0
Belastung Sekundärsozialisation	0	0	0	.30	0	0	0	0	0	0	0
Arbeitslosigkeit	0	0	0	.23	0	0	0	0	0	0	0
Kontaktanbahnung	-.16	-.17	.10	0	-.10	.09	.45	0	0	0	0
Altersdifferenz Täter/Opfer	-.20	-.21	.12	0	-.12	.11	.55	0	0	0	0
Ejakulation	-.02	-.01	.01	0	-.02	0	0	.28	0	0	0
Beziehung zum Opfer herstellen	-.05	-.01	.03	0	-.06	0	0	.70	0	0	0

Tabelle 38 wird fortgesetzt.

Fortsetzung Tabelle 38.

Kontrollübernahme	.20	.05	-.18	-.72	.09	-.17	0	0	0	.77	0
Selbstkontrolle	0	.19	0	0	0	0	0	0	0	0	0
Antisoziale PS	0	.44	0	0	0	0	0	0	0	0	0
Ärger-Kontrolle (-)	0	.41	0	0	0	0	0	0	0	0	0
Cluster C	0	0	.41	0	0	0	0	0	0	0	0
Cluster B	0	.80	0	0	0	0	0	0	0	0	0
Ärger-Out	0	0	.74	0	0	0	0	0	0	0	0
Trait-Ärger	0	0	.83	0	0	0	0	0	0	0	0
Ängstlichkeit	0	0	.79	0	0	0	0	0	0	0	0
Anzahl der Opfer	-.22	-.09	.17	0	.39	.81	0	0	.93	0	0
Romantisierendes sex. Verhalten	-.15	-.16	.09	0	-.10	.09	.42	0	0	0	0
Penetration mit Anderen	-.04	-.02	.03	0	.07	.13	0	0	.15	0	0
Pornographie	-.09	-.04	.07	0	.16	.33	0	0	.38	0	0
Vorsichtsmaßnahmen	.09	.02	-.05	-.33	.04	-.08	0	0	0	.35	0
Depersonifizierung des Opfers	.17	.04	-.09	-.58	.07	-.14	0	0	0	.62	0
Allg. kriminelles Verhalten	.13	.03	-.07	-.47	.06	-.11	0	0	0	.50	0
Physische Gewalt	.23	.07	-.15	-.60	.26	-.09	0	0	0	0	1.25
Tötung des Opfers	.08	.02	-.05	-.20	.09	-.03	0	0	0	0	.42

Tabelle 39. Standardisierte direkte Effekte der Strukturgleichungsmodellierung zum Gesamtmodell 1.

	Substanzkonsum	Dimension 3	Dimension 1	Lebensumstände	Weibliche/s Opfer	Männliche/s Opfer	Missbräuchl. Verhalten	Abweichendes Verhalten	Pseudo-intimes Verhalten	Nonsexuelles Verhalten	Gewalttätiges Verhalten
Weibliche/s Opfer	.94	.19	-.43	0	0	0	0	0	0	0	0
Männliche/s Opfer	-.73	-.21	.43	0	0	0	0	0	0	0	0
Missbräuchliches Verhalten	0	-.30	.04	0	-.22	.20	0	0	0	0	0
Pseudo-intimes Verhalten	0	0	0	0	-.08	0	0	0	0	0	0
Sex.-abweich. Verhalten	0	0	0	0	.42	.87	0	0	0	0	0
Nonsexuelles Verhalten	0	0	0	-.94	.11	-.22	0	0	0	0	0
Gewalttätiges Verhalten	-.07	0	0	-.48	.21	-.08	0	0	0	0	0
sex. Handlungen ohne Penetration	0	0	0	0	0	0	0	0	0	0	.11
Unterstützung Nahfeld	0	0	0	.05	0	0	0	0	0	0	0
Substanzkonsum	.21	0	0	0	0	0	0	0	0	0	0
Belastung Sekundärsozialisation	0	0	0	.30	0	0	0	0	0	0	0
Arbeitslosigkeit	0	0	0	.23	0	0	0	0	0	0	0
Kontaktanbahnung	0	0	0	0	0	0	.45	0	0	0	0
Altersdifferenz Täter/Opfer	0	0	0	0	0	0	.55	0	0	0	0
Ejakulation	0	0	0	0	0	0	0	.28	0	0	0

Tabelle 39 wird fortgesetzt.

Fortsetzung Tabelle 39.

Beziehung zum Opfer herstellen	0	0	0	0	0	0	0	.70	0	0	0
Kontrollübernahme	0	0	0	0	0	0	0	0	0	.77	0
Selbstkontrolle	0	.19	0	0	0	0	0	0	0	0	0
Antisoziale PS	0	.44	0	0	0	0	0	0	0	0	0
Ärger-Kontrolle (-)	0	.41	0	0	0	0	0	0	0	0	0
Cluster C	0	0	.41	0	0	0	0	0	0	0	0
Cluster B	0	.80	0	0	0	0	0	0	0	0	0
Ärger-Out	0	0	.74	0	0	0	0	0	0	0	0
Trait-Ärger	0	0	.83	0	0	0	0	0	0	0	0
Ängstlichkeit	0	0	.79	0	0	0	0	0	0	0	0
Anzahl der Opfer	0	0	0	0	0	0	0	0	.93	0	0
Romantisierendes sex. Verhalten	0	0	0	0	0	0	.42	0	0	0	0
Penetration mit Anderen	0	0	0	0	0	0	0	0	.15	0	0
Pornographie	0	0	0	0	0	0	0	0	.38	0	0
Vorsichtsmaßnahmen	0	0	0	0	0	0	0	0	0	.35	0
Depersonifizierung des Opfers	0	0	0	0	0	0	0	0	0	.62	0
Allg. kriminelles Verhalten	0	0	0	0	0	0	0	0	0	.50	0
Physische Gewalt	0	0	0	0	0	0	0	0	0	0	1.25
Tötung des Opfers	0	0	0	0	0	0	0	0	0	0	.42

Tabelle 40. Standardisierte indirekte Effekte der Strukturgleichungsmodellierung zum Gesamtmodell 1.

	Substanzkonsum	Dimension 3	Dimension 1	Lebensumstände	Weibliche/s Opfer	Männliche/s Opfer	Missbräuchl. Verhalten	Abweichendes Verhalten	Pseudo-intimes Verhalten	Nonsexuelles Verhalten	Gewalttätiges Verhalten
Weibliche/s Opfer	0	0	0	0	0	0	0	0	0	0	0
Männliche/s Opfer	0	0	0	0	0	0	0	0	0	0	0
Missbräuchliches Verhalten	-.36	-.09	.18	0	0	0	0	0	0	0	0
Pseudo- intimes Verhalten	-.08	-.02	.04	0	0	0	0	0	0	0	0
Sex.- abweichendes Verhalten	-.24	-.10	.19	0	0	0	0	0	0	0	0
Nonsexuelles Verhalten	.27	.07	-.14	0	0	0	0	0	0	0	0
Gewalttätiges Verhalten	.25	.06	-.12	0	0	0	0	0	0	0	0
sex. Handlung ohne Penetration	.02	.01	-.01	-.05	.02	-.01	0	0	0	0	0
Unterstützung Nahfeld	0	0	0	0	0	0	0	0	0	0	0
Substanzkonsum	0	0	0	0	0	0	0	0	0	0	0
Belastung Sekundärsozialisation	0	0	0	0	0	0	0	0	0	0	0
Arbeitslosigkeit	0	0	0	0	0	0	0	0	0	0	0
Kontaktanbahnung	-.16	-.17	.10	0	-.10	.09	0	0	0	0	0
Altersdifferenz Täter/ Opfer	-.20	-.21	.12	0	-.12	.11	0	0	0	0	0
Ejakulation	-.02	-.01	.01	0	-.02	0	0	0	0	0	0
Beziehung zum Opfer herstellen	-.05	-.01	.03	0	-.06	0	0	0	0	0	0
Kontrollübernahme	.20	.05	-.11	-.72	.09	-.17	0	0	0	0	0
Selbstkontrolle	0	0	0	0	0	0	0	0	0	0	0

Tabelle 40 wird fortgesetzt.

Fortsetzung Tabelle 40.

Antisoziale PS	0	0	0	0	0	0	0	0	0	0	0
Ärger-Kontrolle (-)	0	0	0	0	0	0	0	0	0	0	0
Cluster C	0	0	0	0	0	0	0	0	0	0	0
Cluster B	0	0	0	0	0	0	0	0	0	0	0
Ärger-Out	0	0	0	0	0	0	0	0	0	0	0
Trait-Ärger	0	0	0	0	0	0	0	0	0	0	0
Ängstlichkeit	0	0	0	0	0	0	0	0	0	0	0
Anzahl der Opfer	-.22	-.09	.17	0	.39	.81	0	0	0	0	0
Romant. sex. Verhalten	-.15	-.16	.09	0	-.10	.09	0	0	0	0	0
Penetration mit Anderen	-.04	-.02	.03	0	.07	.13	0	0	0	0	0
Pornographie	-.09	-.04	.07	0	.16	.33	0	0	0	0	0
Vorsichtsmaßnahmen	.09	.02	-.05	-.33	.04	-.08	0	0	0	0	0
Depersonifizierung des Opfers	.17	.04	-.09	-.58	.07	-.14	0	0	0	0	0
Allg. kriminelles Verhalten	.13	.03	-.07	-.47	.06	-.11	0	0	0	0	0
Physische Gewalt	.23	.07	-.15	-.60	.26	-.09	0	0	0	0	0
Tötung des Opfers	.08	.02	-.05	-.20	.09	-.03	0	0	0	0	0

Tabelle 41. Ergebnisse der Strukturgleichungsmodellierung zum modifizierten Gesamtmodell 2.

Modifiziertes Gesamtmodell 2		Estimate	S.E.	C.R.	p	stand. Estimate
Substanzkonsum	→ weibl. Opfer	.95	.43	2.23	*	.83
Substanzkonsum	→ männl. Opfer	-1.06	.50	-2.11	*	-.82
Substanzkonsum	→ gewalttätig	-.14	.58	-.25	.81	-.04
Dimension 3	→ missbräuchlich	-.87	1.33	-.66	.51	-.23
Dimension 3	→ weibl. Opfer	.05	.05	.96	.34	.21
Dimension 3	→ männl. Opfer	-.05	.05	-.95	.34	-.21
Dimension 1	→ missbräuchlich	-.17	1.76	-.10	.92	-.03
Dimension 1	→ weibl. Opfer	-.13	.06	-2.09	*	-.45
Dimension 1	→ männl. Opfer	.14	.07	2.04	*	.44
Lebensumstände	→ gewalttätig	-1.40	.70	-2.01	*	-.35
Lebensumstände	→ non-sex	-2.54	1.85	-1.39	.17	-1.11
weibl. Opfer	→ sex.-abweichend	1.23	.40	3.32	***	.42
weibl. Opfer	→ non-sex	.06	.53	.10	.92	.03
weibl. Opfer	→ missbräuchlich	-4.05	3.75	-1.08	.28	-.23
weibl. Opfer	→ gewalttätig	.42	.47	.90	.37	.87
männl. Opfer	→ sex.-abweichend	2.27	.33	6.84	***	.87
männl. Opfer	→ missbräuchlich	3.39	3.26	1.04	.30	.21
Dimension 1	↔ Dimension 3	2.28	.64	3.54	***	.76
Lebensumstände	↔ Substanzkonsum	-.04	.04	-1.05	.29	-.29
Substanzkonsum	→ erh.Substanzkon.	1.00				.23
Lebensumstände	→ Belast. Seksoz.	1.00				.25
Lebensumstände	→ Arbeitslosigkeit	17.86	13.81	1.29	.20	.21
Dimension 1	→ Ängstlichkeit	.76	.10	7.72	***	.79
Dimension 1	→ Trait-Ärger	1.00				.83
Dimension 1	→ Ärger-Out	.89	.10	8.56	***	.74
Dimension 1	→ Cluster C	1.64	.42	3.90	***	.41
Dimension 3	→ Ärger-Kontrolle(-)	.40	.13	3.06	**	.41

Tabelle 41 wird fortgesetzt.

Fortsetzung Tabelle 41.

Dimension 3	→	Antisoz. PS	1.00				.44
Dimension 3	→	Selbstkontr. (-)	.15	.09	1.73	.08	.20
Dimension 3	→	Cluster B	2.78	.72	3.88	***	.80
gewalttätig	→	Tötung Opfer	.07	.04	1.49	.14	.35
gewalttätig	→	Phys. Gewalt	1.00				1.51
sex.-abweichend	→	Anzahl Opfer	1.00				.93
sex.-abweichend	→	Pornographie	.09	.03	2.68	**	.37
non-sex	→	Kontrollübern.	1.00				.76
non-sex	→	allg. Krim. Verh.	.44	.10	4.52	***	.50
non-sex	→	Depersonifiz.	.52	.10	5.04	***	.63
non-sex	→	Vorsichtsmaßn.	.40	.12	3.43	***	.35
missbräuchlich	→	Altersdifferenz	1.00				.55
missbräuchlich	→	Kontaktanbahn.	.05	.02	2.46	**	.46
missbräuchlich	→	sex. romant. Verh.	.05	.02	2.34	*	.42

Anmerkungen: *Estimate* = Regressions- bzw. Logit-Koeffozienten, *S.E.* = Standardfehler der Schätzung, *C.R.* = Critical Ratio, *p* = Wahrscheinlichkeit, **p≤*.05, *** p≤*.01, **** p≤*.001, *standard. Estimate* = standardisierter Regressions- bzw. Logit-Koeffozienten.

Tabelle 42. Standardisierte totale Effekte der Strukturgleichungsmodellierung zum modifizierten Gesamtmodell 2.

	Substanzkonsum	Dimension 3	Dimension 1	Lebensumstände	Weibliche/s Opfer	Männliche/s Opfer	Missbräuchl. Verhalten	Abweichendes Verhalten	Nonsexuelles Verhalten	Gewalttätiges Verhalten
Weibliche/s Opfer	.83	.21	-.45	0	0	0	0	0	0	0
Männliche/s Opfer	-.82	-.21	.44	0	0	0	0	0	0	0
Missbräuchliches Verhalten	-.36	-.33	.16	0	-.23	.21	0	0	0	0
Sex.-abweichendes Verhalten	-.37	-.09	.19	0	.42	.87	0	0	0	0
Nonsexuelles Verhalten	.02	.01	-.01	-1.11	.03	0	0	0	0	0
Gewalttätiges Verhalten	.06	.03	-.05	-.35	.12	0	0	0	0	0
Substanzkonsum	.23	0	0	0	0	0	0	0	0	0
Arbeitslosigkeit	0	0	0	.21	0	0	0	0	0	0
Belastung Sekundärsozialisation	0	0	0	.25	0	0	0	0	0	0
Kontaktanbahnung	-.17	-.15	.07	0	-.10	.10	.46	0	0	0
Altersdifferenz Täter/ Opfer	-.20	-.18	.09	0	-.13	.12	.55	0	0	0
Kontrollübernahme	.02	0	-.01	-.84	.02	0	0	0	.76	0
Selbstkontrolle	0	.20	0	0	0	0	0	0	0	0
Antisoziale PS	0	.44	0	0	0	0	0	0	0	0

Tabelle 42 wird fortgesetzt.

Fortsetzung Tabelle 42.

Ärger-Kontrolle (-)	0	.41	0	0	0	0	0	0	0	0
Cluster C	0	0	.41	0	0	0	0	0	0	0
Cluster B	0	.80	0	0	0	0	0	0	0	0
Ärger-Out	0	0	.74	0	0	0	0	0	0	0
Trait-Ärger	0	0	.83	0	0	0	0	0	0	0
Ängstlichkeit	0	0	.79	0	0	0	0	0	0	0
Anzahl der Opfer	-.34	-.09	.18	0	.39	.81	0	.93	0	0
Romantisierendes sex. Verhalten	-.15	-.14	.06	0	-.10	.09	.42	0	0	0
Pornographie	-.14	-.04	.07	0	.16	.33	0	.37	0	0
Vorsichtsmaßnahmen	.01	0	0	-.39	.01	0	0	0	.35	0
Depersonifizierung des Opfers	.01	0	-.01	-.70	.02	0	0	0	.63	0
Allg. kriminelles Verhalten	.01	0	-.01	-.56	.01	0	0	0	.50	0
Physische Gewalt	.10	.04	-.08	-.53	.18	0	0	0	0	1.51
Tötung des Opfers	.02	.01	-.02	-.12	.0	0	0	0	0	.35

Tabelle 43. Standardisierte direkte Effekte der Strukturgleichungsmodellierung zum modifizierten Gesamtmodell 2.

	Substanzkonsum	Dimension 3	Dimension 1	Lebensumstände	Weibliche/s Opfer	Männliche/s Opfer	Missbräuchl. Verhalten	Abweichendes Verhalten	Nonsexuelles Verhalten	Gewalttätiges Verhalten
Weibliche/s Opfer	.83	.22	-.45	0	0	0	0	0	0	0
Männliche/s Opfer	-.82	-.21	.44	0	0	0	0	0	0	0
Missbräuchliches Verhalten	0	-.23	-.03	0	-.23	.21	0	0	0	0
Sex.-abweichendes Verhalten	0	0	0	0	.42	.87	0	0	0	0
Nonsexuelles Verhalten	0	0	0	-1.11	.03	0	0	0	0	0
Gewalttätiges Verhalten	-.04	0	0	-.35	.12	0	0	0	0	0
Substanzkonsum	.23	0	0	0	0	0	0	0	0	0
Arbeitslosigkeit	0	0	0	.21	0	0	0	0	0	0
Belastung Sekundärsozialisation	0	0	0	.25	0	0	0	0	0	0
Kontaktanbahnung	0	0	0	0	0	0	.46	0	0	0
Altersdifferenz Täter/ Opfer	0	0	0	0	0	0	.55	0	0	0
Kontrollübernahme	0	0	0	0	0	0	0	0	.76	0
Selbstkontrolle	0	.20	0	0	0	0	0	0	0	0
Antisoziale PS	0	.44	0	0	0	0	0	0	0	0
Ärger-Kontrolle (-)	0	.41	0	0	0	0	0	0	0	0
Cluster C	0	0	.41	0	0	0	0	0	0	0
Cluster B	0	.80	.74	0	0	0	0	0	0	0
Ärger-Out	0	0	.83	0	0	0	0	0	0	0
Trait-Ärger	0	0	.79	0	0	0	0	0	0	0
Ängstlichkeit	0	0	0	0	0	0	0	0	0	0
Anzahl der Opfer	0	0	0	0	0	0	0	.93	0	0

Tabelle 43 wird fortgesetzt.

Anhang III – Ergebnistabellen

Fortsetzung Tabelle 43.

Romantisierendes sex. Verhalten	0	0	0	0	0	0	.42	0	0	0
Pornographie	0	0	0	0	0	0	0	.37	0	0
Vorsichtsmaßnahmen	0	0	0	0	0	0	0	0	.35	0
Depersonifizierung des Opfers	0	0	0	0	0	0	0	0	.63	0
Allg. kriminelles Verhalten	0	0	0	0	0	0	0	0	.50	0
Physische Gewalt	0	0	0	0	0	0	0	0	0	1.51
Tötung des Opfers	0	0	0	0	0	0	0	0	0	.35

Tabelle 44. Standardisierte indirekte Effekte der Strukturgleichungsmodellierung zum modifizierten Gesamtmodell 2.

	Substanzkonsum	Dimension 3	Dimension 1	Lebensumstände	Weibliche/s Opfer	Männliche/s Opfer	Missbräuchl. Verhalten	Abweichendes Verhalten	Nonsexuelles Verhalten	Gewalttätiges Verhalten
Weibliche/s Opfer	0	0	0	0	0	0	0	0	0	0
Männliche/s Opfer	0	0	0	0	0	0	0	0	0	0
Missbräuchliches Verhalten	-.36	-.09	.19	0	0	0	0	0	0	0
Sex.-abweichendes Verhalten	-.37	-.09	.19	0	0	0	0	0	0	0
Nonsexuelles Verhalten	.02	.01	-.01	0	0	0	0	0	0	0
Gewalttätiges Verhalten	.10	.03	-.05	0	0	0	0	0	0	0
Substanzkonsum	0	0	0	0	0	0	0	0	0	0
Arbeitslosigkeit	0	0	0	0	0	0	0	0	0	0
Belastung Sekundärsoz.	0	0	0	0	0	0	0	0	0	0

Tabelle 44 wird fortgesetzt.

Fortsetzung Tabelle 44.

Kontaktanbahnung	-.17	-.15	.07	0	-.10	.10	0	0	0	0
Altersdifferenz Täter/ Opfer	-.20	-.18	.09	0	-.13	.12	0	0	0	0
Kontrollübernahme	.02	0	-.01	-.84	.02	0	0	0	0	0
Selbstkontrolle	0	0	0	0	0	0	0	0	0	0
Antisoziale PS	0	0	0	0	0	0	0	0	0	0
Ärger-Kontrolle (-)	0	0	0	0	0	0	0	0	0	0
Cluster C	0	0	0	0	0	0	0	0	0	0
Cluster B	0	0	0	0	0	0	0	0	0	0
Ärger-Out	0	0	0	0	0	0	0	0	0	0
Trait-Ärger	0	0	0	0	0	0	0	0	0	0
Ängstlichkeit	0	0	0	0	0	0	0	0	0	0
Anzahl der Opfer	-.34	-.09	.18	0	.39	.81	0	0	0	0
Romantisierendes sex. Verhalten	-.15	-.14	.07	0	-.10	.09	0	0	0	0
Pornographie	-.14	-.04	.07	0	.16	.33	0	0	0	0
Vorsichtsmaßnahmen	.01	0	0	-.39	.01	0	0	0	0	0
Depersonifizierung des Opfers	.01	0	-.01	-.70	.02	0	0	0	0	0
Allg. kriminelles Verhalten	.01	0	-.01	-.56	.01	0	0	0	0	0
Physische Gewalt	.10	.04	-.08	-.53	.18	0	0	0	0	0
Tötung des Opfers	.02	.01	-.02	-.12	.04	0	0	0	0	0

Anhang III – Ergebnistabellen

Tabelle 45. Bivariate Korrelationstabelle.

	Variablen	1	2	3	4	5	6	7	8
1	Schulbildung	-							
2	berufliche Qualifikation	.21*	-						
3	Belastungen Primärsoz.	-.10	-.07	-					
4	Belastungen Sekundärsoz.	-.08	.17	.03	-				
5	Alter erster BZR-Eintrag	.19**	.35***	-.12	.12	-			
6	Hafterfahrung (i.M.)	-.09	.12	.12	.06	-.27**	-		
7	Anz. einschlägige Vortaten	.11	-.01	-.03	-.20	-.15	.50***	-	
8	Anzahl aller Vortaten	-.10	-.12	.02	.12	-.36***	.60***	-.02	-
9	Extraversion	-.05	-.16	-.05	-.10	-.13	.13	.18	.10
10	Ängstlichkeit	-.17*	0	.27***	.08	.01	.04	-.10	.07
11	Selbstkontrolle	.09	0	-.04	-.05	-.08	-.12	-.30*	.06
12	Unabhängigkeit	0	-.07	-.19*	-.07	-.12	.10	.03	.05
13	Unnachgiebigkeit	.06	-.06	.02	-.15	-.02	-.18	-.28	-.18
14	benevolenter Sexismus	-.07	-.14	.14	-.02	-.11	-.14	-.04	-.06
15	hostiler Sexismus	-.17*	-.05	.02	.25**	-.05	-.01	.14	-.01
16	Trait-Ärger	-.27***	-.09	.12	.09	-.18*	.10	.15	.12
17	Ärger-In	-.05	.09	.16*	.10	.01	-.07	0	-.03
18	Ärger-Out	-.22**	-.13	.17*	-.05	-.30***	.10	.06	.15
19	Ärger-Kontrolle	.26***	.02	-.01	.04	.20*	-.20	-.02	-.16
20	RMS Vergewaltigung	-.23**	-.16	.09	.11	-.02	.04	-.03	-.06
21	RMS Missbrauch	-.11	-.05	.07	.15	.02	-.11	-.06	-.06
22	Pädophilie	.04	.13	-.10	-.03	.08	.03	.11	.04
23	Antisoziale PS	-.02	-.19	-.13	-.07	-.20	-.10	-.13	-.11
24	Cluster A	-.25***	-.05	.17*	.04	-.14	.17	.04	.13
25	Cluster B	-.21**	.02	.19**	.15	-.14	.13	-.06	.17
26	Cluster C	-.17*	-.03	.14	.14	0	.01	.04	.09
27	Arbeitslos vor Tat (i.M.)	.06	.18	-.20*	-.04	.29*	-.03	.03	-.21

Tabelle 45 wird fortgesetzt.

Fortsetzung Tabelle 45.

	Variablen	1	2	3	4	5	6	7	8
28	finanzielle Situation vor Tat	-.13	-.12	-.05	.03	.04	-.04	-.03	-.12
29	Unterstützung Nahfeld	-0	.03	-.24***	0	-.02	.01	.09	-.01
30	Unterstützung Institution	-.11	-.17*	-.04	-.01	-.18*	.20*	.42***	.07
31	Substanzkonsum vor Tat	-.11	-.03	.06	-.19*	-.18*	.10	-.09	.02
32	Anzahl der Taten	.16*	.17*	-.17*	.11	.29***	-.04	-.21	.10
33	Tatort	.10	.26***	.01	.03	.09	.02	.07	-.11
34	Kontaktanbahnung	.07	.17*	-.07	.35***	.11	-.12	-.24	.09
35	Kontrollübernahme in Situation	-.01	-.14	.08	-.20*	-.08	.11	-.04	.02
36	Penetration mit Penis	-.14	-.06	.13	.05	.03	.13	-.31*	.15
37	Penetration mit Anderem	-.02	.05	.07	-.02	.12	.07	-.14	-.06
38	romant. sex. Verhalten	.16*	.06	.13	-.01	.11	.16*	.06	.10
39	sex. Handlungen ohne Penetration	.14	.13	-.13	.09	.13*	.01	-.12	-.02
40	Ejakulation	-.01	-.01	.06	-.01	.07	.09	.09	.03
41	Pornographie	.11	-.02	-.07	-.05	.05	-.17	-.19	-.09
42	Beziehung zum Opfer während Tat	.07	-.02	-.02	.12	-.01	.11	.07	.07
43	Depersonifizierung des Opfers	-.04	-.01	.14	-.19	-.01	.13	-.06	.04
44	Tötung(sversuch)	.04	-.09	.08	-.12	-.19*	-.08	-.07	-.17
45	physische Gewalt während Tat	-.06	-.06	.15	-.19	-.12	.04	0	.05
46	allg. kriminelles Verhalten während Tat	.05	.07	-.08	-.04	-.01	.03	-.07	-.01
47	Vorsichtsmaßnahmen	.03	.01	.13	-.13	-.02	.12	-.13	.04
48	Anzahl der Opfer	.07	.06	-.16	-.04	.07	.11	.10	.07
49	männliche/s Opfer	.05	.14	-.12	.03	.01	.08	.14	.11
50	weibliche/s Opfer	-.02	-.04	.06	.01	.03	.04	-.05	-.01
51	Altersdifferenz Täter/Opfer	.16*	.44***	-.05	.25**	.57***	.26**	.40**	.05

Tabelle 45 wird fortgesetzt.

Anhang III – Ergebnistabellen

Tabelle 45 wird fortgesetzt.

	9	10	11	12	13	14	15	16	17	18
9	-									
10	-.22*	-								
11	.02	.06	-							
12	-.01	-.03	-.09	-						
13	-.18	.19*	.20*	-.06	-					
14	-.05	-.03	.28***	-.06	.04	-				
15	-.05	.16*	.03	0	-.13	.17**	-			
16	.10	-.07	-.05	.02	-.31***	.09	.25***	-		
17	-.32***	.07	.15	-.06	-.08	.17*	.31***	.48***	-	
18	.10	-.09	-.01	-.03	-.27**	.11	.15*	.69***	.49***	-
19	-.05	.05	.16	.07	.06	.14*	.01	-.22*	.23*	-.21*
20	-.10	.09	-.21**	.05	-.08	.03	.24***	.15*	.13	.13
21	-.08	.18*	-.14	-.02	-.16*	-.07	.15*	.18*	.14*	.18*
22	0	.16*	-.14	-.16*	-.15*	-.20**	-.06	.14	.05	.14
23	.12	-.05	-.16	.11	-.14	0	.07	.27	.01	.24
24	-.36***	.16	-.23*	-.03	-.17	0	.21***	.31***	.21*	.21*
25	-.08	.04	-.12	-.19	-.13	-.01	.06	.46***	.19	.38**
26	-.31***	.06	-.05	-.25**	-.15	.04	.09	.29***	.22*	.16
27	-.41***	-.01	.02	-.14	.05	-.01	.05	-.15	.04	-.01
28	-.16	-.08	.05	-.14	.11	.18*	.09	-.06	-.04	-.01
29	.22**	-.03	-.07	.11	-.02	-.11	-.06	-.05	-.15*	-.07
30	-.05	.04	.04	-.05	-.01	.07	.07	-.01	-.06	0
31	-.14	-.01	-.08	.10	0	.09	-.06	0	.09	.06
32	-.22*	.09	.10	.01	.07	-.25***	-.07	-.10	.07	-.16
33	-.15	.04	-.03	.06	.12	-.03	.04	-.05	.05	-.13
34	-.06	-.11	.08	-.10	.04	-.08	-.01	-.02	.08	-.12

Tabelle 45 wird fortgesetzt.

Tabelle 45 wird fortgesetzt.

	9	10	11	12	13	14	15	16	17	18
35	.11	.33***	.01	.12	.07	.01	-.03	.02	-.06	.10
36	-.10	.19*	.05	.16*	-.08	0	.05	.07	.09	.03
37	-.04	.08	-.06	-.08	.18*	-.01	.01	-.01	.06	-.01
38	-.03	-.05	-.03	-.12	-.05	-.04	0	.02	.03	-.02
39	-.06	.05	-.08	-.12	-.04	-.17*	-.05	.05	-.03	.02
40	-.03	.04	-.11	.08	-.04	-.23***	-.10	0	-.06	.07
41	-.09	-.03	-.13	-.12	.03	-.10	-.11*	-.04	-.04	.02
42	.07	-.06	.02	.11	-.05	-.09	-.02	.06	-.03	.02
43	.05	.34***	.15	-.01	.23**	.05	-.01	.04	.14	.13
44	.03	-.08	-.04	.13	-.03	.04	-.01	-.02	.02	.03
45	-.09	.22**	.06	.06	.15	.09	0	-.06	.09	.01
46	-.18*	-.02	.07	-.04	.15	.12	.09	-.11	.05	-.10
47	-.04	.06	-.16*	.18*	.04	-.18**	.05	.02	.06	.05
48	.01	-.11	-.17	-.10	-.15	-.18*	-.08	.16	.14	.08
49	-.05	-.16*	-.14	-.23*	-.16	-.23***	-.01	.23**	.08	.14
50	-.04	.22**	.10	.19*	.13	.19**	.01	-.23*	-.02	-.16
51	-.07	-.12	-.16	-.15	-.24**	-.11	.03	-.10	.07	-.10

Tabelle 45 wird fortgesetzt.

Anhang III – Ergebnistabellen

Tabelle 45 wird fortgesetzt.

	19	20	21	22	23	24	25	26	27	28
19	-									
20	-.02	-								
21	-.05	.45***	-							
22	-.09	.01	.24***	-						
23	-.05	.04	.01	-.25*	-					
24	-.29**	.24***	.20**	.03	.17	-				
25	-.37***	.11	.07	.06	.18	.48***	-			
26	-.21*	.19**	.11	.05	.11	.45***	.54***	-		
27	.01	-.02	.12	.15	-.13	.06	-.11	.05	-	
28	-.01	.09	.07	.04	-.09	.19*	-.04	.09	.14	-
29	-.02	-.09	-.02	.12	.23*	-.15*	-.19**	-.12	-.03	-.13
30	-.13	0	-.10	-.03	.15	.10	.07	.09	.10	.07
31	-.02	-.03	-.14	-.10	.25*	.12	.06	.03	-.05	-.05
32	.13	.04	.22***	.30***	-.34**	-.04	.06	-.02	-.05	-.04
33	-.03	.12	.14	.05	-.14	-.01	.04	.05	.20*	-.06
34	.14	-.09	.13	.04	-.12	-.07	.01	0	.06	.08
35	.02	0	-.17*	-.21**	.17	-.06	-.04	-.10	-.21*	-.10
36	.02	.10	-.02	-.12	.05	.13	.14	.04	-.20*	-.04
37	-.02	-.04	-.16*	.04	-.02	-.06	-.05	.07	.04	.08
38	.01	.09	.18*	.19**	-.07	-.04	-.11	.02	.08	.05
39	.04	.05	.18*	.47***	-.16	-.08	-.02	.02	.26**	.04
40	-.10	.01	.11	.07	-.05	.13	.13	.06	.11	-.12
41	-.03	.02	.10	.18*	-.01	-.04	-.02	.17	.07	0
42	.10	.02	.07	.09	.21*	-.03	-.03	-.08	-.05	.12
43	-.01	-.11	-.23**	-.14	.02	.04	.03	-.02	-.13	-.06
44	-.02	-.08	-.10	-.12	.24	-.05	-.06	-.12	-.05	-.16
45	.05	-.05	-.27***	-.17*	.08	.03	.02	.04	-.14	-.10

Tabelle 45 wird fortgesetzt.

Tabelle 45 wird fortgesetzt.

	19	20	21	22	23	24	25	26	27	28
46	.03	-.06	-.22**	-.16*	-.03	.11	.01	.06	.06	.04
47	-.02	.10	.03	.09	.04	.15*	.07	-.02	.04	-.12
48	-.07	.03	.18*	.57***	-.15	.04	.08	.06	.08	-.05
49	-.07	.05	.25**	.73***	-.23	.05	.18	.07	-.06	.01
50	.05	-.06	-.23***	-.51***	.18	-.03	-.19*	-.07	.02	-.07
51	.15	0	.12	.15*	-.29*	-.02	-.03	.01	.34**	.09

Tabelle 45 wird fortgesetzt.

Tabelle 45 wird fortgesetzt.

	29	30	31	32	33	34	35	36	37	38
29	-									
30	.12	-								
31	.03	.20*	-							
32	.09	-.17*	-.23**	-						
33	-.03	-.12	.05	.36***	-					
34	-.03	-.06	-.15	.32***	.19*	-				
35	-.03	.02	.10	-.22**	-.18*	-.23**	-			
36	-.11	-.04	.14	.11	.05	.01	.17*	-		
37	-.06	-.04	.01	-.01	-.03	-.13	.04	.05	-	
38	.02	-.01	-.18*	.19**	.01	.08	.02	0	.15	-
39	.04	-.05	-.08	.35***	.16*	.17*	-.06	.01	.10	.38***
40	-.05	-.05	.04	.14	.29***	.03	0	.31***	-.09	.08
41	.12*	-.04	.01	.03	-.05	0	-.08	.01	.16	.05
42	.06	-.01	-.05	.11	.06	.10	-.08	.18*	-.11	.20**
43	-.03	-.01	.10	-.17*	-.05	-.19*	.39***	.18*	.20*	.02
44	.03	.03	.07	-.09	-.07	-.04	.16**	.07	-.03	-.11
45	.01	.05	.19*	-.25***	-.15	-.23**	.42***	.28***	.19*	-.08
46	-.07	.08	.35***	-.08	.04	-.11	.33***	.19*	.08	-.05
47	-.03	-.01	.06	-.02	.05	-.19*	.32***	.09	.02	.08
48	.10	-.03	-.05	.14	.06	-.04	-.10	.01	.08	.16*
49	.09	-.02	-.16	.07	.06	.21*	-.22*	-.15	-.07	.17*
50	-.05	.07	.19*	-.07	.04	-.17*	.17*	.21**	.12	-.17*
51	-.01	0	-.12	.25**	.16*	.25***	-.20**	-.01	.05	.18**

Tabelle 45 wird fortgesetzt.

Tabelle 45 wird fortgesetzt.

	39	40	41	42	43	44	45	46	47	48
39	-									
40	.29***	-								
41	.20**	-.05	-							
42	.20**	.17*	-.03	-						
43	0	.08	-.03	-.01	-					
44	-.20***	-.02	-.10	-.16	.02	-				
45	-.20**	-.03	-.12	-.20**	.39***	.34***	-			
46	.05	-.01	-.02	-.06	.34***	-.06	.22**	-		
47	.13	.20*	.03	.09	.21**	-.05	.12	.06	-	
48	.42***	.19*	.35***	.08	-.06	-.15	-.14	-.03	.07	-
49	.43***	0	.22**	.11	-.20**	-.16	-.26***	-.15	-.01	.50***
50	-.32***	-.02	-.14	-.08	.19**	.11	.24***	.19	.04	-.23**
51	.16*	.12	.03	.11	-.13	-.17	-.24***	-.01	-.04	.04

	49	50	51
49	-		
50	-.78***	-	
51	.11	-.15	-

Anmerkungen. Schulbildung ist ordinalskaliert von kein Schulabschluss über Volks-/Hauptschule, Realschule/Fachschule/POS bis Gymnasium/EOS/Berufsausbildung mit Abitur; berufliche Qualifikation ist ordinalskaliert von kein Berufsabschluss über Anlernqualifikation, Lehre/Facharbeiter, Meisterabschluss, Fachhochschule; Belastungen Primärsozialisation ist ordinalskaliert von 0 bis 9, Belastungen Sekundärsozialisation ist ordinalskaliert von 0 bis 7; Alter erster BZR-Eintrag, Hafterfahrung, Anzahl (einschlägiger) Vorstafen sind intervallskaliert, Extraversion, Ängstlichkeit, Selbstkontrolle, Unabhängigkeit, Unnachgiebigkeit sind Sten-Werte und intervallskaliert; benevolenter und hostiler Sexismus sind ordinalskaliert; Trait-Ärger, Ärger-In, Ärger-Out und Ärger-Kontrolle sind Stanine-Werte und intervallskaliert; RMS Vergewaltigung, RMS Missbrauch und Pädophilie sind ordinalskaliert; Antisoziale PS, Cluster A, Cluster B und Cluster C sind intervallskaliert; Arbeitslosigkeit vor der Tat ist intervallskaliert; finanzielle Situation vor der Tat, Unterstützung Nahfeld und Unterstützung Institution und Substanzkonsum vor der Tat sind ordinalskaliert; Anzahl der Taten ist intervallskaliert; Kontaktanbahnung, Kontrolle in Situation, Penetration mit Penis, Penetration mit Anderem, romant. sex. Verhalten und sex. Handlungen ohne Penetration sind ordinalskaliert; Ejakulatiuon und Pornographie sind nominalskaliert; Beziehung zum Opfer während Tat und Depersonifizierung sind ordinalskaliert; Törung(sversuch) ist nominalskaliert; physische Gewalt, allg. kriminelles Verhalten und Vorsichtsmaßnahmen sind ordinalskaliert; Anzahl der Opfer und die Altersdifferenz zwischen

Anhang III – Ergebnistabellen

Täter und Opfer sind intervallskaliert; das Vorhandensein männlicher und weiblicher Opfer wurde nominalskaliert erfasst. Die einzelnen Signifikanzen sind mit Sternchen nach folgendem Prinzip gekennzeichnet: * $p \leq .05$, ** $p \leq .01$, *** $p \leq .001$

Anhang IV –Testergebnisse zu den Fallbeispielen

Tabelle 46. Ergebnisse in den eingesetzten Verfahren zur Persönlichkeits- und Einstellungsmessung der Probanden der Fallbeispiele.

	Fallbeispsiel	
	homosexuell orientierter Täter	heterosexuell orientierter Täter
Persönlichkeit		
Extraversion (*Sten-Wert*)	2	3
Ängstlichkeit (*Sten-Wert*)	8	6
Selbstkontrolle (*Sten-Wert*)	8	3
Unabhängigkeit (*Sten-Wert*)	5	6
Unnachgiebigkeit (*Sten-Wert*)	6	4
Sexismus		
Benevolenter Sexismus (*M*)	3.40	4.30
Hostiler Sexismus (*M*)	2.73	2.45
Kognitive Verzerrungen		
Vergewaltigung (*Summe*)	82	59
Kindesmissbrauch (*Summe*)	124	40
Ärgergefühle		
Trait-Ärger (*Stanine-Wert*)	7	4
Ärger-In (*Stanine-Wert*)	7	4
Ärger-Out (*Stanine-Wert*)	5	4
Ärger-Kontrolle (*Stanine-Wert*)	3	4
Pädophilie		
Pädophiles Interesse (*Summe*)	5	1
Persönlichkeitsstörung		
Cluster A (*Summe*, dim. Diagnose)	15	23
Cluster B (*Summe*, dim. Diagnose)	20	27
Antisoziale PS (*Summe*, dim. Diag-	4	14
Cluster C (*Summe*, dim. Diagnose)	20	15

Printed in Germany
by Amazon Distribution
GmbH, Leipzig